文化大革命を問い直す

土屋昌明・「中国六〇年代と世界」研究会［編］

勉誠出版

文化大革命を問い直す

総論

Ⅰ 伏流：星火事件、二つの半工半読

文革を再考するいくつかの視点――総説に替えて

「中国六〇年代と世界」研究会代表・土屋昌明

文化大革命発動から五十周年を機に、私ども「中国六〇年代と世界」研究会は、中国でも日本でも研究されることが少ない文化大革命（文革）と当時の社会・文化を再考するための活動をおこなってきた。

文革が中国で研究されることが少ないのは、一九八一年の中国共産党の「建国以来の党の若干の歴史問題についての決議」（「歴史決議」）において、文化大革命は「指導者（毛沢東）が誤って発動し、反動集団（林彪や江青ら四人組）に利用され、党、国家各民族に大きな災難である内乱をもたらした」と決議されたためである。つまり、全面否定というかたちで歴史的に決着したわけである。そのあと、文革を「歴史決議」に沿って否定する教育宣伝活動がくりひろげられた。[1]それゆえ、中国の文革研究は、すべてこの決議の規定内においておこなわれている。しかし、ある研究成果が決議の範囲内かどうか、判断するのは研究者本人ではないので、こうした制限はおのずとリスクを招くものとなる。実際に中国国内では、文革研究の成果が出版しにくいとか、研究者が公安当局に拘束されるとか、その結果、研究者が国外に亡命する、などという事例が発生している。こうした事態は、八〇年代後半くらいから現在に至るまで続いている。それゆえ、研究者のあいだで文革研究を敬して遠ざけるようになるのは当然である。

これに対して日本では、そのような権力による制限はないが、文革に対する感心は低い。七〇年代初めくらいまでは、文革に関する研究・言及は非常に盛んにおこなわれ、なかには「文革礼賛派」とよばれるような論者も多く存在した。しかし、その後の社会の脱政治化の趨勢から、文革に関してはもちろん、文革に注目した自己像についても、ふりかえる動向は嫌悪され、今に至っている。

つまり日中両者は、異なる要因あるいは動機にもとづきつつも、同様に文革について考えることを避けていることになる。しかし、これは現在に直接結びついている歴史を考えないということになりはしないか。

そこで以下、文革を再考しようとする各執筆者の論考によりながら、私自身の考えもおりまぜて、本書が持ついくつかの視点を整理してみよう。

「歴史決議」にとらわれずに文革を考察する

すなわち、文革の完全否定を前提せずに考察する。これは、日本の歴史研究としては当たり前のことだが、じつは注意が必要な問題である。

例えば、よく言われることだが、「歴史決議」で完全否定している「文化大革命」とは、何を指しているのか。一九七七年八月の中国共産党第十一次全国代表大会で、当時のリーダーである華国鋒は、文化大革命は四人組の粉砕をメルクマールとして終わったと宣言した。大会閉幕後の『人民日報』の社説では、「我が国の第一次のプロレタリア文化大革命は、四人組粉砕をメルクマールとして勝利して終わったと宣言された」とする。しかし、一九六九年四月の中共第九次全国代表大会で林彪も、「我が国のプロレタリア文化大革命の勝利」と言っている。なぜ「勝利」が二回あるのか。六九年のプロレタリアの勝利のあとに非プロレタリアの復活があり、それを再び打倒したのか。そうではなく、六九年の勝利のあと、極左路線が進んで、七六年は極左に勝利した、ということであろう。

そもそも毛沢東は、永続革命を考えて文革を発動した。だから、林彪は「勝利」と言って「終結」とは言わなかった。毛沢東の考えでは、一九六九年にいったん勝利したあとも、何回も文革をおこなう必要がある。だから華国鋒のときは「第一次」と含みを持たせたのだ。したがって「歴史決議」は、六九年の「勝利」も七六年の「勝利」も、ともに否定したわけである。つまり文革は、一九六六年から六九年までの三年間だとする考え、六六年から七六年までの十年間だとする考えがある。それによって、「文革」を再考する考え方も違ってくる、という認識が必要なのである。[2]

それだけではない。文革を完全否定するとなると、文革の発動で表に立った、それまでの被抑圧者や弱者の造反も、否定されるべきなのか。例えば、六六年九月十一日に愛新覚羅・溥儀に次のような手紙を出した、もと宮廷の下男だった労働者の行為は、どうなるのだろう。彼は次のように書いた。

お前の書いた『我的前半生』（溥儀の自伝）はどんな思想のもとで書いたのか？　お前はよく忠誠という言葉を口にするが、お前の忠誠はどこにあるのか？　俺はお前のいわゆる「前半生」を見て、お前は中国共産党と中国人民にたいして、嘘を吐き、毒を放っている！　と思う。（中略）俺はお前の「前半生」の初め数十頁を読んで、すでにたくさんの問題を発見した。それらに対して回答を求める。然らざれば、俺は全国の労農兵と電気労働者に呼びかけて、お前を批判する。……俺は後暗いことはしない。今はお前に思想的に準備させておくだけのことだ。むかし俺はお前の足元におかれていた。今は俺は国家の主人公だ。[3]

この手紙の主の孫博盛は、一九四〇年ごろ孤児として溥儀の宮廷に置かれ、彼のいとこは溥儀による暴行で死亡したのだった。周知のように、溥儀は皇帝から庶民に改造されたというプロパガンダに使われたが、『溥儀日記』を見ればわかるように、文革が始まると、溥儀は病院での避難と手厚い看護を受けている。こんなことは庶民には許されない。孫博盛は、溥儀のプロパガンダの嘘を批判し、自分のいとこの死を無駄にしまいとしている。彼がこのような挙に出られたのは、まさしく文革が発動されたからである。つまり、文革には「統治者の文革」と「人民の文革（統治される者の文革）」という「二つの文革」があるのだ。[4]　ちなみに溥儀は、孫博盛の数回にわたる批判を受け入れ、懇切な返信を書いている。

ほかにも、壁新聞や自主印刷が自由におこなわれたのも文革発動のゆえであり、これを文革と切り離して考えるわけにはいかないだろう。現在の中国では、文革のときより自由度が低く、壁新聞や自主印刷は厳しく制限されている。

六六年以前の運動との関わり

十年にしろ、三年にしろ、文革を現代史から切り出して考える傾向がある。そうではなく、なるべく歴史のコンテキストの上で考察すべきであろう。とくに、文革に至るまでの大きな事件が、毛沢東の文革発動の原因だっただけでなく、大衆運動が盛り上がった遠因にもなっていた。前掲の孫博盛の例のような、建国以前の因縁はもちろん、五〇年代の各種の政治運動、大躍進、大飢饉、六〇年代初頭の調整政策などがもたらした精神的なストレス（怨念、不満、憤慨など）を考慮しなければ、文革における大衆の爆発的な行動を理解できないだろう。

例えば、六六年後半から登場した臨時工の造反はどうだろう。彼らは、劉少奇の「半農半読」「半工半読」の教育制度を受けていたからこそ、造反したのである。この制度は、大躍進で大量の国費を工業に傾注しなければならないため、学生を生産に従事させて、生産をあげるとともに、それによって国家の教育経費も節約しようとしたものである。これは下放運動とも合流し、六一年から六三年にかけて農村に下りた学生の数は、文革時期に下放した学生（一七〇〇万人）に匹敵するといわれる。[5]当時、農村で大飢饉が発生しただけでなく、農村から都市への食糧供給も減って、都市住民も飢餓に瀕していた。[6]都市から青年たちを農村に送り出すことで、農村の生産性をあげるとともに、都市の食糧需要を減らしたかったのである。経済的にみれば、一挙両得の効率の良い制度だが、学生からすれば、抑圧的性質が強い。この制度では、優秀な学生は労働半分などせず、全日制の重点大学で幹部候補の教育を受けられた。労働半分の学生は、教育を受ける上で差別されたのである。しかも、彼らは労働半分だから常用労働者としては扱われず、臨時工として劣悪な労働をやらされ、保障制度でも差別を受けた。だから彼らは、文革が始まると農村から都市に戻ってきて造反したのである。このことを理解せずに、彼らの造反を都市の紅衛兵と同様に見たなら、見誤ることになる（臨時工の問題は、本書の前田年昭「下放は、労働を権利とみなし教育と結びつける歴史的実験だった」）。

映像歴史学の成果を用いる

「六六年以前の運動との関わり」の問題意識から本書では、反右派運動で右派学生とされた林昭と、彼女も関わっていた、六〇年に大飢饉を背景として起こった「星火事件」をとりあげている（林昭については陳継東「林昭の思想変遷」、「星火事件」については土屋昌明「小説「星火事件」」）。私たちが林昭と「星火事件」について認識したのは、胡傑監督のインディペンデント・ドキュメンタリー『林昭の魂を探して』と『星火』にあずかるところが大きい。そこで以下に、胡傑監督とこれらの作品について紹介しておくべきであろう。[7]

胡傑監督は、一九五八年、中国山東省済南市生まれ。解放軍に勤めた後、絵画制作をしていたが、一九九五年にハンディカムを入手して撮影を始めた。彼はこれまでに三十二作におよぶドキュメンタリー作品を制作している。すべて無検閲のインディペンデント・ドキュメンタリー（独立纪录片）である。以下の作品以外にも、『国営東風農場』（二〇〇九年）・『私の母王佩英（我的母亲王佩英）』（二〇〇九―二〇一一年）・『麦地沖の歌声（麦地沖的歌声）』（二〇一六年）など、優れた作品がある。一種の映像歴史学の実践であり、しかも余人の追随を許さない力強さがある。海外の映画祭・大学の研究会などでは上映されたことがあるものの、中国国内では公開されていない。本書で扱われている作品は、すべてネット上で見ることができる。

『林昭の魂を探して（寻找林昭的灵魂）』（一九九九―二〇〇五年）は、林昭という女性の人生を、関係者へのインタビューと文書や写真・参考映像によって追跡したドキュメンタリーである。胡傑監督は専門の研究論文や彼女に関わる檔案資料・本人の筆記したノートの写しまで入手して研究している。監督本人が林昭の関係者や関係の現場を訪れていく「道行き」の構成をとっており、林昭の事実だけでなく、関係者の苦悩や悲惨な経験を丹念に取り上げ、さらに、監督本人の歴史探究の熱意と思索も見て取れる。

林昭は、一九五四年に北京大学中国文学系新聞専攻に入学し、在学中の反右派運動で批判されて「労働教養」となった。そのあと、甘粛での地下出版（星火事件）などに関わって投獄された。しかし、獄中でも自由と民主を求める自分の意見を変えず、血書によって自分の主張を記録した末に、一九六八年四月二十九日に処刑された。

『星火』（二〇〇八―二〇一四年）は、一九五〇年代末に反右派運動で批判され、農村に下放させられた蘭州大学の教師と学生が、農村の大飢饉に直面して、農村の現実を考察した論文を書き、『星火』という地下印刷物にその論文を掲載した結果、公安によって一網打尽になった事件を追及したドキュメンタリーである。『星火』に掲載された論文は、大飢饉と人民公社の悲惨さを同時代において暴露・批判している。中心人物の張春元は無期懲役の判決のあと死刑に、もう一人の杜映華は懲役五年のあと死刑になった。この事件には林昭も関わっている。林昭および星火事件については、中国でも日本でも一部の人にしか知られていない。[8]

本書では、文革時期の社会を理解するために、胡傑監督『文革宣伝画』に関する討論もおこなっているので（鈴木一誌ほか「文革プロパガンダとは何か」＋前田年昭コラム)、本作についてもここで紹介しておく。『文革宣伝画（紅色美術）』（広州の中山大学の艾暁明氏と合作）は、文革時期に大量に作成されたプロパガンダ・ポスターの作者やコレクター・美術研究者へのインタビューを通して、プロパガンダ・ポスターが持ったいろいろな側面を考察したドキュメンタリーである。基本的には、広州の同じ紅衛兵の派閥にいた二人の人物をとりあげる。一人は画家として文革のプロセスで成功を収め、現在でも画壇の重鎮にいる人物、もう一人は文革の非人間性を反省し、それゆえに文革研究に拘り続けている人物である。この二人の対照を軸としながら、現在において文革の美術はどのように考えられるのかを探っている。

映像歴史学の成果は、言うまでもなく、文字テキストより具体性が高い。口述資料や映像資料が駆使されるだけでなく、筆写や複写ができない文字テキストを映像資料として提供してしまう場合すらある。従来の文革研究では、ほとんど顧慮されなかった視点である。

「下放」の意義に関する再検討

六八年から進められた「下放」は、都市戸籍を奪われた若者が、家族と引き離され、貧困な農村で慣れない農作業を強いられる悲惨な政策であった。とは言え、八〇年代以来、青年の下放生活はステロタイプで考えられてきた。つまり、娯楽もなく、唯一の読み物はマルクス・エンゲルス・毛沢東などに関連する書籍だけ。自活することができず、重労働の末に命を落としたり、精神に異常をきたしたり、現地の幹部の屈辱的な要求に屈してやっと食糧を得たりした、など。下放の意義は、こうした悲惨な生活を文芸に昇華させた点に求められてきた。八〇年代の文化状況とされる「傷痕文学」や、陳凱歌などいわゆる第五世代といわれた映画作家たちの諸作品がそれだとされる。(9)

しかし、「下放」は六八年に初めておこなわれたわけではなく、上に言及したように、五〇年代から六〇年代に恒常的におこなわれた政策である。つまり、歴史的な展開と意味の変容がある。

第一に、延安時代に始まる、幹部や知識人に対する再教育としての側面。基本的には、幹部や知識人の思考や生活観が農民から遊離することを避けるという理念があった。個人の生活や人生観に関わる問題とみなされ、「自分で自分を教育する」「泳ぎの中で泳ぎを覚える」「農村から都市を囲む」といった毛沢東思想とあいまって、実践的な意味を持った。反面、こうした理念によって政策の本質を糊塗したり、個人の洞察力を失わせたりする作用もある。個人の生活や人生の理念としては、後述する「下放の日本的展開」の問題と結びつく。

第二に、大衆運動としての側面、特に六〇年代前半および六八年以後の大量の青年たちの下放である。下放した農村での彼らの動向や、そこでの経験や学習が彼らにもたらした事柄とその結果について、多面的に考察する必要がある。この時期、青年たちの多くは、社会の底辺にいて悲惨な生活を送ってはいたが、共産党の思想・文化的なコントロールからはずれることができた。農村の現実を認識し、自己省察と独自の読書によって思想的探求をした。彼らが思考の糧としたのは、マルクス・エンゲルス・毛沢東だけではなく、もっと多様な読書が可能だった。[10]彼らの思想は次第に変化をとげ、主流イデオロギーを批判する観点へと方向転換した。上海大学の朱学勤の回想がそれを典型的に表わしている。

河南の小さな町で、一群の高卒青年労働者が、仕事の引けた後、貧困にしてかつ贅沢ともいうべき思索生活をおくっていた。……彼らは非知識人の身でありながら、正常な時代なら知識人が討論するのを常とするような諸問題を激烈に議論していた。時には、議論の末に顔をまっかにさせ、徹夜に及ぶことすらあった。そんなときに彼らの言い合いで起こされた近隣の人々は、いぶかしげな目で彼らを見たものだ……こいつら昼間はいっしょに仕事している組立工やらパイプ工やら運搬工やらが、いったん夜になるとなぜ史学や哲学や政治学の理屈を議論しはじめるんだ?[11]

こうした下放青年のグループが「民間」の思想活動や政治活動をおこない、七〇年代末の天安門事件や「北京の春」といった民主化運動が生まれる土壌となった。現在の非営利団体の活動やいわゆる「地下文化」もこの系譜上に置くことができるのであり、[12]インディペンデント映画はその典型的な例の一つと言える。前掲の「星火事件」における「下放」の重要性を、この系譜の上からとらえることもできる（土屋昌明「下放の思想史」）。

第三に、「下放」の日本的展開である。日本では、「下放」という大衆運動は輸入されなかったから、これに日本的展開があるというのは、理解しにくいかもしれない。しかし、中国の「下放」を政策としてではなく、生活実践の理念としてとらえるならば、日本人の中に中国の「下放」に影響を受けた動向を見ることができ、しかもそれなりの実績をあげているように思われる。「下放」の日本的展開を考えることは、社会史・思想史的に研究に値する課題なのである（前田年昭「日本における文革と下放から私は何を学んだのか」）。

文革の受容の問題

文革という事件は、巨大な思想的影響を中国内外に与えた。それゆえ、毛沢東の思想と現実がいかに食い違っていたとしても、文革でいかに悲惨で非人間的な行為がおこなわれたとしても、「文革」の言説およびイメージが多くの人々の主観と共鳴し合い、思想的な産物や政治的事件を引き起こしたことは、否定できない事実である。とは言え、これを系統的に認識することは、あまりに巨大な課題である。ひとまず、中国の内部としては、現在の知識人の受容の問題、彼らがどのように文革を考えようとしているかの検討が必要である（及川淳子「現代中国の知識人と文革」）。もう一つは、日本と諸外国での受容の問題、とくに外国としては、日本への副次的な影響も考慮することができるフランスの受容である（前者は朝浩之「私にとっての文革――七〇年前後の学生運動を契機として」、後者は松本潤一郎「共和制のリミット――文革、ルソーの徴の下に」）。

以上、文革を再考するためのいくつかの視点を、本書の内容に沿って説明してみた。ここではとりあげなかったが、文革の再考のためには、もちろん文革を特徴づける思想の再考が必須である。これについては、本書にはじめて発表される印紅標教授の論文「文革時期個人崇拝のメカニズム」を参照していただきたい。

「中国六〇年代と世界」研究会を代表して、本研究会メンバーの取り組んだ諸論考が、従来の文革のイメージを破って、読者に現代史を考え直す契機を提供できることを切に願う次第である。

注

(1)印紅標、森瑞枝訳「中国人の文革観」(土屋昌明編著『目撃! 文化大革命』太田出版、二〇〇八年、一五〇~一六三頁)。土屋昌明「いま文化大革命をいかに問題化するか」(『情況』二〇一〇年一〇月号、一二五~一三五頁)。

(2)日本では通常、中国の「歴史決議」以後の使用法にそって、六六年から七六年の一〇年間を「文化大革命」という。本書での用法は、執筆者の考え方にもとづき、統一していない。

(3)『溥儀日記』(学生社、一九九四年、四二四頁)備考に引く孫博盛の手紙。「お前」「俺」という訳語は不適切のように感じられるが、原著は原稿にもとづくため、未確認。

(4)印紅標「中国人の文革観」前掲書。

(5)渡辺一衛「湖南文革と〝省無聯〟」『現代中国の挫折——文化大革命の省察』(アジア経済研究所、一九八五年三月)。

(6)王兵監督『鳳鳴』で、和鳳鳴が蘭州の飢餓状態について証言している。

(7)胡傑監督と彼の作品および二〇一六年東京での上映活動については、土屋昌明「封印された中国現代史に向かい合う」(東方書店『東方』二〇一六年一〇月号)を参照。

(8)銭理群、鈴木将久訳「中国民主運動の歴史」(『情況』二〇一一年六・七月合併号、二〇四~二一五頁)。林昭と星火事件は、銭理群氏の諸著作で概略と重要性が議論されており、注目すべきである。

(9)例えば、丸川哲史「「下放」が東アジアにおいて意味したもの」は、下放と日本と台湾の接点を考察するユニークな論であるが、下放の意義を、やはりこうした観点にもとづいた上で議論している。絓秀実編『1968(思想読本11)』(作品社、二〇〇五年一月)。

(10)印紅標、土屋昌明訳「文革後期における青年たちの読書と思想的探求」(『専修大学社会科学研究所月報』№五八五、二〇一二年三月二〇日)。

(11)朱学勤「思想史上的失踪者」(徐友漁編『一九六六:我们那一代的回忆』北京:中国文联出版公司、一九九八年、三二一~三三八頁)。

(12)八〇年代以後の「民間」の特徴は「政府と市場のメカニズムに対して必要な補足および制限をすること」と捉えられる。これは、中国のボランティア組織の特徴についての銭理群の指摘である。銭理群著・阿部幹雄ほか訳『毛沢東と中国——ある知識人による中華人民共和国史』(青土社、二〇一二年一二月、下巻四一一頁)。銭理群「中国民主運動の歴史」(前掲)は、林昭や星火事件を含めた五〇年代以降の民主運動の系譜において「民間」を説き、よりつっこんだ具体的な同定をおこなっている。

◆座談会

運動としての文化大革命

朝 浩之×金野 純×土屋昌明

あさ・ひろゆき――フリーランス編集者。中国関連書の編集を通して中国現代史に関心をもつ。
こんの・じゅん――学習院女子大学国際文化交流学部准教授。専門は地域研究（中国）、歴史社会学、政治社会学。主な著書に、『中国社会と大衆動員――毛沢東時代の政治権力と民衆』（単著、御茶の水書房、二〇〇八年）、『現代中国政治研究ハンドブック』（共著、慶應義塾大学出版会、二〇一五年）、『文革――南京大学14人の証言』（共編訳、築地書館、二〇〇九年）などがある。
つちや・まさあき――専修大学経済学部教授。専門は中国文学・思想史。主な編著に、『東アジア社会における儒教の変容』（専修大学出版局、二〇〇七年）、『目撃！ 文化大革命』（太田出版、二〇〇八年）、『北京1966――フランス女性が見た文化大革命』（共編訳、勉誠出版、二〇一二年）、『道教の聖地と地方神』（共編、東方書店、二〇一六年）などがある。

◉はじめに

土屋　本書では、発動五十周年を迎えたいま、文化大革命（文革）を改めて考えていきたいと思います。文革時期の中国社会が内部に抱えていた問題はもちろん、文革は中国社会だけでなく日本や世界にも影響を及ぼしましたので、中国社会および日本、世界も視野に入れていきたいと思っています。

文革の基本的なテーマは、運動の推移によって微妙に変わったようです。初めは文化教育方面での革命のようだったが、その後、党内の資本主義路線を歩む実権派に対する闘争、官僚主義を打倒する社会革命などと受け取られるようになります。そのため、これを私たちから見ると、一貫してどうなっていたのか、よく分からない。運動は文字通り動的なものですが、私たちはとかくそれを静的なものととらえがちです。その文革の運動の中でも、社会の内側にある、いろいろな集団や問題が、様々な形で現れます。そのため、ひとつひとつの集団、問題を析出させて考えていくことができれば面白いと思うのですが、なかなかそれはできない。そこで本書では、少なくとも、文革が複雑な構造体だったということを読者に示すことができれば、と考えています。

一般的に文革は、毛沢東派と劉少奇派の権力闘争だといわれたり、あるいは紅衛兵の運動によって内ゲバで殺し合いをした、と語られたりします。例えば、日本人の中には、紅衛兵は文革中ずっといて、七〇年代になっても暴れていた、と思い込んでいる人もいる。そういう単純化した考え方に対して、一石を投じたい。同時に、現在の日本にはびこっているひとつの傾向として、直近の歴史をないがしろにするような知的態度があります。そういう怠慢を何とか退けたいと思います。

◉文化大革命をどう見るのか

土屋　中国の場合は、文化大革命は中国共産党によってはっきりと否定されました。否定することと研究することは別のように思われますが、現在でもその研究をしたり語ったり、論じたりすることがあまり自由にできない状況があります。文革発動五〇年について、中国で目立った動きはない。私の知る限り、四月九日に北京の首都師範大学で「当代中国与社会（一九六六—一九七六）学術研討会」がありました。私も参加させていただきまして、特徴的だったのは、「十年文革」ではなく「文革十年」を議論する、つまり文革時期の社会史をテーマとしている。こういう研究も重要だし、勇気ある学術行為だと思いました。しかしやはり、かなり慎重に行われているという印象です。つまり、直近の歴史をないがしろにするのは、日本だけじゃなくて中国も同じで、日本と中国はその点では歩みを共にしている。そういった状況ですから、もう一度、直近の中国史を考え直すということは、現代日本に生きる私たちにとっても非常に重要なことだと思います。

この座談会では、文化大革命の時期の中国社会を専門とされている金野純さんと、ずっと中国を見ていらっしゃった朝浩之さんと三人で、話を進めたいと思います。

金野　僕は博士論文で、一九五〇年代初期から、三反五反運動（「三反」とは汚職・浪費・官僚主義反対を指し、「五反」とは賄賂・脱税・国家資材の横領・手抜きと材料のごまかし・経済情報の盗み取り反対を指す）、文化大革命までを通して、大衆動員という視点から中国の現代史を切り取った論文を書きました。その論文をもとに、二〇〇八年に『中国社会と大衆動員』を刊行しました。

文化大革命だけを切り取ると、単純に中国史の中で特異な時期だった、という形で終わってしまいます。しかし、実質的には、その直前に発生している社会主義教育運動（「政治・思想・組織・経済の点検」をおこなう「四清」が強調され、特に「党内の資本主義の道を歩む実権派」との闘争が主要テーマとなった）とかなり似ている。さらにさかのぼっていくと大躍進運動（「一五年でイギリスに追いつき追い越せ」というスローガンに特徴づけられ、鉄鋼分野の生産力拡大を中心目標としながら、経済から文化まで波及する多方面の急速な発展を目指した運動）など、さまざまな政治動員の流れの中で、文革は発生してきている。そのため、歴史的な視点から文化大革命を切り取ってみたいと考えて書きました。現在は、逆に文化大革命研究を通して、いわゆる法の問題に関心を持ち始めて、司法制度の歴史的な展開を研究しています。そのため、少し文化大革命から離れていたんですが、今年は五十年という節目ですので、いくつか報告する機会がありました。その中で、また文化大革命の研究をしてた当時のことをいろいろ思い出してきている、という状況です。

朝　私が最初に中国に触れたのは、一九六九年、高校三年生の時です。当時、高校の図書館が封鎖され、そこに機動隊が導入され、二週間近く授業ができない状態が続きました。そのときに封鎖したのは別のセクト、党派だったんですが、以降、機動隊導入に対する学校当局への弾劾といった運動の主軸になったのが、当時、毛沢東に影響を受けた党派、ML派の高校解放戦線でした。その学内組織のメンバー十人ぐらいが、その運動を担っていました。

彼らの影響を全く受けなかったわけではありませんが、私個人が本格的に中国に関わるようになったのは大学時代です。一九七一年に入学したとき、強い目的意識があったわけではないのですが、中国研究会へ入りました。当時、私の所属していた大学では、中国共産党を批判するふたつの党派が、文科系のサークルをほとんど牛耳っていました。その息のかかっていない社会科学系のサークルを探した結果、中国研究会を見つけた、という経緯です。そこから、どんどん中国にのめり込んでいきました。

大学は事情があってドロップアウトしました。そうすると、あまりやることもなかったので、当時あった中国語研修学校で中国語を少し学び始めたところ、そこの同級生と先生が中国関係の書店の社員でした。その縁もあって、一九七六年にその会社へ入社してから二〇〇五年に退職するまで、一時は友人と編集プロダクションをやっていましたが、中国の輸入図書販売と、中国関係の書籍の編集をしてきました。編集者は、その本や分野に興味を持たないとできない。仕事の中で、私と同世代、もしくは上の世代の人たちとお話しすることによって、ずっと中国に関心を持ち続けてきました。実際中国に行く機会も何回もありましたし、中国人と接する機会もたくさんありました。これまで研究会などでいろいろお話しをする中で、学生時代に、なぜ中国に、文革に関心を持ったのかを考えるようになりましたが、これまではどちらかと言うと、あまり考えないようにしてきたというところがありました。

土屋　中国とちがって日本では、上からするなという話はないにもかかわらず、やはり文革の話はしない。朝さんのように、当時、中国に関心があった人でも、いまではあまりそれを語らないようになっている。私は、かつて文革を論じた人々に、当時のことをうかがいたいと思ってインタビューを申し込みましたが、なかなか受け入れてもらえない。この方面では、最近、福岡愛子さんが『日本人の文革認識』（新曜社、二〇一三年）を出しましたが、こういう仕事は重要だと思います。当時のことをもう一度考え直すのに役立つ。

◉文化大革命への伏流

土屋　文革は、中国共産党の公式な考え方では、一九六六～一九七六年とされています。日本でも、常識的にはそうなっています。しかし、前半と後半でだいぶ雰囲気が違うのは、誰の目にも明らかです。日本やフランスなど、外国への影響を見ると、やはり前半部分が重要。大衆運動として考えても、やはり前半の紅衛兵が活躍していた時期が、特に重要ではないかと思います。そこで本書では、一九六六年から一九六八年ぐらいを、文化大革命の核心部分と捉えました。一九六七年から革命委員会ができて、文革の基本的部分が達成されていきます。その後、一九六九年四月の九全大会（中国共産党第九回全国代表大会、社会主義のすべての段階で階級闘争を中心とすると正式に規定、文革の理論と実践を合法化した）で、林彪が後継者に指名されるあたりまでが、前半部分だというふうに考えていいと思います。文革が一九六六年から始まったとすると、非常に唐突に始まったように感じます。むしろ、どういう流れの中から文革が始まったのかを考えておかないといけない。先ほど金野さんも言われたように、文革の前に社会主義教育運動があって、それから大躍進もある。そこからの流れがあるはず。文革を考えるとき、社会主義教育運動や大躍進運動とのつながりを考えるべきですが、社会主義教育運動は、一九五七年から五八年の反右派運動（共産党に意見を出した人々をブルジョア右派と認定して攻撃した）を反復しているようでもある。反右派運動は、その前にある建国後の、いわゆる粛清、鎮反運動（反革命鎮圧運動、旧中国の残存勢力に打撃を与える）、粛反運動（潜行反革命分子粛清運動、潜行している旧勢力に打撃を与える建国後二度目の運動）などにも似ている。そうすると、共産党が建国した後、共産党に反対する勢力を反革命分子といって排除していく流れの中に、文化大革命も位置付けてしまえそうです。これらはすべて政治的な動員にもとづくと言えるでしょうが、動員という観点からいくと、どのようにつながっていくのでしょうか？

金野　動員という文脈から見ると、ターニングポイントがいくつかあります。大躍進運動の失敗は、ひとつのターニングポイントになると思います。建国の際、共産党が勝利し、反革命鎮圧運動とか三反五反運動をやって、自分たちにとっての敵対分子をどんどん粛清します。もしくは、さまざまな形で権力的なサークルの中から排除していく。大衆動員というのは、その間に、大躍進運動のような形で行われますが、基本的には共産党の末端の組織が、十年ぐらいの間に色々なところに作られていって、そこが動員をするようになる。ところが、大躍進運動が失敗した後、さまざまな事が起こります。例えば、六〇年代の社会主義教育運動では、それまで大躍進運動の動員を指導していた共産党の委員会自体が批判の対象になる。大躍進運動が失敗した背景には、末端の党組織の腐敗があるという認識をもとに、かつての地主への批判と同じような形で、末端の党幹部が批判の対象になってしまう。そうなると、それまでは共産党の委員会が人々を動員していたのが、彼ら自体が批判の対象になるわけですから、外部から工作組のようなものが派遣されてくる。これはまさに中国共産党の土地革命（内戦期に共産党の支配地域でおこなわれた地主の土地の没収と再分配）のようなものです。革命が成功する以前、一九四九年以前の土地革命みたいな形で、工作組が外部から派遣される。例えば上海だと、工場の中に、そういった工作組が派遣されてきて大衆動員をして、末端の党組織自体を批判するようになる。

◉大躍進運動から社会主義教育運動へ

土屋　それは社会主義教育運動のときの話ですね。

金野　そうです。その社会主義教育運動で党組織が批判されると、当然末端の支配が脆弱になる。そのうちに、今度は工作組そのものが、毛沢東によって批判されるようになる。それは文革初期の一九六六年頃、正式に文革が始まった少し後です。工作組まで批判されるようになると、末端の権威は全く揺らいでしまう。その中で、紅衛兵などさまざまな、それまでは許されなかったような組織がどんどん生まれてくる。そういう意味では大躍進運動の失敗と、その後の社会主義教育運動における動員の仕方の変化は、文化大革命にもつながってくる。

土屋　まず大躍進までさかのぼってみると、大躍進も毛沢東が発動した一種の運動ですね。それが失敗したことによって、経済的生産性がずっと下がりました。そのため皆、食べるものもなくて、当時はそれで飢死した人がたくさん出た。

金野　一説によると四〇〇〇万人とも言われますね。

土屋　そんな過酷な状況が生じたことに対して、劉少奇や鄧小平の政策によって、いわゆる調整期（一九六一年から六五年頃、経済効率優先の政策で経済再建をした）に入って経済的に挽回していく。人民公社による共同の生産だけではなくて、自分たちの土地を使って生産を上げることも認める政策です。結果、農民の生産性が上がった。社会主義教育運動っていうのは、この調整期の政策を資本主義的として、毛沢東が反撃するような形で、動員をしたのでしょうか。

金野　最近の一般的な解釈は、社会主義教育運動には、劉少奇もかなり積極的に関わっていたということです。社会主義教育運動は、必ずしも、劉少奇を陥れるために毛沢東が発動したというようなものではない。末端の、特に農村幹部など既存の階級の洗い出しのようなことが積極的に進められていった。幹部だった人間を批判闘争すること自体には、劉少奇もかなり積極的に関わっていたようです。ですから、逆に彼が文革期にものすごい批判を浴びるのは、毛沢東がうまくそれを利用して、劉少奇を批判できるような形にしたという側面もあると思いますが、社会主義教育運動の際の劉少奇に対する恨みも反映されているようです。社会主義教育運動自体が、劉少奇を陥れるためだけに始められたというわけではない。協力関係でもあり、対立関係でもあるという、なんとも難しい関係ですね。

朝 劉少奇と鄧小平によるその調整期の中で、社会主義教育運動も出てくる。金野さんがおっしゃったように、この運動は、必ずしも劉・鄧の追い落としではなかった。運動の段階をたどれば、先に前十条（一九六三年五月制定、農村における階級闘争を促す）があって、後十条（六三年九月制定、六四年九月の修正では、土地改革よりも広範で深刻な大衆運動であるとする）がきて、最終的に二十三条（六五年一月制定、運動の重点を党内の資本主義の道を歩む実権派をたたくことにあるとする）がある。この二十三条の時点ではじめて、毛沢東のイニシアチブが確立するという流れがある。そう考えると、大躍進でいったん毛沢東が引いて、それに対してまずいと思って文革へいくんだと思います。文革の前段階といえる社会主義教育運動の中での駆け引き、毛沢東の意思なり、劉少奇の意思なりというものを、金野さんはどのように考えますか。

金野 前半部分に関して言うと、劉少奇のイニシアチブはかなり強かったと思います。先ほどおっしゃったように、後十条の辺りでは毛沢東のイニシアチブがより強くなってくる。後にエドガー・スノーとの面談の中で、そのときに毛沢東が、劉少奇を政権から追い落とすことを決心したという話をしています。

土屋 毛沢東からすれば、自分が大躍進をやろうとしてうまくいかず、それに対して劉少奇、鄧小平が毛沢東の権威を下ろして資本主義的な方法でやった。それに対して、毛沢東が社会主義教育運動で反撃したと見ている研究者もいます。一方で、社会主義教育運動に、劉少奇もかなり積極的に参加していたから、そういう攻撃／被攻撃の関係じゃないという考え方もある。後者は、最近の研究成果によってそう考えられるようになったのでしょうか。それとも、考え方の違い、あるいは日本の研究とアメリカの研究の違いなのでしょうか。アメリカの研究では、毛沢東と劉少奇の関係はそんなに悪くなかったと考えるようですね。

金野 研究史としては、ある意味で単純化された理解もありましたが、安藤正士先生、辻康吾先生、太田勝洪先生の三人で出された『文化大革命と現代中国』（岩波新書、一九八六年）などでも、その辺の絡みは説明されています。日本でもアメリカでも、専門書ではそういった形で説明がされています。しかし一般の概説書だと、その複雑な絡みが単純化されて、毛沢東が社会主義教育運動を利用して劉少奇を追い落とすという部分が強調されている。解釈が変わったというよりは、専門書ではその辺りの絡みについては前から書かれていましたが、概説書には反映されていなかったということだと思います。

◉毛沢東の思惑

土屋　例えば『思想』（二〇一六年第一号、岩波書店）に掲載された国分良成さんの論文では、鄧小平や劉少奇の経済政策にある集団経済からの離脱傾向や、それを是正するための社会主義教育運動に対する鄧小平・劉少奇の消極的な姿勢に、毛沢東が警戒感を持ったことが文革につながると見ています。

金野　七〇年にエドガー・スノーが毛沢東にインタビューしています。その時にエドガー・スノーは、「あなたが劉少奇という人物を政治から排除しようとはっきりと考えたのはいつ頃ですか」という質問をしています。それに対して毛沢東は「それは早くからです」と答えている。一九六五年一月、社会主義教育運動の二十三条を発表しました。その第一条は「四清の目標は党内の資本主義の道を歩む実権派を懲らしめ……」というものです。それに対して、その場で劉少奇は反対したと毛沢東は述べている。どうもその辺りから、毛沢東は劉少奇を政治から排除することを考え始めたようです。劉少奇は、農村幹部の綱紀粛正に関しては、かなり積極的に関わっていた。しかし、一方で毛沢東がターゲットとしていたのは、農村幹部だけじゃなくて、もっと上の幹部たちもターゲットにしていた。特にそれは、党内の資本主義の道を歩む実権派でした。ここに毛沢東と劉少奇の認識のズレもあります。劉少奇は基本的に末端幹部の綱紀粛正を中心に考えていた。このように、社会主義教育運動の内容に関して、二人の間にイメージの違いというものが存在している。国分先生が元にされてる資料もこの辺りなんじゃないかなと思います。

土屋　そうです。楊威理という人が『豚と対話ができたころ』（岩波書店、一九九四年）で、本人が直接経験した話として、王光美（劉少奇夫人）が社会主義教育運動の工作組として桃園という所に入り幹部の批判闘争をした様子を語ったが、それがすごくて、聞いていて鳥肌が立つほどだった、と書いています。さっき言われた、そのときの劉少奇らに対する恨みというのは、文革における造反の背後に確かにあると思います。

金野　社会主義教育の内容に関して、劉少奇とか鄧小平は積極的には関わっています。整理すると、彼らは末端幹部の綱紀粛正を厳しくやっていくつもりだった。しかし、毛沢東はより上位、高級幹部、いわゆる劉少奇なんかも視野に入れた、資本主義の道を歩む実権派批判をやるつもりだった。その範囲の広さというのが、ものすごく広いと同時に、ある意味では曖昧で、誰でも非難できるようなものになってしまった。国家主席ですらも批判の対象になる、というようなことまで考えていたのだと思います。そこがやはり大きな分かれ道だった。

朝　その辺が文革の問題にも繋がるのだと思います。毛沢東にとっては、綱紀粛正という枠に収まる問題ではなかった。これは路線の問題だった。その当時、既に劉少奇を具体的な対象にしていたかは別として、資本主義を歩む実権派に対する毛沢東のとてつもない危機感があった。そこが全く違うんじゃないかという気はします。

◉党組織の腐敗

土屋　さきほど、大躍進の失敗があって、それを「党組織の腐敗が原因だった」というお話がありました。

王兵監督の『鳳鳴』（二〇〇七年）や『無言歌』（二〇一〇年、原題『夾辺溝』）という映画が、随分日本でもはやった。これらを見ると、一九五九年から六〇年は、本当に食べるものがなかったし、労働改造所では悲惨な死を遂げた人たちが多かった。それがあるとき解散させられて、家に帰っていいよ、となる。それは結局、六〇年末から六一年にかけて、共産党上層部に大飢饉から人命を救済しようとする動きが起こった。『鳳鳴』は甘粛省ですが、六〇年十二月二日に人命救済の会議が始まった。そのあと「七千人会議」（一九六二年一月十一日からの中国共産党中央拡大工作会議）、毛沢東の自己批判のほうへ向かっていく。党組織の腐敗というのは、毛沢東が大躍進に失敗したことを、党組織の腐敗に責任転嫁したという考え方もあると思います。

金野　僕自身はそう考えています。当時の毛沢東については、ロデリック・マクファーカーが編纂した『毛沢東の秘められた講話』という本があります。これは毛沢東関係の資料集です。それを読んでいると、毛沢東自身は自分の責任だとは思っていなかったふしがある。それが言葉の端から感じられます。むしろ、自分が言ったことをきちんと実行しない末端の党組織、党の腐敗にこそ、大躍進の失敗の原因があったというような文脈で話をしています。なので、これはある種の責任転嫁だと、僕も個人的には思っています。

土屋　共産党のリーダーたちは、自分たちの仕事に誤りがあった、だからそれを改めなきゃいけない、と言いながら、資本主義的なやり方で経済を元に戻すつもりだった。そういう両面があったということでしょうか。そして、それは毛沢東からすると、納得できないところでもあった。

金野　バランス感覚としてはかなり大変だったと思います。ちょうど国際的な状況としても、五〇年代後半に台湾海峡危機（一九五八年八月、中国は金門・馬祖島を砲撃したため、台湾側が反撃。九月初めにはアメリカが第七艦隊を派遣して緊張が高まった）、六〇年代前半にベトナム戦争が激化した時期です。その時代の毛沢東に関する話では、あたかも毛沢東が全てを権力欲のためだけにやったみたいな文脈で書かれることが多い。でも、そうでもないと思います。彼自身は、本気で中国の行く末を心配していた。台湾海峡危機があって、ベトナム戦争もあって、アメリカとも仲が悪く、中ソ論争（五〇年代の関係悪化を背景としつつ、特に六三年から公然化したイデオロギー論争）なんかがあってソ連との関係が悪い。そんな中で、党組織がどんどん官僚化していて、人民から離れていっている。それに対する彼なりの冷静な状況判断があったはずで、必ずしも全てが権力欲のためだけにやったわけではないと思います。そういう状況の中で、いわゆる資本主義の道を歩む実権派を批判した。劉少奇は、ある意味では実務家なので、毛沢東も立てつつ何とか中国をやりくりしていかないといけないと考えていた。どちらの立場から見ても、単純な権力闘争だと言い切れるような問題ではないような気がします。

朝 毛沢東の危機感というのは、中ソ論争に起因するところが大きかったと思います。国際的に、中国自体が孤立している。国内的には、自分が孤立している。その両面の孤立に対する抵抗は、権力欲というよりは、彼が作り上げた社会主義中国が変質してしまう、下手したら解体してしまうという、国外的、国内的な圧力に対しての、ひとつの反撃だったと見ることもできます。だからこそ、官僚の腐敗に対する見方も、毛沢東にとっては、綱紀粛正の問題にとどまらず、中国社会を変質させようとするような方向へ向かう腐敗なのだと、彼なりの危機感が反映された認識になっていた。

金野 もちろん、毛沢東自身のパーソナリティーもあるとは思います。やはり彼は、軍事方面になると非常にカリスマが発揮される。五〇年代後半から六〇年代、台湾海峡危機以降に、民兵組織を一気に作って、外部からの侵略に備えはじめる。毛沢東は、五八年ぐらいに軍事共産主義の再評価を始めていきます。例えば、農村的なやり方が批判されて都市で行政の正規化が要求されたとします。しかし、役所は大きくなってしまうと、人民から遠く離れてしまう。だからこそ、まさに都市において、農村的な作風とゲリラ的な気風を進めないといけない。蔣介石の亡霊は都市から消えてはいない、ブルジョア階級の臭気にわれわれは染まっている、われわれの共産主義は、もともと軍隊の中から実施されたものだ、などと主張するわけです。当時、毛沢東はいろいろな講話の中で、「軍事的な伝統をもう一回思い出さないといけない」と話をしています。その背景には、軍事においてカリスマを発揮できるという、毛沢東自身の立ち位置みたいなものが影響してたのだと言えます。

◉文化大革命発動

土屋 この後、六六年から文革が始まりますが、文革で使われたいろいろな言葉は、みんな軍事的な言葉です。軍事用語によって比喩が行われている。しかも毛沢東は、軍事=教育と見ていた。だから、中国全土を軍事化する=学校化するという認識です。

金野　人民解放軍（一九二七年に建軍された共産党指導下の軍事組織であり、中華人民共和国の正規軍）もひとつの大きな学校だということですね。

土屋　文革は、六六年の「五・一六通知」によって開始されて、六六年八月八日に「中国共産党中央委員会のプロレタリア文化大革命についての決定」が出ます。お聞きしたい点として、ふたつだけ取り上げたいと思います。

ひとつは、文革の多面的な部分です。北京大学の印紅標さんによると、文革は「知識人批判」から始まって、「政治革命」があって、「官僚批判」へ至るという三つの側面が捉えられる。これらの側面と「動員」というのは、どのように解釈できるんでしょうか。

金野　難しいところですね。文化大革命の初期、特に紅衛兵運動（文革期に自発的に組織された学生グループによる運動の総称）の際には、学生運動の構造として、知識人批判と政治革命、官僚批判は同時に存在したのだと思います。張承志『紅衛兵の時代』などを読むと、当時の理念がよく書かれています。張承志は最終的な文化大革命の理念的な部分が変質したことに関して批判的ではありますが、いわゆる官僚批判だとか、政治革命の理念自体は、今でも評価できると書いていたと記憶しています。そういう意味では、文革の構造に関する三つの側面というのは、権力闘争だけじゃないという意味でも、重要だと思います。

動員という側面では、やはり知識人批判というのが、学生たちに強い影響を与えたと思います。『紅衛兵の時代』を読んでいると、学生たちは、結局テストで決められるという学校内の現実と、革命教育の理念との乖離を強く感じています。構造的な矛盾の中で、紅衛兵運動は特に文革初期においては、教員や知識人批判に向いていく。そしてかなりの数の教員が殺されている。これらを考えると、長期的な矛盾なんじゃないかなと思うんです。文化大革命だけではなくて、それ以前からの、革命教育する一方で実際の大学進学はテストで決まる、知識人の子弟が有利になる、といった構造的な矛盾です。革命的な批判からすれば、農民労働者が優先されるべきであるはずなのに。そういう矛盾を感じていた学生らには「資産階級の知識分子がわれわれの学校を統治している現象を徹底して変えなければならない」（中国共産党委員会の「プロレタリア文化大革命に関する決定」）といった呼びかけに対して動員されていく下地がすでにあったでしょうし、そうした知識人批判に始まる運動が、政治革命へとつながっていくのではないでしょうか。

土屋　文革は「発動」と言いますよね。日本で「発動」というとニュアンスが変わってしまいますが、文革の「発動」には、人を立ち上がらせるような感じがあります。毛沢東と劉少奇はまったく思考のスパンが違っていて、毛沢東の場合は官僚だけじゃなくて、中国全土、中国人そのものを変質させたいと考えていた。だからこそ文化大革命だったのだと思います。劉少奇だけを排除したいのであれば、そんなに難しいことではなかった。「発動」という言葉には、そういう「中国人を変質させたい」という彼の願いがよく表現されているように感じます。その中に、文芸批判もあるし、学校内の問題もある。例えば、毛沢東は「抜き打ちテストなんか駄目だ」、「それは敵に対するやり方だ」とも言っています。そうすると、中国人の中でも、こういう側面には賛成できる、だから毛沢東に賛成だという立場の人も現れる。例えば張承志のように、学校教育の中のことは賛成できるみたいな、運動の中にそういうメカニズムがあったのだと思います。

●人間革命としての文革

金野　人間革命みたいなものを感じますよね。毛沢東は昔から、学校で教員をやりたいという教育者だったようです。「発動」には、人々の自覚を促して自ら立ち上がらせる、みたいなニュアンスが含まれてる。ただ、日本語で「動員」と言ってしまうと、難しいんですよね。動員って、あくまで受動的に無理やりなんかやらされるというイメージがある。中国語の「発動《ファードン》」になると、もっと「人々の自覚を促し自ら立ち上がらせる」というような、ある種の革命期の農村革命のようなニュアンスが含まれる。

土屋　そうすると文革は、政治権力の動員と民衆の発動が交錯している、言ってみれば動員が循環したようなものだとみることもできますね。

金野　もともと中国共産党政権の社会統治のあり方の中に、「発動」、つまり「人々を立ち上がらせて何か自発的な変革を求める」というルーツはあったと思います。それがある種、循環をしたものとして、文化大革命も捉えられる。

朝　ある意味でストイックというか、例えば「整党」（党員の思想・作風に対する自覚を促すことで党組織を点検する活動）は延安時代から始まっていると思いますが、似たようなことを繰り返しているわけですね。軍隊には三大紀律八項注意（紅軍時代にまとめられた軍紀。大衆に接するときの態度などを分かりやすい言葉で表す）なんかもある。その辺は、中国の非常に貧しい、ある意味では後進国の人間をどう育てていくかという発想からきている。それは毛沢東にとっては、革命化していくということだったのだと思います。付け加えれば、現在ではその循環が終わっているのか、ということも考えていくべきだと思いますけどね。

金野　毛沢東時代の革命化、軍事化って、人間革命ですよね。でも、逆にジェンダーという側面からすると、かなり女性性を無くしていく。六〇年代になるとみんな軍人のようになっていって、スカートをはいた女性の絵などもなくなります。みんな軍服を着て、男性的な格好をする。ジェンダーを超えて、ひとつの方向に向けていくという意味では、性質的には非常にマッチョな人間革命だったのかなとは思います。

土屋　よく欧米の研究では、社会主義ジェンダー研究の中で、文革期も扱われるようですね。とくに文革宣伝画の研究で、ウエストミンスター大学教授のハリエット・エバンズさんが研究していています（本書「文革プロパガンダとは何か」参照）。中国でも最近増えているようですが、日本では少ないですよね。

金野　少ないと思います。僕がそれに気付いたのは、文化大革命の研究書を読んでいてというわけではなくて、上野千鶴子さんの赤軍に関する文章がきっかけです。ネックレスなどの女性性が総括の対象になってくる。革命の持つ男性性です。

朝　上野さんの文章は連合赤軍に関するものですね（『生き延びるための思想』収録）。

金野　その文章を読んで、毛沢東時代もその視点から見れば、また違った見方もできるのかなと思ったんです。中国に関する、特に文化大革命に関するジェンダー的な研究は、まだあまりないような気がします。

◉文革とプロパガンダ

土屋　これは面白い話題ですね。文革の動員ではプロパガンダが非常に強く作用したと思います。それは、文字で書かれたものだけではなくて、絵や、写真、映画などの映像も多用されます。そういう意味では、文革というのは、それまでのプロパガンダをもっと大きくしたようなことをやっていたのだと思います。それが大衆動員にどのような影響を与えたのでしょうか。

金野　プロパガンダはもちろん大きいと思います。特に、ラジオなどの放送ですね。ただ、プロパガンダだけから影響を受けていたのかどうかは、世代によって異なると思います。当時、中学生・高校生ぐらいだった若い学生たちは、かなりストレートに影響を受けていた。例えば『ワイルド・スワン』を書いたユン・チアンは、毛沢東などにかなり批判的です。そんな彼女でも、文化大革命期の前辺りには、プロパガンダの影響を受けて老人を助けたとか、雷鋒に学ぶといった運動などをまともに受け取って、いろいろやったということを書いています。そのときに、年配の労働者に言われた、「雷鋒はそんなにいろんな所に出没して、本当に全部やってんのか」という冷めた言葉がすごく気に掛かったといったことも書いています。それを聞いて、「えっ」と思ったと。ですので、世代によってもプロパガンダの影響はかなり違いがある。

土屋　世代によっては、少年期に見た映画に出てくる革命的ヒーローに憧れたという人もいる。いまは文革研究をやっている徐友漁さんが、『牛虻《ニウマン》』（ソ連映画、一九五五年）を見て、出奔したヒーローが革命家になって帰郷するのに憧れたと。それが、紅衛兵の「長征」（徒歩で革命聖地を巡礼する）の背景となったらしい。当時は動画というと映画なので、すごく強く効果を発揮した。映画という素材は、もっと考えていくべきだと思います。例えば、文革のときに三角帽をかぶらせますが、あれなんかも、文革で初めて出たものじゃなくて前からある。紅衛兵みたいな若い連中がどうしてそれをやったかというと、農民のそういう行為を描いた映画を見て、そういうふうにやるもんだと思ったのでしょう。現在の私たちは、当時の映画なんて知らないから、文革になって初めて出てきたように思ってしまう。

金野　三角帽は土地改革のときに始まったものですよね。もしかしたら、もっと遡れるかもしれない。ある意味では、農村的な想像力ともいえる。

土屋　共産党は、土地改革以前にも、農村の民俗的な部分を応用していた。民謡を革命歌に変えるといったケースもそうです。そういうやり方が文革のときに非常に強く出てきて、プロパガンダに使われた。

金野　五〇年代の後半から、政治的に宣伝を推し進めるような組織がたくさん作られていく。そして六〇年代前半にはいると、毛沢東思想学習会といったものが、各大学にたくさん作られていく。例えば、華東師範大など上海の大学にひとつもなかったようなものが、一年ぐらいの間にたくさんできている。政治的な補助というか、サポートみたいな宣伝部もあったようです。では、なぜ影響力が六〇年代に一気に増したかというと、プロパガンダ自体は前々からあるものですが、車の両輪のように、政治的なサポートもあったから。それが六〇年代前半という時期です。階級闘争に関する本を出すとか、大学の全ての部署に毛沢東思想の学習会を作るとか、そういったことを政治的に決めて、一気にやっていく。あとは階級闘争展覧会（裕福な地主のぜいたく品や悪行を示す品々を展示して人びとの階級意識を高める展覧会）のようなこともよくやっています。大きな会場を貸し切って、「昔は、地主はこんな悪かった」といった展覧会をやる。それぞれの職場で日にちを決めて、人を動員して見に行く。つまり、単純にプロパガンダを流しただけではなくて、政治的に人を動員することで、文化大革命につながっていく。

土屋　今の展示会は写真ですね。プロパガンダは、写真にしても絵にしても映画にしても、みんな情緒に訴える。動員は上からやるだけではなくて、下から上がってくるものでもある。「地主はこれだけ悪いことをしていた」というのを写真とかで見せられると、ムラムラとやる気になる。そういう情緒的な部分というのを非常に強く、うまく使ったといえると思います。

金野　その先の六六～六八年ぐらいの間には、居住区の学習会とか、展覧会や印刷物の配布といったことも始まる。そう考えると、六三年頃から、社会主義教育運動とリンクしたプロパガンダがかなり激しく展開していったようですね。

◉毛沢東が目指したもの

土屋　毛沢東は、中国人そのものを変えたかったという思いが根底にある。誰かを陥れるとか、そういった単純なことではなくて、中国人を変質させたかった。

劉少奇、鄧小平がやった調整期に毛沢東が何を見たかというと、「俺があれだけがんばっても、けっきょく中国人っていうのは、自分のふところにお金が入ればこうなるか」ということだったのではないかと思うのです。共産党、党員そのものがそうだ。そのとき、彼は国中を巻き込んで、共産党をつぶそうとした。

金野　土屋先生のいまの話は政治の部分ですよね。一方で、学生運動という側面でいえば、最近の研究でよく指摘されるのは、「政治過程論」です。これまでの研究では、政権に対して好意的ではない「自分たちは阻害されている」と感じていたグループが文革を機に立ち上がった、文革以前の階級構造、差別構造の中で、末端にいた人たちが立ち上がったという言説が多かった。例えば、労働者で言うと、臨時工や契約工です。日本でいうところの、臨時雇いの労働者みたいな人たちが、文革期に立ち上がったという見方、文革以前の構造的な問題から、当時の紅衛兵運動や労働者運動を捉える見方が、日本でもアメリカでもありました。それは、ひとつの見方として間違ってはいない。実際にそういう運動もありました。一方で、実はそれほど文革期以前の社会構造は、紅衛兵運動には反映されていなくて、むしろ当時、それぞれが政治過程に直面して「どっちに行ったら自分が生き残れるのか」という感覚を持っていたはずです。人間は、そんなに過去からの信念に基づいて全て選択するほど強くない。文革期の運動は、政治過程に直面しながら、比較的実利的に、どっちの派閥に所属したら自分は生き残れるだろうかといった迷いの中で人々が選択していった結果として、いろいろな分派ができていったという指摘もあります。スタンフォード大学のアンドリュー・ウォルダーなどがそういった見方をしています。いままで話してきた政治面の話の一方で、社会運動として見ると、こういった側面も見えてくる。

土屋　文革を特集した『思想』(岩波書店、二〇一六年第一号)で、谷川真一さんがその具体的事例を書いていますね。

◉中国社会のパンドラの箱

土屋　毛沢東が「中国人全部を変えたい」といって動いたことで、一種のパンドラの箱を開けたような感じになってしまった。毛沢東自身は、そのパンドラの箱を開けないと、中国の希望はないという考え方だったのだと思います。しかし、開けた結果として、いろいろなものが出てきてしまった。表面的には、政治運動とか、あるいは紅衛兵運動とかいわれますが、そのもうひとつ後ろ側に、例えば怨念とか嫉妬といった、個人の情念のようなものが政治と結び付いて、様々な局面を作っていったのだと思います。例えば、ラストエンペラーの溥儀の日記を読んだら、一九六六年六、七、八月頃に、溥儀は皇帝時代に自分の使用人だった男から自伝の叙述をしつこく批判されます。なぜその男が急に現れるかというと、彼のいとこが溥儀によって殴り殺されたからです。その復讐に来る。彼は、いまや我々労働者の時代だ、と言って、溥儀に批判の手紙を書くと、溥儀は病身を押して懇切な返信を書かねばならない。そういう本当にひどい目にあった人たちの気持ちが、パンドラの箱が開くことによって、全国的に表面化する契機となった。ただし、溥儀を批判する彼の方も、どうやら勤務先の文革の都合でそういう行為をしているようでもある。だからこれは、単なる怨嗟ではなく、一種の政治運動になるわけです。下層社会の人たちが立ち上がっているのだけれども、政治運動の側面と、個人の復讐の側面がある。それまで許されなかったことを、毛沢東が文革で許してしまった。言論の自由も印刷物の出版の自由も、壁新聞や紅衛兵新聞のような形で、六六年以降になって初めて許された。五〇年代末に『星火』という地下出版物を作った人たちは、たった二十部しか刷ってないのに、全員逮捕された。文革が終わった後、七八年から七九年初の「北京の春」(北京の西単で民主化を求める壁新聞が貼られた)のときにも結局、壁新聞や印刷物をやった人は反革命扱いになった。そういう意味でも、六六年というのは、いろいろな部分が箱から出てきてしまった時期なのだと思います。

金野 他人に対する嫉妬など、個人的な感情が政治的な舞台の上で展開していくメカニズムのようなものが、文化大革命にある種の悲劇をもたらした原因でもあるのでしょうね。

朝 「パンドラの箱」というのは、いい比喩だと思います。本来であれば、解体する過程にあるときには、旧秩序を利用しながらも、全てをなくすことから新たな秩序が作られていく。毛沢東の場合は、とにかく「中華人民」の「共和」ということで、ある意味で守るべきものを作ってしまったときに、パンドラの箱を開けてしまった。それをどういうふうに集約していこうとしていたのかが、知りたいところです。

土屋 もちろん暴力そのものを嗜好する人々も出てきてしまう。比喩的な言い方ですが、毛沢東が文革をやったのは、前進させるというよりは、中世に一回戻すというような感覚です。ねじを一回戻すというか。

金野 中世というのは、恐らく法秩序の欠如といったところに、そういうイメージを生み出す源泉があるのではないかと思います。近代的な司法のメカニズムが存在しない中で、革命をやろうとした結果として、つるし上げなどいわゆる手続きのない暴力といったことが起きてくる。

朝 その意味で、まさしく文革も革命だったということですよ。法秩序というものは、革命が成就したときにしか形成できないから。

土屋 「中国は現在でも文革状態だ」という人がいますが、その考え方の基本にあるのは、法治ではなく人治だということなのかもしれない。

金野 刑法ができたのが一九七九年なので、それまで全て、反革命で処理していた。それ自体が、ある意味では中世的イメージにつながりますよね。

土屋　正と負で分けるのはおかしいかもしれないですが、負のイメージだけではなくて、人間の正の部分、例えば正義感とかが、そういうときに出ます。中世の人間、われわれ現代人には考えられないような意志や人間力を持った人物が、文革の時期には出ています。文革をマイナスだけで見ていると、それが見えない。

朝　付け加えれば、法というものは既成のシステムを是認したところで初めて守るべきものとして出てくるものです。ですので、それは中国に限らず、例えば一九七〇年前後の日本やフランスの学生運動が、法を前提にしていたかといえば、そうではなかった。法自体も解体すべきものとして見ていた。そういう意味で、必ずしも中世的というところからだけ出てくる問題でもないと思います。

◉紅衛兵運動

土屋　六六年から紅衛兵運動が始まります。紅衛兵運動を中心に考えると、六七年に次々と奪権が起こり、党の委員会ではない革命委員会というものが次々と作られ、全国へ広がっていく。それによって六九年までに、文革の一応の基本路線はできたが、実際はそれほどうまくいっていない。六八年以降になると、それまで若者を動員してやっていた運動の必要がなくなった結果として、今度は「上山下郷」(下放)という言葉が言われるようになる。現在の文革イメージでは、下放は農村に行った学生がひどい目にあう、という側面しかないように思われますが、私は下放を、もう少し細やかに考えたほうがいいのではないかと思います。例えば、下放に行った学生が向こうで何やっていたのか。下放すると中央の権力からも離れるので、比較的自由な時間を取ることができる。もちろん、情報は少ないのですが、自分の思索の中に沈潜もできる。少ないながらも、書物などを読んで自分で勉強して、考え方を変えていくということも起こった。下放の中で、現地の農村に溶け込んで、活躍していくという人もでてくる。農村に対して貢献した部分もある。「下放は悲劇だった」と考えてしまうと、それら全部が見えなくなってしまう。

金野　下放は、真っ先にネガティブな側面がみられてしまいます。つまり、都市の学生が毛沢東にだまされて農村に送り込まれた、都市の秩序を回復するために紅衛兵がほとんど解散させられて農村に送り込まれた、という見方です。上海からだと、雲南省や新疆のほうへたくさん行くわけです。農村に行くと幹部がいて、労働点数を稼ごうと思っても、都市の学生が農村にいるので、食べていくほどにはもらえない。だから、女学生なんかは身を売ったり、農村の幹部にレイプされたりといった側面もたしかにある。ただ、それだけしか見ないことで、かなり読み落としているものもある。例えば、最近の研究で特に指摘されているのが、下放時期の下放青年による農村の教育の発展です。僕も最近研究会で報告をしたのですが、スザンヌ・ペッパーという研究者が、文革の悪い面と良い面のふたつの側面、デュアル・パースペクティブを見るべきだと指摘しています。特に、六〇年代後半から七〇年代にかけて、農村においては教育の発展がかなり著しかった。ハン・ドンピンという研究者は、山東省のある村の事例分析をしています。文革の時期に、その村では無料で小学校に行けるようになった。その結果、一九七六年には進学率が九九・一％になる。六五年には八校しかなかった学校が、七六年には二六九校まで増加している。全国の農村地域を見ると、六三年に中等教育機関が四八一あったのが、七七年には五万九一六まで増えています。なぜかといえば、下放された知識青年が農村で教員になり文盲率が急速に低下したからで、最終的にそれが文革後の農村経済の発展にも関わっている。そういった研究もかなり増えてきています。改革開放以後、あれだけ急速に中国経済が発展した背景には、農村の教育レベルが文革期に上がったからだという研究もあります。これらは、ネガティブな側面だけでは切り取れない、下放のプラスの側面として捉えることもできると思います。

◉下放経験とは何だったのか

土屋　下放は、政治運動として起こったことではあるが、個人個人は、それを自分の生き方として捉えていたという側面もある。だから、農村に行ってから、本当に自分の使命に気が付いたという人もいる。それは文革後の下放だけではなくて、五〇年代末に『星火』という地下刊行物をやった人たちも、右派学生とされて甘粛省の農村に下放に行った。彼らは、自分が右派にされたのは冤罪だと思っているわけだけど、農村に行ってみたら、農民のひどい生活に直面し、自分たちが考えていたのと全然違う、農村の現実を目にして、「これじゃ駄目だ」という使命感から立ち上がって、結果的に反共産党の考え方に向かう。同じようなことが、六八年以降の学生の下放でも、大きな動きとしてあったと思います。それがあったからこそ、文革終了後の七〇年代末に、新たに民主的な動きが起こる。そこに結び付けて考えることができると思います。

金野　張承志の『紅衛兵の時代』でも、彼自身が下放されることで目覚めるプロセスが書かれています。もちろん、下放に関するネガティブな資料もたくさんありますが、下放に行って初めて農村の現実を目の当たりにして、今まで信じてきた共産主義のあり方に関して、プロパガンダ的な文脈ではなくて、自立した思考が生まれる契機になった側面もある。

土屋　現在六〇代の中国の知識人の中には、そういう経験をしている人が結構います。日本の同じ世代とは、現実と知識の近さがぜんぜん違う。彼らを理解するという点でも、下放生活をさまざまに考え直すことが必要だと思います。

金野　映画『子供たちの王様』の監督、陳凱歌もそうですね。『私の紅衛兵時代

――ある映画監督の青春』（講談社現代新書、一九九〇年）という本には、自分の父親を殴り倒したときの話なども書かれています。恐らく、その時の経験が『さらば、わが愛』の、遊郭で働いていたという過去を暴いて、自分の奥さんを火が燃えてる中で批判するようなシーンにつながっている。彼の父親との関係、父親を文革で批判したときの経験とリンクする。そういう意味では、もちろんネガティブな経験ではありますが、芸術的な部分で生かされている。芸術的な深みにつながっている。このように、自分で物事を考えるひとつの契機を提供したのではないかと思います。ずっと都市で生活していたら違ったものになっているはずです。

土屋　最近では、習近平は自分が下放に行ったということを売りにしています。そこで自分を鍛錬した、農村に行っているから農民のことが分かる、などと言っています。また新しい下放概念が出てきたわけです。

金野　苦労話みたいなものですよね。

◉文革と日本

土屋　これまで話してきた文革のいろいろな側面は、日本からも見える部分があると思います。ひとつは、「中国人を変えたい」という考え方、つまり人間革命のようなものに対して、日本でも感動した人たちがいたと思います。もうひとつは、その流れの中での学校教育の問題です。日本の学問が細分化され、産学協同もいわれはじめた時代です。その時に、「何のために学問をやっているのか」ということが反省された。

朝　私は一九七一年に大学入学ですから、その頃には、狭い意味での文革はもう既に終わっていた。でも、中国研究会に入って毛沢東や文革に惹かれていきました。一番大きかったのは、「動員」ということが象徴的だと思いますが、そのダイナミズムです。動員について、先ほどその定義の問題が出ましたけど、強制という面があったにしても、あれだけ大きな力になるには自発的な動きも必要です。それだけの人を動かしたものは一体何だったのか、という衝撃です。同時に「魂に触れる革命」という言い方がありましたが、やはりそれも大きいですね。例えば、『毛語録』の「青年」の項に、「君たち青年は、午前八時、九時の太陽のように、生気はつらつとしており、（中略）希望は君たちにかけられている。世界は君たちのものである」とあります。文革のダイナミズムに惹かれている人間が、毛沢東の言葉としてそれを聞いたときに、これはやはり何かが起きている、と感じたわけです。じゃあ、「日本にいる僕らも文革を起こさなきゃいけない」という気持ちになった。当時の私なんかは政治改革を考えていたわけだから、文革の政治過程も重要です。でも、文革の魅力は、人というものに対する見方、中国人が今何をやっているのかということにも魅力があった。文革の中心になっている毛沢東は、一体どういう人問なのかということも、大きな魅力として受け取った。でも、既に文革が終わっていますから、いろいろと否定的な面も出てくるわけです。一九七一年というのは、翌年には日中の国交が正常化する時期です。林彪の事件もありました。それでも、当時は、文革を単純に終わったものとしては見ていなくて、文革が持っていた魅力を、日本においてどう実現していくのかという意識が強くありました。それは論理ではないというか、一種の衝動です。あの時、フランスでゴダールが『中国女』という映画を作った。映画を見てもその衝撃はあまり伝わってこなかったけど、ゴダールも衝撃を受けなきゃ映画は作らないわけです。

論理的なことを詰めていくと、「何をなすべきか」ということでいえば、当時の学生運動に大きな影響を与えたのは文革よりベトナム戦争です。ベトナム反戦はずっと政治的な意味合いが強いものとしてあった。それとは別なところで、文革という大きなダイナミズムから、何かを学び取りたいという意識があったのだと思います。

◉日本の学生運動とのつながり

土屋　当時の日本の学生運動で、やはり大学闘争がありました。つまり、「何のために大学で学問しているのか」を学生がちゃんと考えた。当時は、産学協同をめぐって、軍事や金もうけのために大学が学問するのはおかしいと言われていた。結局、めぐりめぐって現在の日本の状況は、その当時とよく似ていると思います。今は学生も教員も「何のための学問」という問題から離れてしまっている。朝さんが言ったような当時の問題意識が、そのまま宙づりになっている。原発事故を擁護する学者が大手をふっているわけですから。

中国の下放の問題も、いろいろな側面からみれば、評価する部分も違ってくる。下放は教育において非常に貢献したと言われていますが、日本で文革に影響を受けた人たちの中には、下放にならって実際に僻地や社会の下層に降りていって行動をした人たちがいたわけです。それをどう考えたらいいのでしょうか。

朝　なかなか難しい問題ですが、ひとつ言えるのは、必ずしも当時の学生運動が、総体として、文革、中国革命を評価していたわけではないということです。当然、当時から毛沢東はとんでもないヤツだという批判もありました。にもかかわらず、批判する人たちも感心をもたざるをえなかった。支持する方も批判されて問題意識が高くなったところもあると思います。僕のまわりにもいましたけれども、日本では、強制ではない形の下放がありました。それをどのように見るのかということです。町工場へ行くとか、水俣へ行くとか、三里塚へ行くとか、いまも活動を続けている人たちもいます。そうしたこともまた、広い意味で文革の影響を受けたということなのかもしれません。

土屋　東大の医学部の問題もこの文脈で考えることができませんか。医療の問題を考えた人の中には、自分から地方に行った人もいた。

朝　青医連（青年医師連合。医療制度改革を目指して一九六六年に結成。東大闘争は医学部当局による青医連処分を発端とする）の人たちは、地域医療に向かった人たちも多かった。

土屋　日本のそんな動きと、中国の下放との関係が気になります。六八年から六九年にかけて下放が起こりますが、それより少し後に、日本のそういった人たちが動き始める。ちょっとタイムラグがある。中央での活動に挫折したから、という面もあるかもしれませんが、地方に行くという発想そのものが、「下放」という中国の運動からの解釈があったのではないかと思うのです。

◉日本から文革を考えるために

朝　思想的にはそうだろうと思います。自分の今までを捨てるような形で、知らない土地へ行くわけですから。そのためには、何らかの非常に強いインセンティブ、意思がなければできない。それを強制ではなく、自ら進んでやるわけですが、中国の下放というものの中に動機付けとなるものが見いだされた可能性はあると思います。下放を意識した人たち、意識しなかった人たちも、「下放」する中で、自分のなりの思想を作ったということだと思います。

土屋　日本で文革の影響を受けて、造反をやった、学生運動で暴れた、紅衛兵のまねをしたとか、そういったステロタイプではない観点が必要です。毛沢東が始めた人間革命という理念があって、その手段として下放があった。現代の日本人が文革を考えるときに、このあたりをもう少し考え直したほうがいい。

金野　揶揄する意味ではなくて、ある種の革命的ロマンチシズム、人のために自らを犠牲にするような精神がありますよね。それは毛沢東主義だけでなくて、例えばキューバのゲバラもそうです。いろんな所をバイクで旅行して、そこでさまざまな体験をした結果として、自分の出身地ではないキューバで革命に参加していく。この時代に関してはいろいろ思うところがあります。そういう、いい意味での革命的なロマンチシズムが確かに生きていた時代だったのだと思います。文化大革命期でも、上海人民公社を作った学生の中には、実際、軍が銃を向けている中でも前に立って守ろうとした人がいたという話をインタビューで聞いたことがあります。権力闘争であるとか、紅衛兵がそれぞれの勝ち馬に乗ったとか、政治闘争で負けないように組織を選んだとか、いろいろな側面があるとは思います。けど、その中に、純粋な革命的ロマンチシズムのようなものが生きていた側面もある。そういう部分を全部無視して、ただの権力闘争、派閥闘争といった切り口で文革を捉えると、かなり読み誤ってしまう。

（終）

小説「星火事件」

土屋昌明

本書一三頁参照。

一九五九年末の中国では、大躍進が引き起こした飢饉が全国で発生した。この状況の中で、一九六〇年一月、甘粛省天水の農村に、大躍進と人民公社が招いた壊滅的な災難を分析・批判・記録した地下刊行物が現われた。それは『星火』という。

本稿は、この地下刊行物をめぐる事件をはじめて取材した胡傑監督のドキュメンタリー『星火』（二〇一三年）にもとづき、監督の立場からこの事件を追った小説である。ただし「　」内は、すべてこのドキュメンタリーでおこなわれた実際のインタビューを翻訳した。また地下刊行物『星火』からの引用は、すべて胡傑監督のドキュメンタリーのシーンによりつつ、譚蝉雪編著『求索——蘭州大学『右派反革命集団案』記実』（香港天馬出版社、二〇一〇年）に転載された『星火』原文を翻訳した。地名・人名は匿名をのぞいてすべて実名である。写真は、特に断らないもの以外すべて当該ドキュメンタリーのスチールである。

プロローグ

甘粛省蘭州の「古城坪」という村。

大型ダンプが土を満載して、坂道を苦しそうに登っている。開発工事のダンプだ。現在の中国では、自然の景観すら保存されない。おそらく現場はこのあたりだろうと思って、下から歩いてきた老人に質問する。

「文革の時、ここは刑場だったんですって？」

「そう、刑場だったよ。」

「銃殺するところを見たことありますか？」

「あるよ、いつも見ていた。」

「いつも……」

「当初は銃殺が多かった。徐々に減ったがね。」

四十年前のある銃殺刑が執行された現場に立ってみたいと思ってここに来た。銃殺された男は杜映華という。彼は土甸《どでん》子村《しそん》という甘粛・隴西《ろうせい》の小さな村に住んでいた、県の共産党委員会副書記だった。一九六〇年、この近辺に下放していた青年たちの作った地下刊行物に関わって逮捕され、結局、死刑になる。

管轄内では餓死の悲劇を起こさせないと

村の医者
杜映華の遺体に埋葬番号を打った

今も村の診療施設で病人を診ている医者が、死刑直後のことを話してくれた。

「杜映華が銃殺されたあと、地下活動をともにした仲間三人が、棺桶を買って、乞食を四人雇い、遺体に埋葬番号を打った。夜に遺体を納めようとすると、遺体が無くなっていた。話によると、蘭州医学院が実験に持ち去ったらしい。死亡通知書が出て、それを医学院の教師に通知した。医学院に郵送されたのをその教師が押さえたんだ。私が診察している時に見せてくれたよ。どうせ焼いてしまうからかまわないと。杜映華の息子たちには言うなよ、おまえがわかっていればいい、と言っていた。」

杜映華は、銃殺された後、医科大学で解剖の実験に使われたのだ。本人はもちろん、遺族の許可も無しで。共産党委員会副書記だった人が、解剖の実験に供されてしまう。解剖では遺体が損壊されてしまうから、遺族にそれは言えない。遺族に遺体を渡すのは、火葬に付したあとなのだ。

銃殺された杜映華は、寒村とはいえ、れっきとした共産党委員会幹部。それが地下刊行物に関わったことで死刑になった。この地下刊行物の事件とは、いったい何だったのか。

一

この地下刊行物は『星火』という。実物を見ることはできない。

なぜ「地下」なのか。中国共産党統治下では、許可・検閲無しに刊行物を印刷配布することは許されていないからである。この『星火』という刊行物は、そんな危険を冒してまで何を発表しようとしたのか。

実物を見ることができないのはなぜか。中国現代史において、この事件はまったく消されているからである。私はもちろん、私の友人も、中国史の専門家すら、この事件について知っている者はいない。試みに、市販の中国現代史事典をひいてみればわかる。

私がこの事件を知ったのは、反右派運動で右派にされた北京大学の女子学生「林昭」についてドキュメンタリーを撮ったのがきっかけだった。彼女は獄中で、みずから指を切って

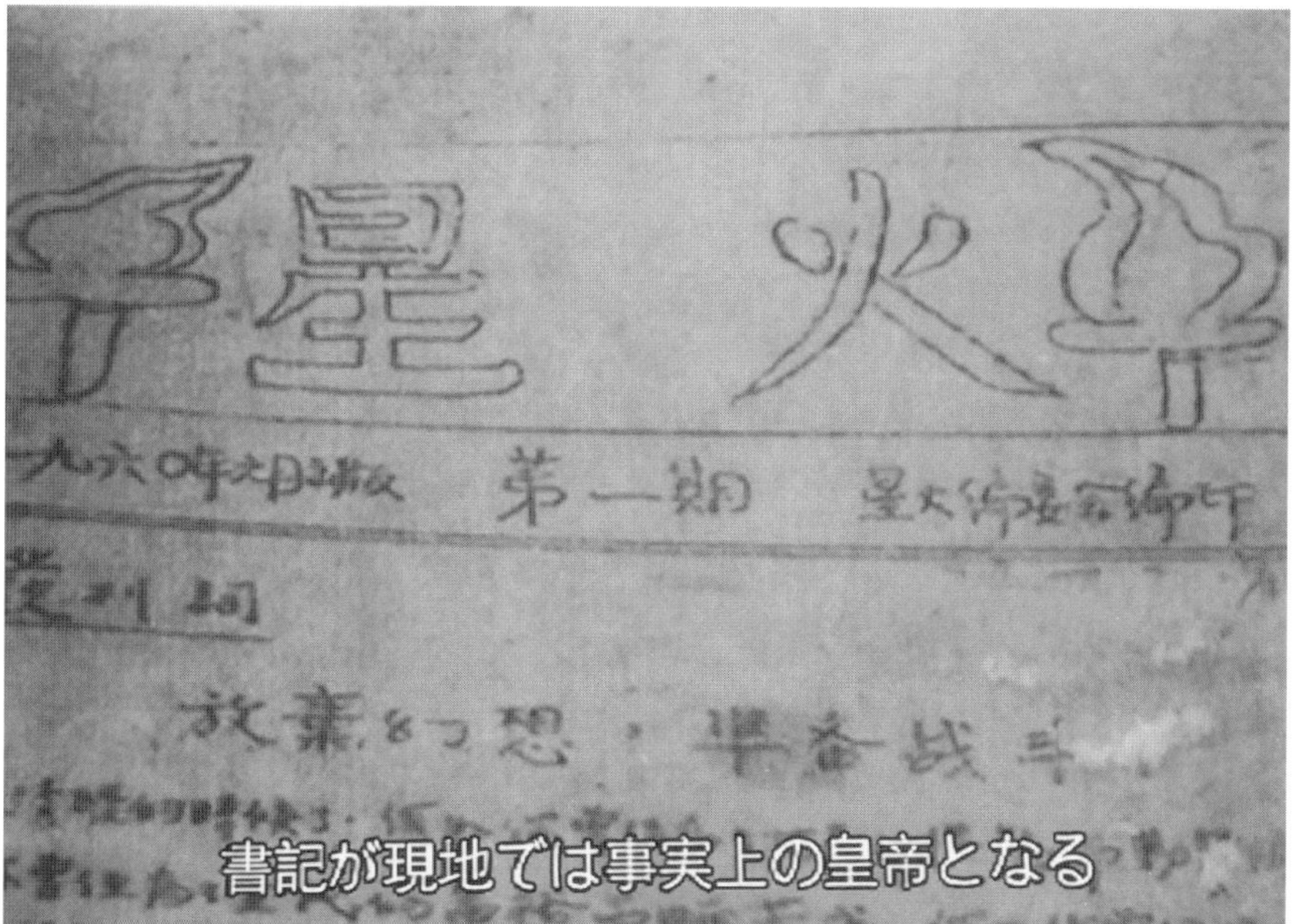

血を出し、みずからの思索を血で書き残した末に銃殺されたという。この話を始めて聞いたのは、一九九〇年代中頃のある日、友人と酒を飲んでいたときだった。ある友人が何となく、自分の母親のクラスメートにそんな女子がいた、と話したのを聞いたのだ。中国の監獄というだけで、身震いするほど恐ろしいのに、その中にいて、血で詩文を書いたというのは、すごい話だ。彼女には、そうまでして書くべきことがあったのだ。私は衝撃を受け、彼女のドキュメンタリーを撮ろうとその場で決意した。

彼女に関する事実を探究しているうちに、この事実を消去したいと思っている権力が存在していることを知った。そのために私は、自分の職場の上司から警告を受けた。私は政府系の通信社に勤めていたから、もしかしたら上層部に林昭のことを知っている者がいたのだろう。結局、仕事を辞めることになってしまった。しかし、これはむしろ私の探究心に油を注ぐ結果となった。

そんな歴史探究の途上、彼女がこの地下刊行物に関わっていたことがわかってきた。そして、星火事件の当事者たちが十数年の懲役刑を終えて出所していることも知った。いろいろな人にインタビューしたあと、とうとう『星火』のメンバー数人を探し当てることができた。私は甘粛に何度も足を運んで、彼らにインタビューを申し入れた。

その一人が向承鑑《こうしょうかん》である。彼は、この事件で懲役十七年になった。はじめて私のインタビューを受けたときは、匿名で手元しか撮らせてもらえなかった。しかし、次第に自分がこの事件に関わったプロセスを話す決意が固まり、具体的に話してくれた。

彼が蘭州大学の学生だったころ、反右派運動で右派とされ、甘粛省の農村である武山に下放させられる。農村で労働しているうちに、大飢饉に突入した。それは彼が下放してから二年後、一九五九年のことである。その時の様子を話してくれた。

「武山駅から村まで五キロを、この鉄道沿いに歩いたんだ。行く先行く先で土手に死人がころがっていた。私は驚いて、党中央に上書しようとした。現場のこうした状況を伝えようと思ったんだ。しかし、新聞では大躍進が好調だと言っている。私は右派だった。私の言うことを誰が信じる？　政策への中傷だと思われるさ。だから書いては捨て、死人を見ては、また書いた。上書しようという気持ちは、毛沢東に伝えようという気持ちは、変わらなかったんだ。ところが、一九五九年の六月か七月ころ、大事件が起こった。それで私は考えを変えたんだ。」

向承鑑のいう「大事件」とは何か。彼の友人が逮捕・投獄

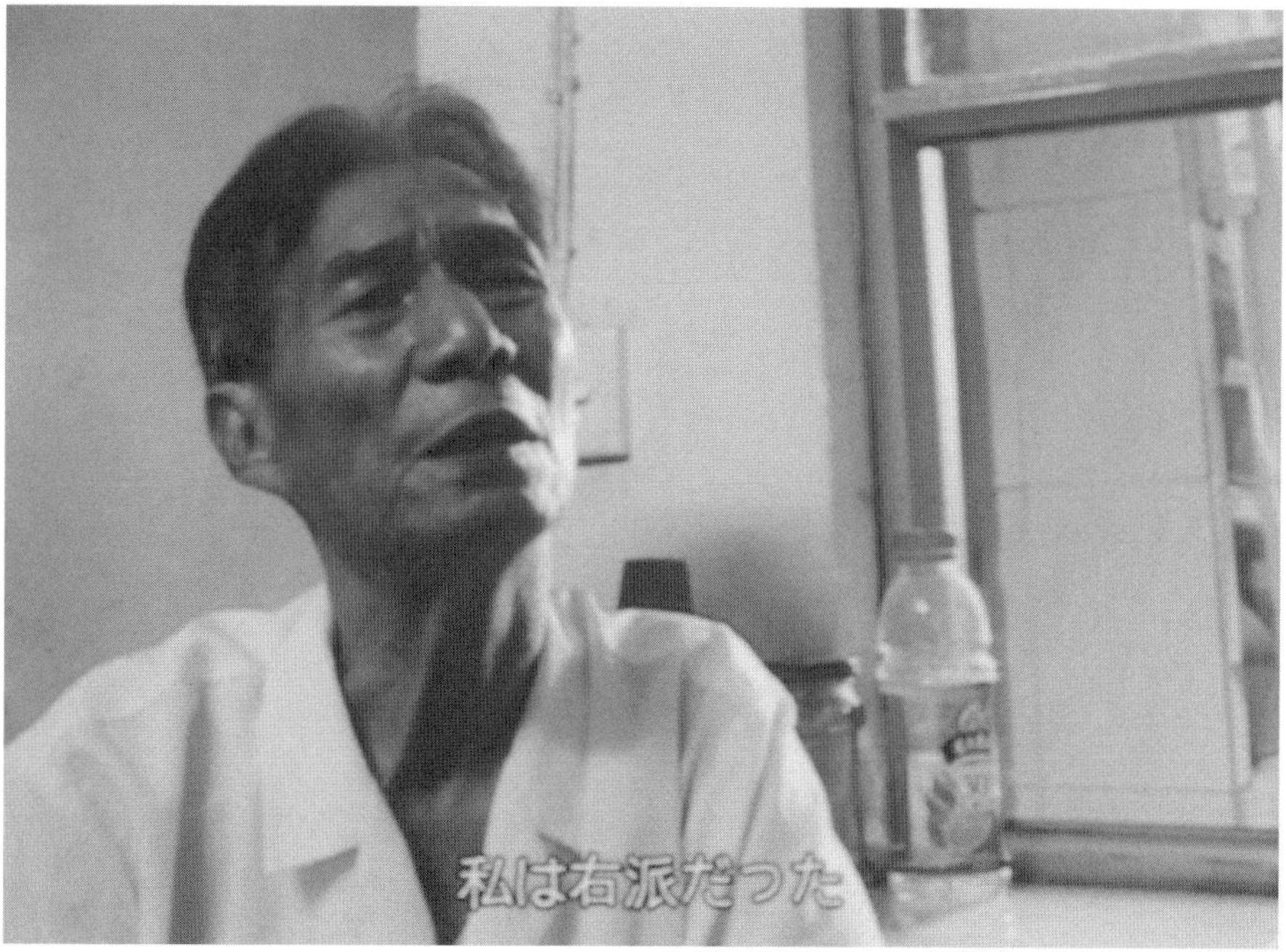

されたのである。
その友人は孫自鈞《そんじいん》という。向承鑑と同じく右派とされた教師だった。逮捕・投獄されて懲役を終えたあと、文学の才能をかわれて、逮捕前の職場である四川省の内江師範学院に復帰し、国文の教師をしながら小説を書く。今では、孫自鈞の歴史小説は高い評価を受けている。例えば、唐代の宮中の権力闘争を描いた『太平公主』は、テレビの大河ドラマ『大明宮詞』として、江湖の好評を博した。その原作者がもと右派教師で、二四歳のときに農村に下放し、逮捕投獄された経験の持ち主なのだ。お茶の間の視聴者は誰一人として知らない。孫自鈞はなぜ逮捕されたのか。甘粛の農村は死屍累々のありさまだと、中央の雑誌社に匿名で投稿したのだった。孫自鈞は激しい口調でこう話す。
「仲間には全く内緒だった。これは危険だとわかっていたからな。誰かに話すと、危険を分担させることになる。誰に話したか詰問されるからだ……私はずっと毛沢東を崇拝していた。子供のころから革命に参加していたんだ。だから、毛沢東は現場を知らないんだ、ごまかされているんだと思った。それでこの目で見た甘粛のことを『紅旗』に投稿した。『紅旗』は党中央の雑誌だ。党中央で餓死者を調査すべきだと書いた。至るところ餓死者だった。何の誇張もない。」

孫自筠（天水右派の同級生）
縄に巻かれたまま糞まみれになり

至るところ餓死者だった、という情景を今の私たちがイメージできるだろうか。どうして事態がそんなところまで行ったのか。それだけ餓死者が出ていても、行政はわからなかったのだろうか。向承鑑がこう語っていたのを思い出す。「なぜ私たちが焦っていたかと言えば、死者がどれほどかわからなかったからだ。一刻も急がないとどんどん死者が出る。」村の医者もこう語っていた。「餓死者が出ていることを、為政者が知らないわけがない。あのころ、駅の近くの道は、至るところ死人だった。私は中学生だったが、もう死人に慣れっこだった。あそこにもいっぱい捨てられていた（と言って、診療所の前の道を指さす）。埋める人すらいない。死体が臭くならないんだ。骨と皮で肉がついてないからさ！　こんなだぞ。地方幹部だって知らないわけがない。知っていても解決能力がないんだ。焦裕禄みたいな幹部はここにはいない。焦裕禄はなぜ偉い？　餓死者が出たときに列車を用意して避難させたんだ。ここの駅は民兵が守っていた。勝手には乗れない。スキを見てうまくやっても、あとでリンチに遭う。信じられないだろうよ。母親の死体の上で赤ん坊が泣いていた、おっぱいしゃぶろうとして。その目で見なけりゃ信じられないさ！　大躍進とか、人民公社とか、地方幹部が出世欲にとりつかれて誇張したんだ。幹部がやり手だと餓死は余計に多い。幹部が保守的だと、公社員に少しでも食べさせた。こういう人は文革で打倒されたが、公社員は餓死しなかったんだ。」

このありさまを『紅旗』に投稿する。今なら読者の投稿にすぎないが、当時、この種の投稿は政治批判ととられかねない、危険な行為だった。だから孫自筠は単独行動をしたのだ。では、この投稿を公安に告げたのは誰なのか。投稿は『紅旗』編集部まで届いたのだろうか。孫自筠は言う。

「絶対に届いたはずだ。そして編集部が公安に持って行ったんだ。公安は反革命事件とみなした。」

「捕まった時はどんな感じでした?」

「天水の甘泉という所で捕まった。生産隊で用事があるというので、行ったら縄で巻かれた。そのまま蘭州へ連行だ。その時こう思った。連れて行くなら直接話してやろう、私が見た農村の状況を話してやろう。行ってみたら話ができる場面など無い。殴られて気絶するだけだ。釈明など無理。生きたければ罪を認めるしかない。罪が無くても認めるしかないんだ。ひどくぶん殴られる。命がけだ。縄に巻かれたまま糞まみれになり、手紙一通で懲役十年になった。」

孫自筠の事件は、餓死者のことを関係部門に上訴しても、解決どころか、みずから禍に陥ることを向承鑑たちに示したのである。

個人で上訴してもだめだ。では、どうしたらよいのか。まずは同志を作ることしかない。下放をともにした仲間たちだ。向承鑑は次のように語る。

「私は蘭州大学で極右と見なされ、除籍になり、労働教養へやられた。当時の状況はこうだ。甘粛省党委員会は、私のレベルの蘭州大学の右派を天水に配置した。四〇人くらいだった。教授、助教授、講師、院生がいた。天水の党地方委員会は、私たちを分割し、半分は天水市に、半分は武山県にやった。蘭州師範大学など、その他の大学の右派は、平涼などに行かせた。私たちは天水だった。分割された後、譚蝉雪《たんせんせき》と張春元は天水に、胡暁愚《こしょうぐ》と胡学中も天水、私は武山県に行かされた。二〇人ずつ分かれたんだ。武山県に行ってから、県の党委員会によってさらに分割され、半分は城関公社へ行った。私は城関公社で、ほかに鄭連生と張開希と苗慶久《びょうけいきゅう》がいた。部屋はどれくらいかと言うと、こんな感じで、土製のオンドルがあり、そちら側が土間、ここに四人、本は頭側の棚に入れた。本棚は全部本だった。」

こうして彼らの下放生活が始まった。向承鑑はつぶやく。

「私は人民公社運動とか大躍進・鋼鉄大増産・反右傾運動、すべてを経験した。」このつぶやきは、彼の人生の深淵をかいま見せるものがある。じつは、彼は語らなかったが、彼の経験したことがもう一つある。向承鑑は、中国の政治運動に欠かせない「密告」も経験したのだ。彼とともに城関公社にやられた鄭連生という人物こそ、のちに『星火』を公安に密告した張本人だといわれている。

『星火』第一期、向承鑑「告白」（全文）

我々が信奉するものは、マルクス・レーニン主義の基本たるマルクス・レーニン主義の真理を遵守することだ（マルクス主義は不変のドグマではない。いかなるもの——人物・主義などに対して絶対的に崇拝するのは、決して真のマルクス・レーニン主義者ではない）。それは、必ずや客観的事物の発展法則に符合し、人民大衆（特に労苦にあえぐ労働者・農民）の意志を体現できる。我々が反対するのは、すでにとことん腐敗しておりながら自分たちを英明で偉大だと標榜する「共産党」という現政権であり、反対するとともに、志を貫いてこれを徹底的に粉砕するために奮闘する。我々の目的は、労農大衆の幸福と人々の平等・自由な社会を建設することにある。いま我々のスローガンは、平和と民主社会主義、修正主義と教条主義に反対、そして最終的な目標は共産主義を実現することだ。

二

甘粛の農村の夏は美しい。乾燥してさわやかな風、収穫を前にした作物の梢のすれあう音がさわやかさを増幅させる。六十年前のことがウソだったかのように、昼下がりの村には蝉の声だけがこだましている。村のもと教師の老人が、サングラスをかけ匿名で語ってくれる。

「ああ、あの時代、五〇年代に初級公社、そして高級公社をやってから、ここには石玉章という者が出た。こいつは、ホラ吹き野郎で、デタラメをやった。この男は北京で開かれた社会主義建設積極分子大会に出席し、毛主席や朱徳らに会い、ホラを吹いた。どんなホラか。ポプラの実や他の場所の大きな果実を、でかい車で北京に運び、朱徳に食わせて、うちの公社の果実ですとホラを吹いた。北京大学は彼を招いて名誉教授にしたんだ。言葉も行動も何から何まで欺瞞だった。事実に基づかない。本当を言ったらやられてしまう。」

『星火』第一期、向承鑑「九本の指と一本の指」

いま全国の多くの農村では、成人農民の糧食は十キロに満たず、いくつかの省の農村農民の糧食は日々百五十グラムしかない。彼らにとってトウモロコシの芯は高級な糧食で

あり、雑草や木の葉で飢えをしのぐ。今年の陰暦三・四月のあいだに、一つの県で一万人あまりが餓死し、ある生産隊では一八〇人あまりが餓死した。……多くの老人が世をはかなんで首をつって自殺した。こうした状況でありながら、統治者は農民からの収奪に躍起だ。普段の何倍もの力を出させようと、二十四時間の苦闘を強制する。農民が少しでも不満をこぼすと、幹部は何ら悪びれもせず、適宜にいわゆる討論会（じつは人を殴る会）というものを開き、縄で縛りあげるか、死ぬほど殴るかだ。

向承鑑が書いた「討論会」は、村のもと教師が話してくれた「闘争会」のことだ。

「毎日のように闘争会があった。死ぬまで殴る。縄で縛って殴る。ぐるぐる巻きにしてから殴る。残酷だった……地主の奥さんが大会でさらしものになり、殴られた。ズボンの帯が切れ、ズボンが落ちて下半身丸見えになった。みんなは、ハッハハッと笑った。ズボンは少しも上げられない。これが階級闘争なんだ。人格の侮蔑だ。」

『星火』第一期、張春元「農民と農奴と奴隷」

いま農村の大きな変化の一つは、農民の貧困と破産である。農村には新興の階層が出現している—農村プロレタリアだ。この階層の出現は、現今の統治者が実行している徹底的に反動な農業政策とその結果によっている。まず、農業集団化のかけ声のもと、形を変えて、残酷にも農民の土地・家畜・農具など生産材を間接的に制限し、穀物や油や綿花など生産所得に対し、あらゆる手で略奪を加える。特に人民公社化以後、農民の農村プロレタリア化が大きく加速された。「共産主義への橋」といわれるカーテンのうしろで、広大な範囲の農民はやせ細り、食糧を待って口をあんぐりあけ、国家の奴隷・農奴となっている。

この論文で張春元は、農業集団化を進める人々が農民を奴隷化し、食物を収奪していることを告発している。では収奪した食物はどうしたのか。武山県では、五九年に新寺公社で食品展示会が開かれたという。当地ですばらしい収穫があがっているデモンストレーションである。村では餓死者が出ているというのに。向承鑑はインタビューで、その責任者は第一書記の張十存と第二書記の張克仁だと証言している。彼らが、みずからの昇格のために食物を収奪し、食品展示会を開いたのだ。そして、じつは収穫があがっていないことは秘

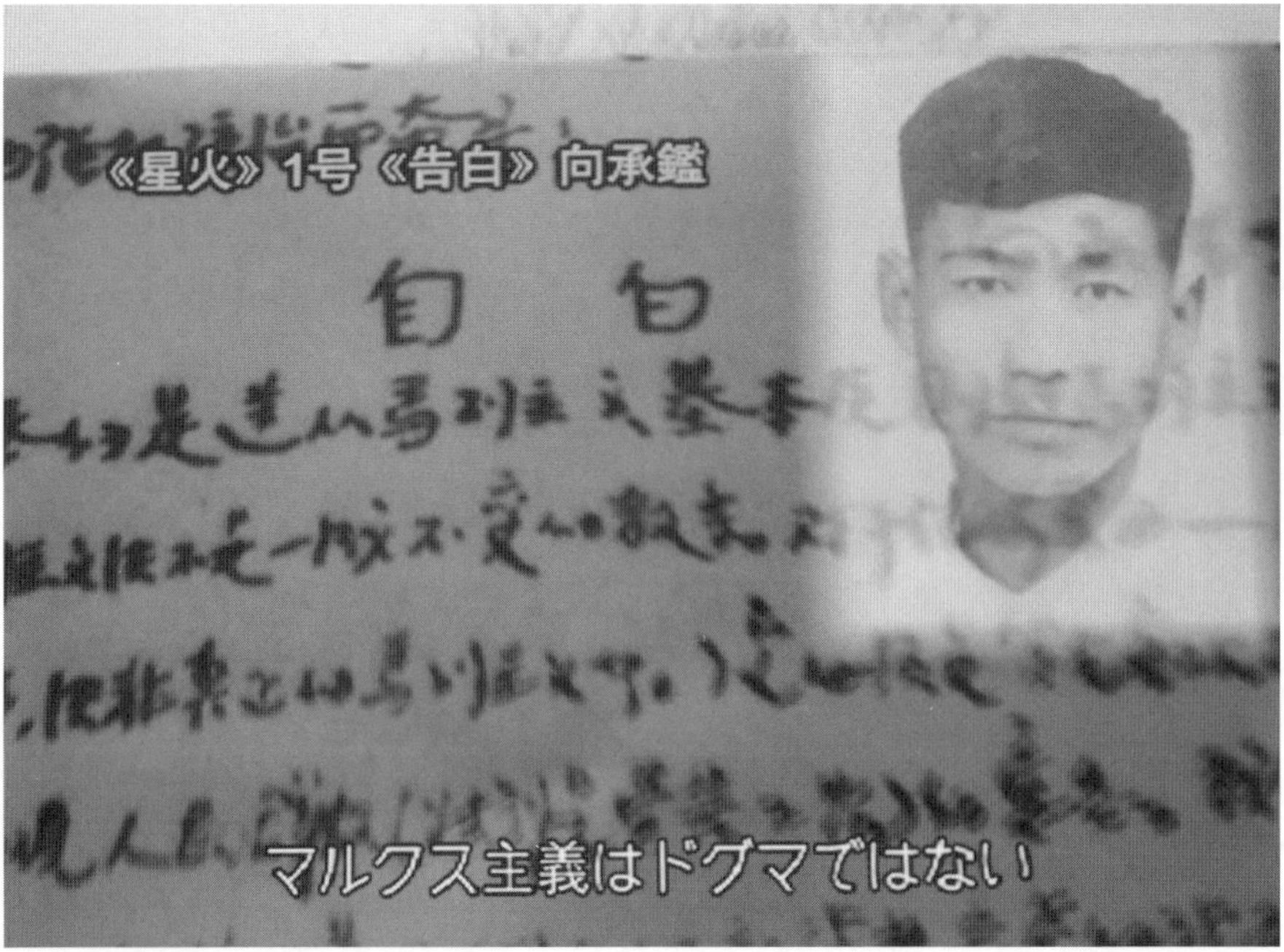

密にされたのである。村の医者は、闘争会でおこなわれるリンチのことを話してくれた。
「ムーあたり百キロだと事実を言うと、闘争会にかけられる。エンドウ豆をゆがく、というやつだ。幹部に取り囲まれて立たされ、こづかれ回され、半殺しの目に遭う。それで叫ぶ「わかったからやめてくれ！　うちらの食糧はすごいんだろ！　黄河を渡るほど（一ムーで二五〇キロ）なんだ」と。そして食糧は全部巻き上げられるんだ。」

『星火』第一期、張春元「食糧問題」

食糧はなぜ不足するのか?この問題を考えるためには、農民問題全体、政治制度や生産方式、税収や貿易に関わることになる。ここで愚見をいくつか出して、ともに論議したい。

現在の統治者は、歴史上のすべての統治者と同じく、農民革命を利用して天安門にのぼり、王座に就いた。片手で農民から授かった王冠―主席を受け取り、別の手は容赦しない拳で、農民大衆を地にたたきのめし、足下にねじ伏せる。……現在の統治者は、農村の統治を強化する（少し前の公社化運動がそうだ）ほかに、農業生産において、もう一つの最も簡単で、最も省力的で、最も低能な道、盲目的に糧食増産の数字を拡大する道を行った。こうした数字によって自分をごまかし、自分におべっかを使い、自らごまかした決算書で、「偉大な功績」を自画自賛する。そんな天文学的数字で農業の税収を決め、販売量や輸出量・工業用食糧などを統括すれば、必ずや広大な範囲の人々をやせ細らせ、ぬかみそを食べさせ、栄養失調に陥らせることになる。……ウソ・デタラメ・誇張、真実は一言も無い。これが現代政治の最も明らかな特徴であり、こうした政治が発展した必然的結果でもある。

こんな情況下で、下放した青年たちは現実の飢餓状況に衝撃を受け、それぞれ必死になってこれを理解しようとした。そこに彼らの誠実な態度がうかがえる。向承鑑はこう語る。
「餓死者が出た後、理科系の本を見る気がしなくなった。それまでは仕事しながら、勉強に精を出した。数理や化学などをがんばった、目標達成めざして一生懸命やった。それが一八〇度転回してマルクス・レーニンを読むようになったんだ。そこから答えを出そうと、一刻を惜しんで読んだ。その頃は記憶力がよかったし、現実とも関連づけられた。問題の所在がよくわかった。自分にこう言いきかせた。向承鑑よ、お前は右派にされたことに不満で、個人的な考えを持ってはいかん。党に対する怨嗟とか、個人的感情を抱くな、一面的に考えるな、誤りを犯してはならぬ、全面的な状況把握をせよ、と。」

『星火』第二期、楊賢勇「ある歌から」
私はこの目で見た、農民は飢えて顔色は黄色くやせ衰え、みんなひどい栄養失調から水腫を発している。道ばた、木の下、畑の中、至るところ死体だ。多くの家庭で食べ物が無くなり、家族全員が死滅してしまった。……毎年、政府の公報は「食糧は大躍進、大増産、大豊作、人民の生活は大改善大向上」と。それはホントだろうか？

蘭州大学で向承鑑とともに右派とされた譚蝉雪女史の態度にも、同じ誠実さが感じ取れる。

「私にとって大きなショックだったのは、やっかいになった一家のことだった。子供たちはみんな逃げてしまい老夫婦だけが残されていた。ある晩、急に泣き声がしたので、見に行くと旦那さんが死んでいた。ピンとまっすぐに寝たままで。彼はいつもよくしてくれた。気をつけなよといつも声をかけてくれていた。だから私は、彼が亡くなったのを見て、奥さんもひどく泣いているのを目にして、強烈に打ちのめされた。

当時は共同食堂での食事で、旦那さんはいつも食堂から食べ物を持ってきて、なるべく奥さんに分けていた。だから自分の分が少なくなった。こうして栄養不足になったのだ。はっきりわかった、これは餓死だと。」

『星火』第一期、張春元「農民と農奴と奴隷」
いま広範囲の農村で「反右傾運動」が進んでいる。それは農民の苦しみに同情した者を痛めつけることだ（やられるのは主に農村の基層幹部である。彼らは農民の家庭出身あるいは自身が農民で、農民と色々な親和的関係があり、しかも大部分は農村の党員である）。

星火事件のメンバーに特徴的なのは、農民に対する理解と同情を持っていることだ。それは彼らが、まさしく毛沢東の言ったような「農民の住む家に住み、農民の食べるモノを食べ、農民と共に生活する」ことを実践したからである。彼らは、下放先での労働を真に革命的な人間になるための方法と考え、真摯に実践した。農民もそうした彼らに敬意を払っていた。甘粛の農民について譚蟬雪は、次のように述べている。

「ああ、天水あたりの農民は質朴なんですよ。自分がいくら腹減っても、絶対に人から盗ったりはしない。年寄りなんかは、いつも私たち右派に同情してくれた。憐れむ態度すらあった。」

彼女は蘭州大学文学部の女子学生だった。彼女の言によれば、「農村での経験が、私たちを本当の右派にした」という。右派とされたとき、自分が右派だという自覚はなく、冤罪だと感じていたが、農村の現場を見て、真に共産党政権の現状に反対する気持ちになったのだ。

『星火』第一期、向承鑑「当面する情勢と我々の任務」
新興の官僚統治階層は、一九五七年以前にすでに萌芽していたが、一九五七年以後に、その特徴が明確になってきた。官僚統治階層の特徴は、政治的にも精神的にも経済的にも特権を享受し、その他の階層の人民に対して弾圧と搾取と奴隷化を加える。

この論文で述べるような官僚統治階層が、農民に対していかに弾圧と搾取と奴隷化を加えていたか、向承鑑はこうも語る。

「当時、倉庫に食糧がなかったわけではない。その食糧を動かせなかったのだ。なぜ動かせないか？農民の餓死は広範囲で爆発的に広がっていたのに、上層部はまったく見ても目に入らない。農民には食べ物があると彼らは言い続け、はては食糧を隠しているとまで言いだした。一九五九年末には地面を掘り返したりしたんだ。農家の家宅捜査をして、何十年も何代も使った枕を破って、蕎麦とかゴミみたいな中身を検め、そこら中にぶちまけた。地面には穴を掘り、オンドルにも穴をあけたが、食べ物なんて少しも出てこない。幹部達は、本当は知っていたのか？　知っていたんだ、食糧なんてないと。各部署で隠して上層部に伝えなかったんだ。」

甘粛省の大飢饉の様子は、役人たちの間で党中央に伝えないようにしただけでなく、どこの部署からも中央に上訴するようなことがないように徹底された。甘粛省第一書記の張仲良の命令により、およそ北京宛ての手紙で、国務省・党中央・毛主席宛てはすべて検閲した。その手紙で餓死者に言及していたら、その手紙を書いた者を逮捕投獄した。現地では、一〇〇〇人以上が投獄されたと伝えられている。向承鑑は張仲良のこともよく覚えている。

「張仲良というのは甘粛省第一書記だ。彭徳懐を批判した第八回八中全会で、中央委員候補の最後尾まで昇った。つまり最後尾の中央委員候補だ。私ははっきり覚えている。あいつは出世したんだ。」

彭徳懐が飢饉の様子を知って大躍進政策に反対し、中国共産党第八回中央委員会第八次全体会議（一九五九年七月二日〜八月十六日、いわゆる廬山会議）で毛沢東に厳しく批判されて失脚した。張仲良はそのときに中央委員候補に入ったのである。

食糧がないだけでなく、救済もない。農民たちは追い詰められる。餓死したくなかったら、暴動を起こすか、逃散するかだ。では、暴動や逃散の事実があったのだろうか。向承鑑はこう証言する。

「武山県から西へ行くと、隴西《ろうせい》と武山の間に鴛鴦鎮《えんおうちん》という所がある。ここでいわゆる農民暴動が起こった。何の暴動かというと、倉庫を襲って食糧を盗ったんだ。ドヤドヤドヤと捕まった後、パンパンパンと何人も撃ち殺された。……一九五九年十月、ある機会があって出張することになった。北京に菌種を買いに行ったんだ。帰りに天津、保定、石家荘、邯鄲、鄭州、風陵渡などにまわった。西安でも降りてみた。なぜなら駅は各地の窓口だからだ。全部、逃散した者、親戚に頼る者、食糧を探す者、子連れの者、そんな人ばかり、どこも同じだった。」

『星火』第一期、向承鑑「当面する情勢と我々の任務」
現在の統治者がいろいろな反動的政策をおこなった結果、工業と農業の生産力はすでに壊滅状態に瀕している。

「党性」が個性や人間性に取って代わったため、実質的には人民の「奴隷性」が強化された。人間関係の虚偽性は空前絶後なほどだ。変化が激しく法治もないため、人民の基本的人権は剥奪され、一分一秒にも生命の危険が迫っている。

大飢饉の現象が甘粛だけでなく、全国的であるということは、農民の食糧を奪っていたのは甘粛省書記の張仲良一人ではない、ということだ。こうして向承鑑の考えは大きく転換した。

「甘粛一省だけの情況じゃなかったんだ。このとき私はある基本的な結論に至った。餓死者の情況は、全く政策がもたらしたものであり、中共中央、毛沢東がもたらしたものなんだ。私は、そういう結論に至った。多くの地方の情況を知った。広東、広西、雲南、貴州、ただ四川だけは知らなかった。安徽、河南は甘粛と同じでひどかった。太原で兄と議論になった。地方の情況を兄に話したんだ。兄は私がめんどう事を起こさないかと心配してこう言った。「太原を見てみろ、ビルが建っているだろ。党の指導でこんな偉大な成果を得たんだ。おまえには、どうしてそれが見えないのか」と。兄に言った、「僕の目を見てよ、目は光っているでしょ？ 兄ちゃんに見える物は僕にも見える。でも僕に見える物は兄ちゃんには見えてない。それが僕たちの違いだ」。太原から戻って、そのときもう決めていたんだ、真理に身を捧げようと。それしかないと決めていた。」

これは、向承鑑が当時、造反を決意した瞬間を話してくれたものだ。彼へのインタビューで私は、とうとう彼の口から、当時の決意を聞きだすことができたわけだ。そこで、持参した資料を彼にぶつけてみた。

「あなたの文章にはこうありますね。「苦役の連続で農民は骨の髄まで恨んでいる。彼らの怒りは沸々とわき上がり、一触即発だ。実は小規模の暴動は小さな火のように地に満ちている」。これは、あなたが当時話したことですね。」

「君は、それをどこで見た？ 持っているのか？」

「持っています。「張春元・苗慶久右派反革命事件」の判決報告書です。「我々は反対する、腐れきった現政権に、腐っているのに偉大で英明だと自称する共産党現政権に。志を貫いてこれを徹底的に壊滅させるために奮闘する」。これは当時の裁判での発言ですね。」

向承鑑は苦笑いしながらつぶやいた。「当時は死に物狂いだった。本当に捨て身だったよ……」

『星火』第二期、何之明「政治優先について」

「政治優先」とは、内容的に言って、まず「党の絶対的指導」を強調する。どこのどんな部署でも、党の政策―「客観法則に違反した反マルクス主義の政策」を従順におこなわなければならず、いかなる異議もあってはならない。「党が指し示す方向に行く」。……かくして、国家権力はかつてないほど集中し、官僚主義ははびこり、政治・思想・経済において「絶対的な」ファシズム統治を実行することになる。思いのままにソロバンをはじいてうまくいく。これに呼応するのが「書記の指導」だ。全ての事に書記が関わり、すべての場所に書記がいる。書記の言葉は金科玉条となる。集団的指揮や民主集中制は雲散霧消するのだ。書記は現地では事実上の皇帝となる。これは、独裁政治の変種に他なるまい。

この論文を書いた何之明を北京に訪ねた。蘭州大学に入ったところから懲役十五年になるところまで語ってもらおうと思った。インタビューを始めたちょうどその時、彼の電話が鳴り始め、誰かが彼にインタビューの中止を求めた。どうやら私は尾行されていたらしい。向承鑑は「当時は……」と話していたが、この事件はまだ過去になっていないのだ。

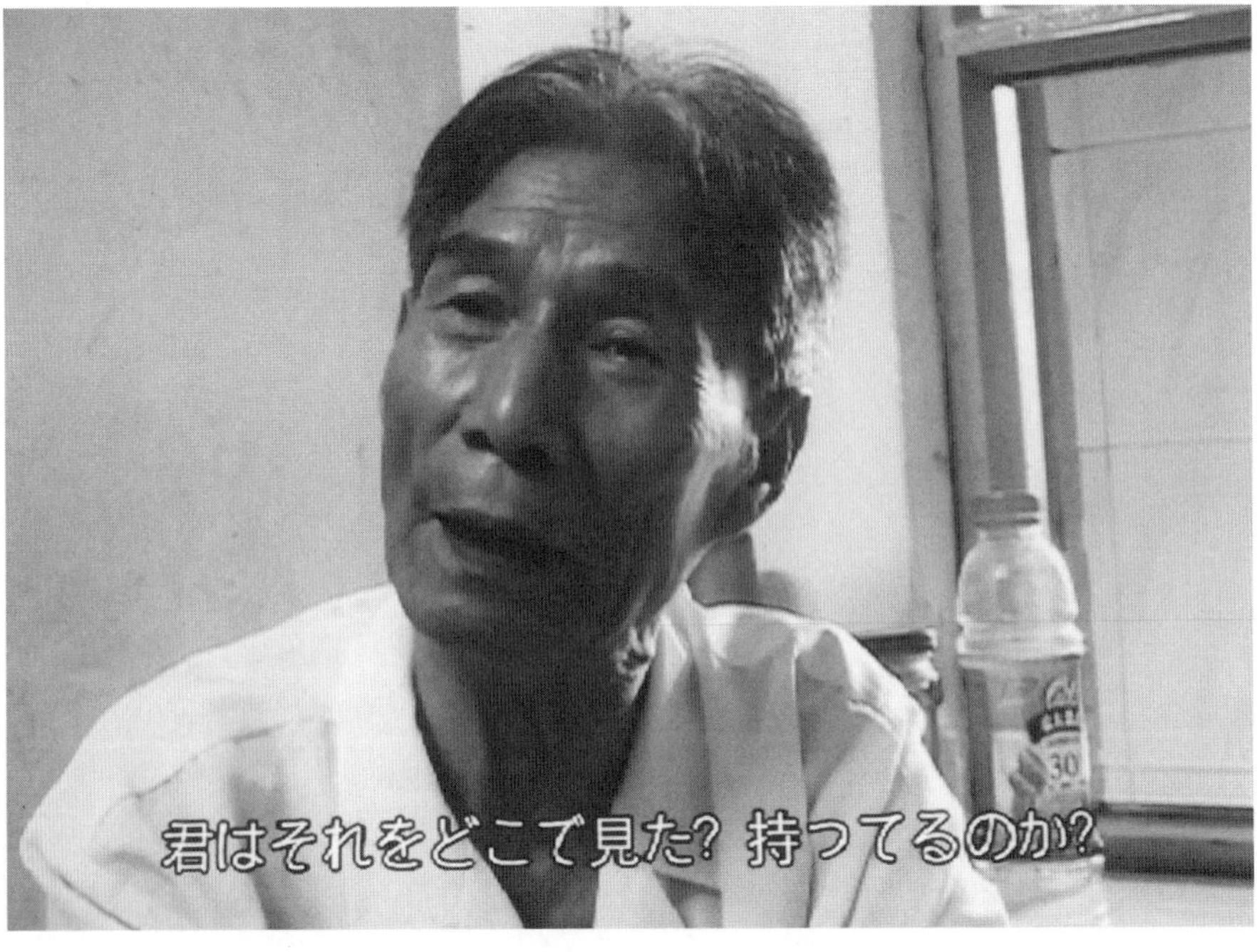

三

過去にならない要因の一つは、林昭にあるだろう。北京大学の女子学生、牢獄で血の文書を綴った林昭と『星火』の関わりを、林昭と志をともにした彼らから聞いておかなければならない。星火の中心的なメンバーだった張春元が、密かに林昭と連絡をつけていた。二人はどのように知り合ったのだろうか。張春元のことに詳しい譚蝉雪はこう証言する。

「孫和（星火のメンバー）の妹は林昭と同級だった。だから、孫和が妹の孫復の名義で林昭に手紙を書いた。林昭はすぐに返信を寄こし、そこに林昭の詩「海鴎」も同封されていた。孫和がこのことを張春元に話した。張春元はこの情報を聞き知って、林昭と連絡を取る必要があると痛感した。なぜなら、林昭の背後には「広場」があったから。張春元は当時、「広場」と連絡を取りたがっていたが、ツテが無くて困っていたのです。」

ここで言う「広場」とは、一九五七年に北京大学学生が五・一九民主運動で出版した雑誌の名前である。つまり張春元は、反右派運動直前におこなわれた、党への批判の呼びかけに呼応した学生たちの思索と経験を参考にしたかったのだ。林昭は逮捕後、一九六一年十月におこなわれた審問に対して、

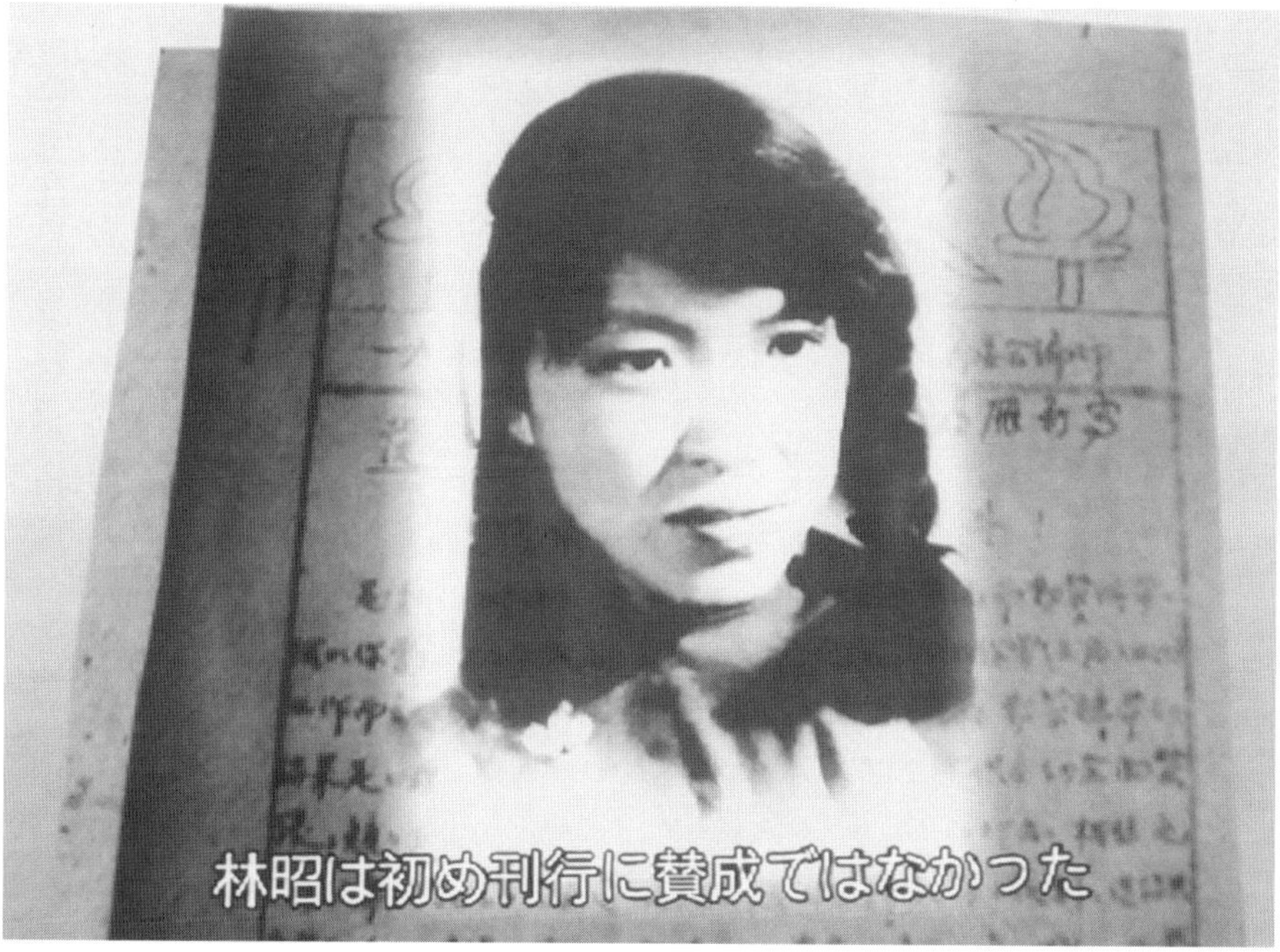

自分は「広場」の立場から、学外との連繋を重視し、蘭州の人々との関わりでも、主観的には「広場」を代表して考えようとしたと述べている。

譚蝉雪は続けて話す。

「そうと知って、張春元は林昭に会いに上海へ行った。手紙に書く問題じゃない。林昭に会って話し合ったあと、林昭は互いに共通の言葉を持っている、共通の思想・共通の感情があると感じた。だからこそ林昭は、自作の詩「プロメテウス」をその場で張春元に渡したのです。」

林昭の詩「プロメテウス受難の一日」は、全三六八行の長詩だ。天上から火を盗んだプロメテウスにかけて、自由を奪い取ろうとする戦士の苦しみを描いた作品である。一部を記しておこう。

『星火』第一期、林昭「プロメテウス受難の一日」

アポロンの金車が次第に近づき
天に赤い黎明がのぼった
カフカスの峰々は朝焼を迎え
崖の上でプロメテウスは眠りから覚める……
麗しき朝の光よ　お前はいつ
私にとって自由の輝きの象徴たりうるか
鎖は冷たい蛇のごとくまとわり
彼の全身はしびれ痛む
鎖は皮を破って肉に食い込み
岩のような凹凸は骨まですりつぶす
大地に転々と続くドス黒い血痕は
受難者の姿を聳え立てる……

ここには、北京大学の運動における林昭自身の体験と思索が反映している。

星火事件において林昭は、どんな位置にあったのだろうか。彼女だけが、甘粛の農村の現実からは離れている。星火のメンバーは、林昭に何を求めようとしたのか。譚蝉雪はこう証言する。

「林昭は初め刊行に賛成ではなかったのです。それには二つの理由がある。まず、秘密でこうした宣伝物を印刷すると、執筆者と印刷者に危険なだけでなく、読者にも同じく危険だ。それにもう一つ、この宣伝物を印刷したあと、人に何か少しでも与えられるものがあるのか。そんなリスクを払う価値があるのか。誰でもわかっている話を書くのなら、わざわざ書くまでもない。しかし林昭はこうも言った。考えを交換して、影響を拡げて団結しあうためには、特に分散して自由に行動できない情況では、『星火』の出版は、啓蒙に欠くべからざる一歩だと。」
林昭は「個人の思想的立場の回顧と反省」という文で、蘭州大の友人への評価をこう書いている。彼らは明るくて行動的だが、慎重さに欠ける、造反するのに急ぎ、時期を待てない、と。林昭は何を言おうとしているのか。譚蝉雪によれば、林昭は共産党と絶対的に対立しようというのではなく、民族と祖国の立場から考えようとしている。祖国と人民の利益を思ってやることなら、今まで通り共産党を信奉する。だがその逆に、人民に損害を与えるなら、当然、共産党に反対する。当時の情況は、情にも理にも法にも合わないから、反抗した。しかし、もし共産党が変わって良い方向に歩み始めれば、以前通り共産党を信じ、党と道を同じくできる。林昭は、そう考えていたと。

『星火』第一期、張春元「農民・農奴と奴隷」

いまの統治者は、歴史上見たこともない愚民政策をもてあそび、自分を農民の利益の唯一かつ真正な代表者と扮装し、農村において、分断化・利益誘導・強迫・強制などの手段を使って、農民を軍事的組織の形によって編成していき、統治を強化して農民の移転や就職や、外で生計を立てる最低の要求と道をふさいだ。自主性と自由の権利は全くない。目に見えない枷と鎖で農民を結わい、奴隷の烙印を押している。

譚蝉雪が『星火』に関する秘密会議のときの事情を証言する。
「『星火』を本格的に話し合ったのは、北道府ホテルでした。あれが正式な会議だった。そこには、張春元、顧雁《こがん》、胡暁愚、苗慶久、あと孫和がいたか覚えていない。彼らはそこでいくつかの問題を正式に話し合った。まず刊行物を出すべきか否か。出すべしで一致した。刊行物には意見交換と認識の統一という作用を期待していた。だから必要性が高いと思ったのです。定期か不定期か、とりあえず不定期で様子を見る。この会議は重要な第一歩であり、しかも決定的な第一歩でした。会議が終わってから、各自執筆に入った。張春元はとっくに腹案があった。戻ってから、張春元と胡暁愚と顧雁はそれぞれ別個に執筆したのです。」
この話から、彼らが林昭の影響を強く受けていることがわかる。『星火』は意見交換と認識の統一にとって重要だという点だ。林昭の意見、「考えを交換して、影響を拡げて団結しあうためには、特に分散して自由に行動できない情況では、『星火』の出版は啓蒙に欠くべからざる一歩だ」というのを承けている。向承鑑が紹介したように、各地の公社に分割して配置されている彼らにとって、まず意見の交換と認識の統一が、体制の流れに逆らう自己の思想を維持するために、極めて重要な碇だったのだ。だからこそ『星火』は、自分たち内部に配布するための印刷だった。その一方で林昭は「誰でもわかっている話を書くのなら、わざわざ書くまでもない」とも言っている。餓死や役人のデタラメを誰でも知っていたことは、村の医者や教師の話からもわかる。それなのに、なぜまた文に書こうとしたのか。はじめのメンバーとして名前の挙った苗慶久に聞いてみる。

「それは自分で目にした事実だ。ソ連の借金追及のせいにされていた。自然災害だとも言われていた。百年に一度の災害だとね。実は人災なのに。全ての地方幹部がウソを言って騙していたんだ。私たちが書いた人民公社のこと、彭徳懐は正しいということ、全て農村の事実に基づいて書いた。みんなに真相を知らせるためだ。」

苗慶久も長期間の懲役となった。十五年も監獄にいたのだ。彼がガリ版の謄写印刷を請け負ったからである。向承鑑は、この会議に参加していなかった。そのときのことを向承鑑はこう証言する。

「譚蝉雪が来てこの話をした。刊行物を出すことにしたと。名前は『星火』。彼女は「発刊の言葉」も持ってきた。顧雁

苗慶久（星火のメンバー）
それがソ連の借金追及のせいにされていた

が書いたものだ。「発刊の言葉」の題名は、「幻想を捨てて戦いの準備をせよ」、そういう題だったと記憶している。もう一つは、胡暁愚さんの書いた文、「右翼日和見主義者―フルシチョフ」だ。胡暁愚は私の先生です。北京大学化学部の卒業で、北京大で大学院に進んだ。大学院を終えて一九五五年に蘭州大に赴任し、主力講師となったんだ。右派にされていっしょに天水へ行った。彼が林昭の「プロメテウス受難の一日」を謄写した。あとは「人民公社を論ず」だったと思う。林昭の詩だけが長めだったが、明らかに一号とするには字数不足だった。だから私はすぐに、論文を二つ書いたんだ……私と苗慶久でガリ版をきった。彼の方がたくさんやった。私はガリをきりながら文を書いたからね。」

『星火』第一期、向承鑑「当面する情勢と我々の任務」

反右派運動の後の「双反」「交心」「抜白旗」などの運動は、すべて反右派運動の続きである。こうした諸運動は、全国の人々の精神を徹底的に変革した。

人民公社化運動は、整風・反右派運動の必然的産物である。統治者は人民をならし服従させるために、人民大衆の物質的精神的なすべての所有に対して徹底的な剥奪を加え、人民を自分に付き従わせようとし、軍事組織的な形を強要して農民を編成していき、奴隷式の集団労働を実行した。

……

現在の統治者は、何回かの運動において、一つの基本的な指導思想と方法を持っている。それは、主観的憶測を客観的実在に置き換えること、および法制度が無いことだ。これは、多くの罪なき人々の心と肉体に大きな傷を与え、計り知れない命を死霊に変えた。

……

それぞれの社会主義国家は、思想的壟断と国家権力の集中（じつは党の絶対的指導にすぎない）の悪しき発展によって、一人ないし数人の「真正のマルクス・レーニン主義」の看板を掲げた寡頭政治の思想と方法が、主観唯心性と反動的変質を増していくことによって、すでに悲しむべき結果を来しており、いくつかの国家はこの暗黒の深淵に臨んでいる。

向承鑑が話を続ける。

「その工場はもとレンガ工場で、まだ中には機械などいろいろなものが残っていた。簡単な印刷機とか、ガリ版紙もそこにあった。残っていたものだ。我々は二人とも技術者で、管理者はいない。自分たちが管理者だった。『星火』の表紙にはタイマツが一本ある。あれは苗慶久が描いたものだ……当時刷ったのは二十部くらいだった。武山に一部分残したのを、何之明や楊先勇ら中心的人物が見た。事件に関わったとされる大多数は、じつは見ていないんだ。」

私が向承鑑を取材してから三年後、ある筋からやっと『星火』第一号のコピーを入手することができた。その表紙と内容を見て、向承鑑の記憶力のすごさに驚かされた。彼の話したディティールには、ほとんど誤りがなかったのだ。その「発刊の言葉」は、確かに顧雁の「幻想を捨てて戦いに備えよ」であった。この題名（毛沢東のことば）だけでも刺激的だが、その内容は驚くべきものであった。

『星火』第一期、顧雁「幻想を捨てて戦いに備えよ」（全文）

目覚めの時が来た！　もし君が将来の幸せのためにベルトを締め直したのなら、もし君が人々の豊かさのために戦ったのなら、もし君が仕事を完遂せんと励んできたのなら、今日この日こそ目が覚めたはずだ。ベルトを締め直した結果は食糧のさらなる減少、日々の戦いの結果は配給の全面的な欠乏、仕事に励んだ結果は冷酷非情な闘争と打撃だ。毛沢東主席の話を信じた人は、このたびの反右傾運動の陰謀で教訓を得たし、共産党をむやみに信じた人は、彭徳懐の話から事実の真相を知った。じつは誰であろうが、目の前の社会現象を少しでも冷静に分析すれば、一致した結論を得ることができる。数年間、逆行した結果、いまの統治者集団は、すでにつける薬も無いような悪性の循環に陥っており、秦の始皇帝の旧轍に一歩一歩はまりつつある、と。

かつては進歩的だった共産党は、十年足らずでなぜかくも腐敗・反動に変わり果てたのか。国内では怒りの声が沸騰し、反乱は四方に起きているではないか。国外では四面楚歌の立場に陥っているではないか。これは、全人民の天下を私有財産とし、大小となく、すべて一色に党員によって管理した結果である。これは、偶像崇拝を立てて民主を圧迫することで、中央集権を築いたファシズムの結果である。これは、寡頭政治の思い上がりによって、馬を鹿と為す転倒をおこない、ひたすら逆行した結果である。この独裁統治をすら社会主義と言い張るなら、寡頭政治によって壟断される国家社会主義に他ならず、ナチスの国家社会主義と同類に属するのであって、真正な社会主義と少しも共通する点は無い。古語にうまいことを言っている。「天作孽猶可違、自作孽不可活（天のなした禍いはまだ逃れることができるが、人が自分でなした禍いでは生きのびられない。『孟子』)」。一回一回と徹底されるあの反右派運動はまさにそうであり、一日を二十年に等しくしようとするあの大躍進はまさにそうであり、いまの統治集団の死を加速させているのだ。

いま全人民は厳粛な任務に直面している。反右傾運動の高潮に続いて、一九五七年より大きなうねりが来ようとしている。すでに目覚めた同志たちよ、「民主的社会主義」「科学的社会主義」という共同の目標のもと、我々を団結せしめ、機を逸さず、大衆を覚醒させ、目の前にある強権統治を徹底的に粉砕すべく奮闘しよう！

政治運動の嵐が吹きまくる五〇年代末に、同時代の政治批判をここまで激しくはっきりと書いてしまった顧雁は、いったいどういう人物なのか。彼は、北京大学で物理学を専攻した。彼の同級生には、八〇年代後半に民主化運動の旗手となった方励之がいる。星火事件で十七年の懲役、出獄後、蘭州大学を経て、中国の科学技術研究の最高峰である中国科学技術大学に招かれて教授となる。青年時代を刑務所で過ごした彼が、なぜ科学技術の教授になれるのか。この経歴に不思議を感じない人はいないだろう。彼が入っていた青海省の刑務所の所長は、彼の才能を惜しんで刑務所内の図書室係に任命し、内外の学術雑誌を取り寄せることを許したのだ。もちろん刑務所内のことだから、読書できたとて不自由には決まっている。しかし刑務所の外では、文革で学術雑誌の入手どころではない。出所したころは文革も終わっており、人材は欠乏していた。それでこんな数奇な経歴となったわけである。現在はすでに引退しているが、彼を知る人は今でも「英雄」と呼んでいる。顧雁はこう語る。

「あの時、序文でこう書いた。既に馬を指して鹿と為す所まで来ている。上が黒と言えばみんなで黒と言い、翌日、白と言えばみんなで白と言う。誰一人これは黒でなく白だと言えない。新たなる皇帝だ。昔のあの話と全く同じ。子供はまだしも青年はどうだ。次第に分かってきても、まだ世故に長けていない。林昭が語ったような方便を語ることはできないんだ。」

顧雁のこの話は、共産党のことともに自分たちのことも語っている。「馬を指して鹿と為す」は、秦の始皇帝のあとの宰相である趙高が、二世皇帝に馬を見せて鹿だとこじつけ、それを馬だと言った臣下を粛清した故事である。秦が瞬く間に滅んだように、こうした恐怖政治は国を滅ぼすことを含意している。「子供」とは、二世皇帝は子供だったから、趙高を信じて馬を鹿と思うようになった。しかし「青年」、つま

顧雁（星火のメンバー）
翌日に白と言えば皆で白と言う

り自分たちはどうか。自分たちは、そんな馬鹿な話を信じることはできないし、馬は馬だとはっきり言ってしまう。だから、自分たちは共産党粉砕を叫んでしまった。林昭のように、正しい道に戻りさえすれば共産党と道を共にする、などという大人の態度は持てなかった、と顧雁は言っているのだ。

　共産党政権をナチスの国家社会主義と同類だとして反対するにしても、なぜ彼らは民主社会主義を提案したのだろうか。この点を譚蝉雪にぶつけてみた。

「それはわかりやすいことです。当時の私たちからすれば、社会主義はずっと教育されてきたもので、社会主義とか共産主義とか、根っこは常にそれをめぐって張っていた。ただ、同じ社会主義でも「民主」を求めた。民主という点こそが最重要だった。だからこそひどい目に遭ったのです。」

　ここには、当時の彼らにとっての理想のありかがうかがえる。彼らの思念した民主社会主義とは、革命後の共産党が他の党派の人々とともに新中国を建設していた理想からきているようだ。だから向承鑑もこう述べている。

『星火』第一期、向承鑑「当面する情勢と我々の任務」
中国史において整風運動と反右派運動は、重大な歴史的意義を備えている。それは中国共産党のターニングポイントである。人民を敵とする方向へ、人間性・ヒューマニズムを敵とする道へ歩き始める転回点だ。

これを彼らの思想史的な限界ととるか、未完のままに放置された理想ととるか。現在の中国の情況を思うと、意味深長と言わざるを得ない。

四

それにしても、顧雁や向承鑑の文章は、あまりに直截的なように思われる。これを『星火』に載せた張春元は、彼らの文章の危険性を認識していなかったのだろうか。譚蝉雪はこう語る。

「当時は『星火』を外に出すつもりはなかったんです。張春元の考えは、各自が保存しておく。みんなで集まって議論する時間はないし、それができる可能性もない、それは危険性が高いから。だから、印刷物を各自で見て、相互にそれぞれの意見を発表しよう。そういう準備だった……必然的にこう考えるようになった、なぜ我が国はこんなところに歩を進めてしまったのか。その「なぜ」を自分に突きつけた。今あなたはそんなことを考えないかもしれないが、当時の私たちは農村の中にいて、逆に思想的には自由な一面があったのです。」

『星火』第二期、張春元「人民公社を論ず」

現在の我が国の政治生活・経済生活において、驚くほど突出した矛盾は農業問題、その実質は農民問題、である。農民が我が国の人口の絶対多数を占めているからだけではなく、より重要なのは、相当に長い期間、農業は我が国の国民経済の基礎であったからだ。農民、すなわち新興の農業プロレタリアートは、まさに我が国の政治・軍事・経済・社会の主導的な力であり決定的要素である。これは看過すべからざる事実であり、誰であろうと、この事実を抹殺してこの客観法則に違反しようとすれば、必ず錯誤を犯し、人民に背き、党の指導する社会主義事業に背くことになる。

……

人民公社は決して「歴史発展の必然的趨勢」ではない。ましてや「広範な人民の切なる願い」でもない。独裁者の主観が捏造した産物である。独裁者が独裁の地位を保持せんがため歴史に逆行した結果である。それゆえ、人民公社が成立してから現在まで、国内外のマルクス・レーニン主義者の反対に遭ったのも必然的であったのだ。人民公社が広範な農村と農民に及ぼした最も直接的で残酷な破壊作用の一つは、いわゆる「全民所有制」という美名で覆い隠しつつ、土地・耕作畜産・農具・種子といった生産財の使用権を徹底的に剥奪し、生産品に対する農民の最低限の食用と需要をも剥奪し、農民を経済的に徹底的に無産化させたことだ。しかも農民は、経済状態の変化につれて、政治的には国家の奴隷・農奴の地位に置かれたのだ。

農民を軍事組織の形で組織すれば、統制し駆使するのに便利だ。農民たちに行動の自由や、就業・転居・居住・移動など最低限の生活権を失わせ、土地の上に固く縛り付ける。しかも、農民を搾取し統治するための政社合一の人民公社が、大きな山のようにずしりと農民を押しつぶし、見えない足枷をはかせる。例えば公共食堂は、飢えの恐怖によって強制的に労役させる道具であり、戸籍手続きは、形を変えた農奴売買の契約書にほかならない。

張春元の論文は理智的である。向承鑑や顧雁の文が、憤りをぶつけるような激しさを帯びているのと違って、張春元の文は理路整然と問題の核心を鋭くえぐり出すとともに、弱者である農民に寄り添うような優しさがある。右派青年のなかで死刑となったのは彼だけだ。張春元とはどのような人物で、なにゆえに死刑となったのか？

「星火」のメンバーの一人で、やはり十年以上も懲役になった王新民は、張春元のこんな話を教えてくれた。

「張春元は彭徳懐の軍で朝鮮に行き、映画の脚本を書いたんだ。『中国と朝鮮の少女』といい、『電影文学』という雑誌に寄稿した。あの作品を読んだことがあるよ。張春元と譚蝉雪の関係は知らなかった。私と譚蝉雪とは右派学生同士だったが、私は国文で彼女は歴史学だったからね。」

張春元には、文章の才とロマンチックな情緒を持ち合わせた、文学青年の側面があったのだ。しかも、張春元と譚蝉雪は恋人同士だったらしい。譚蝉雪に張春元との恋愛について聞いてみた。

「当時、張春元と会える機会は少なかった。私は甘泉で働いていて、彼は馬砲泉にいた。けっこう距離があります。北道で用事を済ましに行くと馬砲泉を通るから、そんなときにやっと会えたくらい。私たちはけっきょく右派だったから、勝手に出かけられなかった。彼は個人の利益だけを考えるのを嫌っていた。脱獄したあと、外に出たけれど、自分一身の自由など問題ではないと考えた。目前の日の送り方について、これでは自分にも友達にも申し訳がないと考えた。それで北京へ直接出向こうとしたのです。北京へ行って直接、孫自筠みたいに『紅旗』とか『人民日報』とかに行って、自分の考えを述べに行こうとしたのです。」

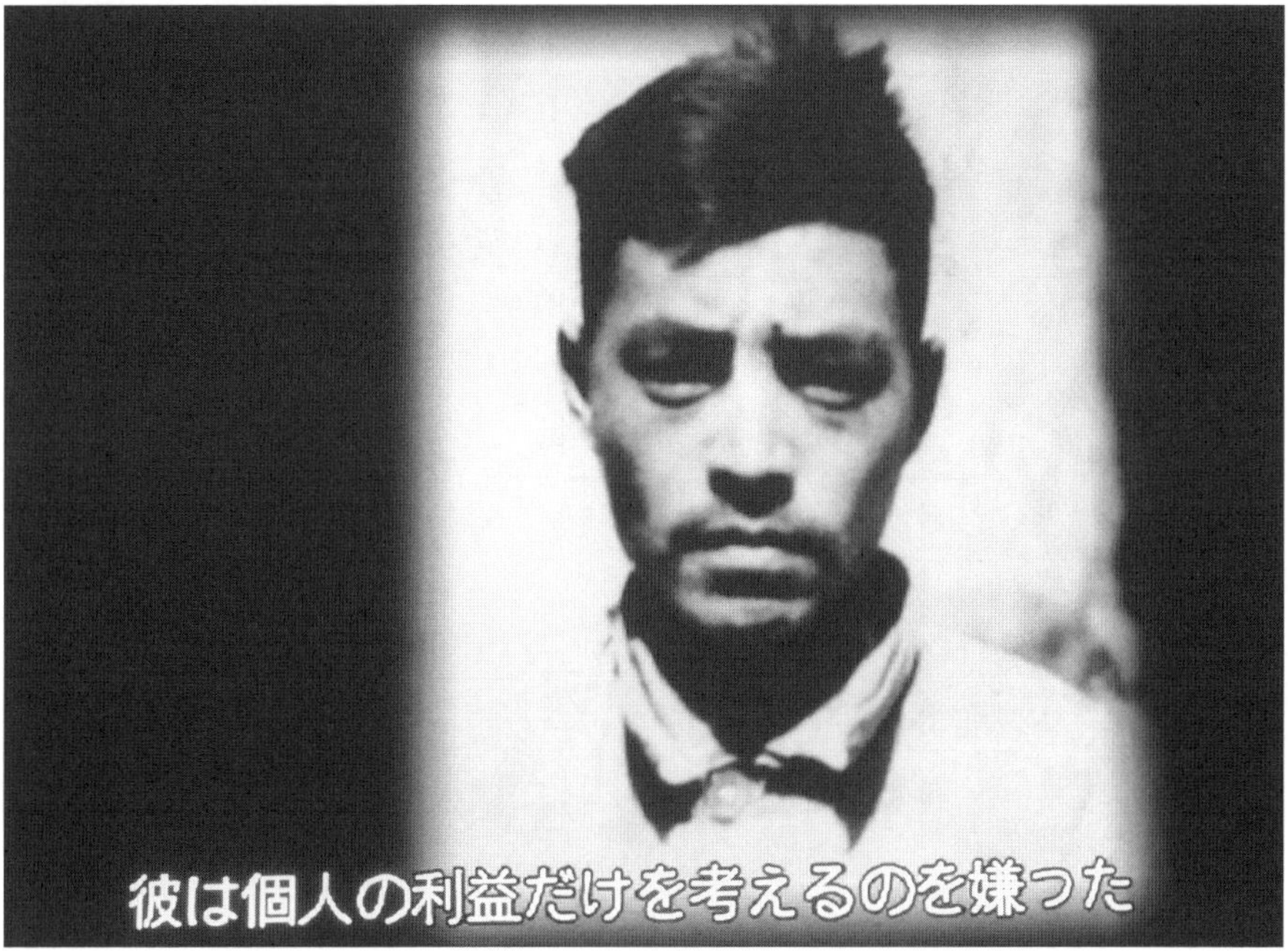

張春元について考えるには、林昭と会ったときにどんな影響を受けたのかを考えておくべきだろう。それが『星火』のメンバーの行動をリードしたと思われるのである。譚蝉雪によれば、張春元は林昭と会って、率直に話し合い、林昭は資料室にあった『ユーゴスラビア共産党綱領』を彼に渡したという。『ユーゴスラビア共産党綱領』が与えた影響は相当に大きかったことが、この話からわかる。ほかのメンバーにもこの問題をたずねてみた。向承鑑はこう語る。

『ユーゴスラビア共産党綱領』から大きな啓発を受けた。当時は今ほど様子がわからなかったからね。色々な側面から推測するしかなかった。中国共産党がソ連共産党と仲違いしていることは、当時既に感じとれた。しかも、ソ連内部で大量に発生している情況も、色々と推測していた。それで考えたのは、中国のこの情況は、つまり五九年前後のことだが、ソ連の情況と似ているのではないか、ということだ。この道は先に進めない、行き止まりの道だと。それに、自分がマルクス・レーニン主義に傾倒してから、マルクスが疑念を消してくれず、答えを与えてくれないばかりか、むしろ疑念を深めるばかりだったのだ。」

王新民はこう語る。

「私はユーゴの二条に賛成だった。一つはユーゴが当時出した、ユーゴ共産党は人民の中にあるのみであって、人民の上に凌駕しない。これに賛成だった。もう一つはチトーらユーゴの政治家の待遇が模範労働者より高くないことだ。この二条はうれしかった。だから賛意を示したんだ。」

『星火』第二期、林昭「海鴎――不自由ならばむしろ死せん」
鉛色の海に暮色が漂う
船が一艘　波浪を越えて進む
……
枷をかけられた囚人を満載し
行く先いづことも知れぬ
我々は何の罪を犯したのか？
殺人か放火か　それとも闇夜の強盗か？
そのどれでもない――ただただ
「自由」を空気と食糧と見なしただけ

譚蝉雪によれば、『星火』が出たあと、顧雁が一部携えて上海へ戻った。そして林昭と直接連絡した。林昭は、顧雁が北京大学の同窓だったので、特段の親しみを感じたらしいという。顧雁は林昭についてこう語る。

「林昭がそうしたように、卵で石を叩いた、だから私もそうしたのだ。間違いに対して誰も出て来なかったらダメだ。その点で林昭は傑出していると私は思う。中国だけでなくて、人類的な性質のものだと言える。人間性の問題だ。彼女は相手がどんなに強かろうと多かろうと、間違っていれば楯突く、そういう人だ……林昭は私に、もっと中国近世数百年の政治史を学ぶべきだと言った。彼女は私よりずっと成熟していた。私の方が大学で先輩ではあったが、彼女の前では弟同然だった。」

顧雁が林昭に『星火』第一号を見せに行っているころ、メンバーの雰囲気にやや変化が生じてくる。譚蝉雪は語る。

「第一号を印刷したあと、みんなで見て、みんなの感情はより高まったようでした。続けてやっていく必要があると感じた。でもどうやって？長期的な計画はなかった。ただこの路線で続けるべきだ、こうすれば意見交換できるのだからと考えた。外部に配布するつもりではなかった。のちに張春元らが、当局の上層部に配布すべきだと提案した。北京・上海・広州・武漢・西安の五都市があがった。」

『星火』が意見交換という目的で印刷されたのは、林昭の提案した範囲内だった。しかし、印刷発行の自由の無い情況下で、印刷物の魔力が彼らの感情を昂ぶらせた。自分の意見が羽ばたいていくかのように感じさせるあの力。鉄筆ガリ版刷りの印刷物にもそんな魔力があることは、ガリ版印刷経験者であれば、容易に理解できるだろう。その魔力が彼らに、「星火」を党の上層部に提示するという、林昭の提案の枠をはるかに超える高さに登らせてしまったのではないか。

それだけではない。これは、現場の不祥事を党の上層部に伝えることで、政治的バランスを攪乱し、政変を起こさせようという考えに基づく。大飢饉の原因は、食糧が無いためではなく、農民への搾取と食糧の流通の専断にあるのだから、上層部の立場が変われば、改善される可能性がある。向承鑑もこう述べる。「我々の考えでは、党内に正直な幹部が多くいると思っていた」。彭徳懐の例は、軍内にも党の路線と矛盾する勢力がいることを証明していると受け取れる。

林昭「海鴎」のイメージを描いた胡傑監督の作

では五大都市のどの幹部に送るか、彼らの連絡先はどこか、具体的な作業が始まった。その頃、『星火』第二号の編集も始まった。向承鑑の文「母親を食べるの記」「自分には伝えない」「三月の農村の一日」（ある農民の自述）、「全国の人民に告げる手紙」の四篇、楊先勇「ある歌から語る」、何之明の論文二篇「政治優先について」「思惟と存在の同一性」、張春元「人民公社を論ず」、林昭の詩「海鴎—自由なくんばむしろ死せん」、顧雁による第二号のための「あとがき」。向承鑑が『星火』第二号編集の事情を語る。

「張春元は、一九六〇年六月に武山に来た。そのとき彼は武山ではなく漳県にいたんだ。私とちょっと話したあと、彼を杜映華の家に連れて行った。張春元からは第二号の編集に力を入れるよう言われた。そのとき私の手元には材料が二つあった。一つは林昭の「海鴎」、もう一つは何之明の論文、私も「母親を食べるの記」を書いてあった。事実にもとづいて書いたんだ。ある子供が母親を食べてしまった。毎日少しずつ食べていき、最後に頭だけが残って子供は逃げた。のちに捕まって銃殺された。この事件にもとづいて「母親を食べるの記」を書いた。」

向承鑑の話から、杜映華が右派青年とつきあうようになったのは、向承鑑の紹介によったことがわかる。杜映華と張春元はこうして知り合い、杜映華にとって張春元は教えを乞うような存在になった。では、右派青年がどうして村の書記という党幹部の立場にあった杜映華と共同できたのか?向承鑑が語る。

「杜映華は我々の直接の上司だった。我々はこの公社で労働する右派、彼は責任者だった。ある日の会議が遅くなったので、杜映華は私を引き留めて彼の家に泊めてくれた。本当によくしてくれた。この時の私たちは階級的な上下関係ではなく、ある意味で同志の関係だった。彼の所で夕食を食べると、彼は料理を作り、脚を洗うお湯を入れてくれた。翌日の朝、私は右派だから外へ出にくい。公社は遠くなかったので、彼は顔を洗ったり口をすすいだりするための水を持ってきてくれた。いつもこんな感じで、彼との関係はとてもよかった。……一九六〇年四月か五月ころに杜映華の家に行った。彼は飢饉をどうするかを強調した。よそでは自分は無力だが、可能な限り努力して、管轄内では餓死の悲劇を起こさせないようにする、と言っていた。彼は、よその情況を私よりよく知っていた。彼からいろいろ教わったくらいだ。私は外へ出る機会が少なかったから。武山だけでなく、甘谷・通渭・隴西・定西・漳県、泯県まで知っていた。春先にある県で一万人余りが餓死したという。それが武山県だ。これは杜映華が教えてくれた。本当は、もっとひどい所がいくらでもある。各管理区や生産隊に通知して、食糧不足でどうしようもなければ、すぐに人々を自宅待機にして、家で寝かせて休ませ、なるべく体力の消耗をなくすように言ってあると杜映華は言っていた。」

右派青年たちは、農村の悲惨な状況に突き動かされただけでなく、農民に対する現場の幹部の誠実で真剣な行動にも共鳴したのだった。その結果、党の基層幹部と右派青年の共同が生まれたのである。

五

彼らの地下活動は、どのように破綻したのか。一つは、密告があったことは前述した。もう一つは、譚蝉雪と張春元の行動だった。

譚蝉雪によれば、張春元は『ユーゴスラビア共産党綱領』を見てから、海外の支援を得ようと考えた。譚蝉雪は香港に親戚がいた。そこで彼女は六〇年五月、単身で香港に密出国しようと広州に向かった。しかし彼女は、香港への渡河の寸前に拘束されてしまった。広州の友人から譚蝉雪の境遇を聞き知った張春元は、偽造した身分証明書で彼女の身元引き受けに出向いていって拘留されたのだった。

甘粛にいた向承鑑は、そのときのことを次のように語る。

「七月になって、張春元から突然電話が来た。「おばさんが病気だ」と。暗号だ。「伝染病で、感染隔離に気をつけろ」と。すぐにわかった。要するに、あちらで問題が起こり武山もまずい。……一九六〇年九月三十日夜、賀家店で捕まった。武山の仲間は一晩でみんな捕まった。」

この右派反革命集団事件（星火事件）では、大部分が無辜の農民だった。その多くが、数年の懲役で済んだが、牢獄の中ではなく、牢獄の外で死んだ。文化大革命時期に右派として再び批判され、集団暴行に遭って殺されたのである。

向承鑑は懲役二十年となった。しかし、同じく懲役になった苗慶久に言わせれば、向承鑑は農民の階級でよい方（貧農下層中農）の出身だったから、懲役で済んだ。そうでなかったら銃殺だったという。なぜなら、向承鑑は裁判で自分の考えを堅持したからだ。中国公安の一貫したやり方は、「素直なら寛大に、逆らうなら厳しく」。他の人々は自分を主張しなかった。その点で彼は例外だった。「告白」という文で「共産党打倒」と書いている。向承鑑は審判の様子をこう語る。

「私は、留置所では他の人と違っていた。苗慶久と違う。彼は審判では、何もしゃべらなかったらしい。私は審判が始まると罵倒し続けた。相手の鼻先を指さしながら、聞くに堪えない言葉で罵倒した。死に物狂いだった。指さして数えたんだ、畜生が一匹、畜生が二匹、畜生が三匹…と。相手は裁判長とか公安局の幹部だ。「お前らは、口を開けば、全身全霊で人民のために服務すると言うが、裏で甘い汁を吸っているじゃないか！　お前らは党員だろう。聞こえの良いこと言っても、やることはこうか？」私を、武装はしていないが、屈強な男が六・七人囲んでいる。武装警察がずらり弓形に並んでいるんだ。私はしゃべっているうちに激昂し、立ち上がって連中を指さしながら罵倒した。「お前らそれでも人間か？　農村の様子を知っているのか？　眼も見えるし耳も聞こえるだろう。眼が見えず耳が聞こえなくても、鼻は利くだろう。どこもかしこも死臭がするじゃないか。少しでも人間性があればたまらないはずだ。お前らそれでも人間か？　いや違う。お前らは人間じゃない。お前らは共産党員じゃないばかりか、人ですらない！　畜生以下だ！」。こんな感じに罵倒するにつれて激昂した。審判は私にとって戦場と同じだった。思いの丈をすべてしゃべった。こわいもの無しだ。本当に何の遠慮も無かった。その時わかったんだ。自分の話に嘘偽りはない、真実だと。時には彼らの心も動いたようだった。その影響はかなりだった。」

『星火』第二期、向承鑑「全国の人民に告げる手紙」

全国のみなさん、みなさんきっと見たことでしょう。野にも山にも、大通りにも路地にも、駅にも戸口にも、ボロボロ衣装で、四肢が突っ張り、目玉が飛び出て、口をあけたまま死んだ老若男女の無残な姿を！　もしかしたら、あなたの家族の中にこのような恨みを呑んで霊魂となってしまった人がいるかもしれない。全国のみなさん、私たちはすでにそれを見てしまった。私たちはすでにそれを経験してしまった。私たちはすべてがわかったのではありませんか！　これは、中国の歴史でも、世界の歴史でもかつて無かった、人間性・生命に対する大災禍なんだと。

……

数百万、数千万の農民が、ベッドで、駅で、鉄道のわきで、ドブの溝で餓死しているときに、四億の人民が餓死に瀕しているときに、そのほかの二億人もろくに食べられないときに、あいつら「全身全霊で」人民のために服務する、「人民の公務員」たる畜生どもは、商店の裏でお菓子でも飴でも餅でも何でも、「中華」「前門」などどんなタバコでも買うことができる。……いつでも盛大な宴会を開ける……一回の宴会では五〇〇〇人の農民が一年間働いた物をいっぺんに消費する。北京やその他の大都市では、毎日毎日そうなのだ。要するに、彼らは変質した。骨の髄まで、徹底的に変わり果てた。彼らは一九五七年以降、早くも官僚統治グループを形成した。彼らは人民にとって「旦那様」となったのだ。

杜映華は県党委員副書記だから、体制内と言うべきであり、このような考えは危険だと承知していたはずなのに、なぜ右派青年らと行動を共にできたのだろう。ここには、共産党の基層幹部と右派知識人という階級を超えた共同の可能性が存在する。彼らの共有点とは何だったのか。向承鑑はこう答える。

「杜映華は普通の党員と確かに違う。私と杜映華と張春元とは、三人とも農家の出だ。杜映華のことはよく知っていた。彼の家は土佃子で代々農家だった。農民だ。革命に参加したのも国民党の腐敗を見たからだ。農民の苦労に見て見ぬふりはできない。だから奮起して反抗した。……杜映華は革命の初心を忘れなかったとも言える。これこそ最も本質的問題だ。」

向承鑑からすれば、共産党員は骨の髄まで変わり果ててしまったが、杜映華はそうした体制内から独立的に革命の初心を忘れなかった。革命の初心を忘れない人々は、農民を大切にし、農民の代表たる共産党の初心を忘れない。農民を知る彼らは、この点で階級立場を超えた共同ができたのだ。

共産党の初心を忘れなかった者が批判される。これが、共産党革命が成就した一〇年後、文革を約五年後に控えた中国であった。だから、杜映華の息子はこう語る。

「うちの父親を知っている人はみんなこう言う。共産党は自分の最良の息子たちすら殺してしまったと。隴西で最も古参の地下党員は、国民党の白色テロでも死ななかったのに、最期は極左路線の餌食になってしまった。」

エピローグ

私は向承鑑とともに刑場の跡地に立った。あたりには夕闇が迫り、空は深淵のようだ。向承鑑は、ここで殺された杜映華と張春元を弔うために、たきぎで火を焚いた。焚きながらつぶやく。

「私は真理の前なら従順でいられる人間だ。自分が間違っていれば、どうされようと恨み言は言わない。死んでしまった仲間は、本当に惜しまれる。馮淑筠《ふうしゅくいん》・鄧得銀《とうとくぎん》・司美棠《しびとう》・胡学中、もちろん林昭もだ。心から残念だ。中国よ。もう百年になったのに、民主・科学という四文字は、中国にとって何と難しいことか。杜さん・張さん、四十年前、ここで壮絶な犠牲となった二人。億万の農民のために、我々民族の復興のために、あなた方は貴重な命を捧げた。亡骸は探し出せないが、あなた方の精神は今も私の心に生きている。あなた方が追究した民主の正義も、中国の大地できっと花開くはずだ。安らかに眠りたまえ！」

たきぎに燃えた、星のように小さな火は、見る見るうちに大きくなっていき、向承鑑の影をめらめらと燃やしていった。そのとき私はふと、この甘粛の荒れ地に、爽やかな海の潮騒とカモメの鳴く声を聞いたのだった。

火はもともと人類に属する
天上に隠しておけるはずはない
私が火種を盗まなかったとて
人は自らその光明を見いだせる
ずっと眠りこけていた大地の
その暗闇に一筋の光明が現われた
火よ　プロメテウスは微笑んで思う
こんなに早く来たか　私の小さな火の星から
燃えろ　火よ　捕らわれの中から祝福してやろう
燃えろ　火よ　だらだらと続く長い夜の中で
この死の如き暗闇の静けさを打ち破りつつ
人よ　お前の尊く輝かしい名を叫びたい
大地の子　兄弟として
心の底から叫びたい
人よ　私はこんなにもお前を愛しているのだと

（林昭「海鴎」より）

作者補説

胡傑のドキュメンタリー『星火』を見た観衆は、登場人物の語りに感動する。とくに唯一の女性である譚蟬雪さんの行動と態度に感動する。私もそうだった。そこで私は、譚蟬雪さんにインタビューの申し入れをし、二〇一五年十月のある日、東京から飛行機に乗って上海に赴いた。

彼女は、胡傑のドキュメンタリーに登場したときにくらべて、少し年を取った感じがしたが、声を聞くと、映画の声と同じく、きれのある若々しい感じだった。歴史の苦難の道を踏みしめるかのごとく、はっきりしっかりした発音で語ってくれた。高齢のため、さすがに腰痛があって、遠出はできないそうだが、今後も星火事件のことを調査するのに全力を注ぐ、とのことであった。「孫のことより、残された時間が少ない私には、そちらの方が重要です」。そんな言葉を聞いて、私はあらためてこの問題の歴史的重要性を噛みしめた。(1)

以下は、そのとき私が譚蟬雪さんにインタビューした内容にもとづき、譚蟬雪編著『求索』を参照しつつ、整理と解説を加えたものである。

香港への脱出と張春元の脱獄

譚さんは一九六〇年五月、香港に脱出しようとして捕まり、そのために張春元も逮捕された。当時、広東の深圳地区は農村で、川向こうはすぐに香港だった。そのあたりの農村では、香港に脱出する人があとをたたず、香港脱出は日常的ですらあった。譚さんがいた村でも、ほとんどの若者・中年は香港に脱出してしまい、老人と子供だけが残されている、というありさまだった。譚さんは、自分の身に逮捕が迫っているから香港脱出を考えたのではなく、自分が先に香港に脱出してから張春元らの脱出手引きをしようとしたのでもなかった。香港でユーゴスラビア領事館に駆け込み、大飢饉を国際的に表面化させようと考えたのである。しかし、渡河する前に警備兵につかまり、留置所に置かれた。留置所ではひどい強制労働をさせられた。看守から手紙を書いてもよいと言われ、広州の友人である梁炎武に手紙を出して情況を知らせた。譚さんは、この行為を「幼稚すぎる」「自分の一生で最大の許されざる間違い」と書いている。(2)なぜなら、手紙は当局に検閲されていたからである。

梁炎武は北京大学の大学院生で、顧雁のクラスメートだった。彼を通じて、譚さんの居所が張春元に知らされた。通常であれば、半月ばかりそこで労働すると、釈放されるはずであった。と言うのは、脱出する人が非常に多いため、当局は一人一人に対応しきれず、本人の家族を呼んで訓戒して帰す習いだったのだ。ところが譚さんの場合は、張春元が迎えに来たため、留置場当局は疑念を抱いた。第一に、張春元は北方なまりの言葉だった。広東の女子を迎えに、どうして北方なまりの男がくるのか？　第二に、張春元が提示した身分証は、湖北省公安庁のものだった。広東のトラブルになぜわざわざ湖北から来るのか？　そこで留置所の係官は、湖北省公安庁に電話で問い合わせた。かくして、張春元の身分証は偽造であることが露見した。

二人とも拘留されて別々に蘭州に移送され、ともに貢元巷看守所というところに留置された。譚さんはたまたま、同じ看守所に張春元がいることに気がついた。もちろん会うことはできない。食事係の囚人を通じて、張春元が病院に送られることを知った。

張春元が病院に送られたのは、初志を遂げるためには貢元巷看守所を脱獄しなければならないと考え、そのために「苦肉の計」をはかったからであった。故意に食事が進まないふりをし、自分で自分の口内をかみ切って出血させ、食べたものを吐瀉して病人を装ったのである。一九六一年七月末に当地の労働改造病院に移された。体力が回復するのを待ちながら、多くの人からその病院の守衛の様子について密かに情報提供を受けた。ある日、夕食のあと、守衛がのんびりしている隙に、病床から抜け出て職員の制服を着用、何食わぬ顔で門を歩いて脱走した。

張春元は脱獄後、上海で林昭と顧雁に会おうとしたが、二人ともすでに捕まっていた。そこで、ひとまず友人をたよって杭州に行き、そのあと広州に戻って自分の「衣服」（なぜ衣服をわざわざ広州まで取りに行くのかは不明）など荷物をそろえ、それから北京に向かおうと考えた。北京へ行って、自分が農村で見た飢饉のことをすべて直訴する計画だった。どこの出版社あるいは政府部門に訴えるかは、具体的に決める段階ではなかった。ところが、一九六一年九月六日、杭州で逮捕されてしまった。その事情は次のようであった。

当時、農村から都市に大量に流入してきた人々が、都市でホームレス状態になっていた（「盲流」という）。当局はこれを集中的に管理しなければ、都市の秩序や治安が守れないと考えた。盲流とみなされれば、警官から職務質問を受け、身分証明書を提示しなければならない。盲流は、検査するセンターに留置されて尋問を受け、強制的に送還される。張春元は脱獄後、当然ながら身分証明書を持っていなかった。たまたま杭州の街角で職務質問に遭い、その場で拘留されたあと、検査するセンターへ連行されるまで逃走できなかったのである。

『星火』の送付

香港への脱出、ユーゴスラビア領事館への駆け込みに林昭は賛成だったという。しかし結果的には、張春元らは全国の五大都市の幹部に自作の論文「人民公社を論ず」を送りつけることにした。

これは、『星火』の役割を、思想討論のレベルから政変のレベルに持っていこうとしたもので、非常に大きな方向転換である。しかも林昭の考えも超えていた。それゆえ私は、張春元の独走ではないかと疑ったのだが、譚さんによれば、メンバーが相談して決めたという。林昭も最終的には同意して、北京の送付先の情報提供を受け持った。

彼らが考えを変えたのは、大飢饉の原因、すなわち行政の官僚たちの腐敗を取り除くためには、一刻も早く行政の上層部に政変を起こさせるべきだ、各地の党幹部には、それを実行できる人物がいる、と考えたからである。実際に論文を送りつけた場合、効力はありえたのか。張春元の「人民公社を論ず」は、人民公社の実態を書いていたので、少なくとも上層部に現場のことを知らせることができる。譚さんらは、効力があるかもしれないのだから、努力するしかないと考えた。「自分たちの考えがいっぺんに通るなんてありえない、とわかっていました」と譚さんは語った。

じつは、譚さんと張春元が蘭州の看守所に囚われていた頃、一九六〇年十二月上旬、蘭州では党西北局による西蘭会議が招集され、人命救済策がすぐに施された。甘粛の悪名高き労働改造所・夾辺溝農場が解散になったのは、この翌月である。甘粛省第一書記の張仲良は解職された。そして、このころから食糧の配給が増え始めたのであった。(3) この会議は、党中央監察委員の銭瑛が推進したものであるが、彼女は甘粛の現実を認識していた。どのようにして甘粛の現実を知ったのかは不明だが、この結果からすると、当時において張春元の考え方は、地方政府に政変をおこす最も現実的な方法だったように思われる。

文革時期の監獄

譚さんがいた監獄内では、政治犯と刑事犯がいた。この二つには違いがある。刑事犯は毛沢東のいう「人民内部の矛盾」だが、政治犯はそうではない。例えば、刑事犯が人を一人殺したのに対して、政治犯は何百何千という人を思想的にダメにする。だから、刑事犯は政治犯を監督すべきである、と看守からは言われていた。この看守の言い方は、階級闘争を推進するやり方を監獄内に導入したものである。

ある日から突然、朝夕に集合し、毛沢東の肖像に敬礼して報告する日課が始まった。初めはまるで仏像を拝むように感じたが、誰もそんなことは言わない。譚さんは、女囚のなかで班長にされ、朝夕には毛沢東に対する「請罪詞」と「彙報詞」を読み上げ、ほかの女囚は彼女について音読した。この音読は、本心からの言葉ではないという不快感のみならず、読み誤らないよう緊張を要する作業だったという。(4)

監獄内は、決してコミュニケーションの無い世界ではないという。囚人の中には、譚さんの事情をどこかで聞いて、口にしなくても心では譚さんに同情する者がいた。そういう人は、秘密の連絡をしてくれることがあった。事件が起こると、一言か二言だけだが伝わってくる。ある日、食事係の女囚がワゴンを運んできたので、班長である譚さんは彼女に近づいていった。すると女囚が一言「張春元が来た」と言った。譚さんはすぐに意味を悟り、その女囚がバケツを持って歩いているところに近づいていき、こう告げた。「張春元に伝えて。張春元は永遠にわたしの心の中に生きている、と」。これが精一杯であり、それ以上話し合うと見つかってしまう危険があった。

張春元ら右派青年を支持した県書記の杜映華は、雲霧山労働改造所に送られた。ここは気候が厳しく、彼は病気になった。所管当局は、彼がもと県委員会副書記だったことを考慮して、里に近い天水第三監獄に移した。そこでは、労働は比較的軽く、自由度も高かった。杜映華はそこに移ってから、張春元が同じ監獄にいることを食事係から聞きつけた。杜映華は、簡単なメモを食事係に渡す。それが張春元の手に届く。かくして張春元も杜映華が同じ監獄にいることを知った。初めは簡単な挨拶程度のメモだったが、次第に内容のあるメモを交換するようになっていく。そして杜映華は、五年の刑期が満了を迎えようとする頃、出獄後どうすべきかを張春元に尋ねた。張春元はメモにこう書いた。「きみは農村に根を張るようにせよ。あちこち行くことはない。なぜなら、きみは農村をよく理解しているし、農民もきみに心を開いている」。

杜映華は自分の釈放後について、なぜリスクを冒してまで張春元に尋ねたのか。メモのやりとりに慣れて、油断したという側面はあるだろう。張春元の答えは、もともと農村で働いていた杜映華に対して、それほど特殊なものとも思えない。しかし譚さんによれば、杜映華が張春元の答えに期待していたのは、『星火』の志を引き継いで実行することにあった。張春元の言葉は、その観点から読むべきなのである。だとすると、出獄後も政策に対して農民の立場から独立した思考をせよ、という意味がこもっているのであろう。

このやりとりが発見され、杜映華は釈放直前に、張春元も収監されたまま、二度目の反革命罪で再逮捕、死刑が宣告されて、一九七〇年、執行されてしまった。その事情は次のようであった。(5)文革が発動されると、六六年九月に、彼らが収監された天水第三監獄で社会教育運動がおこなわれた。囚人は自分の犯した問題を告白するとともに、他人の犯した問題を暴露することによって、自分の刑期を短くすることが求められた。このため、杜映華と張春元のあいだでメモの受け渡しをした食事係が、その事情を告白したのだった。

出獄後

譚さんは、七三年末に釈放された。出獄してからお兄さんのところに頼ろうと考えていた。しかし、お兄さんはすでに亡くなっていることを出獄後にはじめて知らされた。帰れる場所はなく、仕事もなかった。当時は、こういう者のための労働改造農場が設けられていた。出獄時、刑務所の幹部の一人（女性、天津南開中学出身）が同情し、行き先が決まるまで自宅に三日ほど滞在させ、その間に仕事も見つけてくれた。このことは、行き場のない彼女にとって、一生忘れがたい恩義だったという。そのおかげで農場ではなく、工場に配置されることになった。工場の方が、生活環境においていくぶん楽だからである。工場は酒泉で、染織の仕事をした。

八〇年に名誉回復後、やっと自由な行動ができるようになった。酒泉師範学校に友人がいて、その紹介で同年八月ころに、校長と党書記の前で模擬授業の試験を受けて採用された。蘭州大学で学んで以来、獄中では読書などの機会はなかった。

勉強ができるようになり、農村の宝巻の研究論文を書いた。宝巻とは、仏教や道教の教義を説く民間宗教の唱導のテキストである。木魚などの打楽器の調子に合わせて朗詠したり、書物として印刷されて流布したりする。日本では戦前から研究されているが、中国では迷信を説くテキストとして軽視されただけでなく、反体制的な民間宗教を宣伝するものとして、研究や出版が抑圧されていた。譚さんが早くも八〇年当時に宝巻に着目していたのは、見識があると言うべきである。農村で宝巻が尊重されているのを見て、農民を理解するには宝巻を研究すべきだと考えたという。その論文が敦煌学の研究者に認められ、二年後に敦煌研究院に異動した。

敦煌に異動後は、おもに敦煌の民俗について研究した。宝巻の研究は資料だけ収集したが、定年後に研究しようと考えていた。それから定年退職するまで敦煌民俗の専門書を七冊出版した。敦煌民俗の研究には、石窟の壁画を直接見て検討した。(6)退職後にやるつもりだった宝巻の研究は、もうできないので、収集した資料は研究機関に寄贈するとのことである。日本の研究者に寄贈する考えもあったが、個人や少数では対応できず、結局、甘粛省図書館に寄贈したとのこと。

星火の現在

譚さんから、数年前に自費出版された王中一『赤子真情』の話を聞いた。張春元が死刑判決を受けて執行されるまでの最期の十日間、王中一は留置所で張春元と同室だった。彼は組長だったため、死刑の前に言い残すことはないか張春元に聞いた。張春元は「譚蟬雪に申し訳がない。あなたが出獄後、譚蟬雪に会うことができたら、彼女に私の様子を伝えてほしい」と言った。そう言われた王中一だが、譚蟬雪という名前しかわからない人物をどうやって捜し出すのか。しかし、死刑執行を目前にした者からそう言われて、彼は「わかった。もし譚さんに出会ったら、あなたのことを伝える」と答えた。これは一九七〇年のことだった。

張春元の死刑四ヶ月後、王中一も結審し、懲役十年となった。そして七九年に名誉回復し、故郷の常州に戻った。(7) 王中一はずっと張春元のことを忘れなかった。約四十年経ったある日、たまたまインターネット上の文章で譚蟬雪のその後を知り、すぐに敦煌研究院の人事課に電話を掛けた。人事課は譚さんに電話を掛けてきて、王中一という人が捜しているという。しかし譚さんは、その名前を聞いたことがなかった。人事課は譚さんの自宅の電話を教えていいか許可を求め、譚さんが許可して、王中一と電話で話すことができた。そして数日後に王中一と面会して話し合った。彼から張春元の言葉と最期の様子を聞いて、喩えようもないほど感動したという。

譚さんは、自身と向承鑑さんの回想をまとめた『求索』を二〇一〇年に出版した。二〇一六年春の伝聞だが、『星火』と張春元の最期について書いた二冊目の本は、印刷が完了した段階で当局から差し押さえられ、譚さんは罰金まで科せられたらしい。

譚さんは一生を通じて、自殺を考えたことも、挫けそうになったこともないという。どうしてそのように生きてこられたのか。彼女はこう答えた。「中国人は「良心」を大切にします。自分で良心にもとる、申し訳ないということでなければ、自分の信念にたよって生きていけるのです。私は当初から、自分たちの事案は白日の下に明らかになるときが来る、と信じていました。『星火』は、保存可能な中国初の地下刊行物です。それ以前の地下刊行物は、すべてなくなってしまったのです。是非とも『星火』の真実を明らかにしなければなりません。」

注

（1）土屋昌明「胡傑監督『星火』初探」『専修大学社会科学研究所月報』六二三号（二〇一五年五月二十日）を参照のこと。

（2）『求索』一〇六頁。

（3）この当時の食糧事情の具体的状況は、王兵監督のドキュメンタリー『鳳鳴』で、和鳳鳴が語っている。

（4）『求索』一二八頁。

（5）『求索』一〇六頁。

（6）私は八二年九月に敦煌石窟を訪れ、敦煌研究院の方々と交流会を持ったことがある。もしかしたらそのときに譚さんと同席したのかもしれない。

（7）出獄後は教育関係の仕事をし、二〇〇三年に定年退職。水横舟「右派英烈張春元的最後十天」『開放網』二〇一三年十二月十日。http://www.open.com.hk/content.php?id=1619#.VoJ7Offl95dg

付記

作品のノベライズをお許し下さった胡傑監督およびインタビューに応じて下さった譚蝉雪氏に感謝を表します。『求索』は、本稿校正時に、ニューヨークの国史出版社から増補されて『星火――蘭州大学〝右派反革命集団案〟記実』と題して電子出版された。

林昭の思想変遷
――『人民日報編集部への手紙』（その三及び起訴状）を手がかりとして

陳　継東

ちん・けいとう――青山学院大学国際政治経済学部教授、北京大学哲学系講師。東京大学博士（文学）。専門は仏教学、近代思想など。主な著作に、『清末仏教の研究――楊文会を中心として』（山喜房仏書林、二〇〇三年）、『小栗栖香頂の清末中国体験――近代日中仏教交流の開端』（山喜房仏書林、二〇一六年）などがある。

「右派分子」林昭は、「反右派運動」を、新中国において個人崇拝と全体主義が確立したことを告げる思想弾圧運動だったと捉えた。本稿は、林昭が上海検察院の『起訴状』（一九六四年）に書き込んだ反論と、林昭の『人民日報編集部への手紙（三）』（一九六五年）の内容を整理し、彼女の思想変遷の軌跡と、その自由への理解を探った。

序

民主精神を守る戦士、個人崇拝に徹底的に反対した先駆者としての林昭のイメージは、中華人民共和国史上、特異な輝きを放つ存在として、二十一世紀に入ってから確立され、迅速に伝播されている。残酷な迫害を受けても決して自分の信念を曲げず、牢獄の中で筆を奪われてもなお、自らの血液を用いて、生命への渇愛や自由の価値を謳った詩文や、論理性の高い政治批判を書き続けたことは、多くの人に感動と勇気を与え続けている。加えて、彼女が蒙った無残な死（処刑）への憤慨と同情は、林昭へ関心が集まる重要な原動力になっているように見える。そのような社会一般の反応と相即する事態として、これまでの林昭研究の多くは、彼女が遭遇した想像を絶する苦難、真理へ身を捧げた勇姿に関する論述が殆どであったと断じても過言ではない。逆に言えば、例えば、林昭の思想がどのような変化の跡を辿ったのか、といった、最も基本的で最も始めに探求されるべき問題が、これまで殆ど問題にされてきていない[1]。

我々の林昭に関する知見は、三つの段階を経て形成されてきた。第一段階は一九七九年から一九八一年まで、「右派分子」認定と死刑判決について、名誉回復がなされた時期である。一九八一年一月二十七日の『人民日報』に掲載された「歴史の審判」という文章で、林昭は「文革」と「四人組」の被害者として紹介された。次に、一九九八年に入ってから、林昭に関する記事が『南方日報』に何度か掲載されたことをきっかけに、林昭の親類や同級生、同僚などの関係者による林昭追悼の文章が多数公表されるようになった。林昭の母の従弟許覚民が編集した『林昭 不再被遺忘（林昭 忘らるまじ）』（二〇〇〇年）という記念文集が出版されるに及んで、林昭の生涯に関する多くの事実が初めて世に広く知られるようになった。特に林昭の妹の彭令範が、家族の状況、逮捕と処刑及び名誉回復の経緯を詳細に披露したことによって、林昭の人物像は一層立体的に構成され得るようになった。これが、林昭認識の第二段階である。二十一世紀に入ってから、林昭に関する研究は次第に数量が増え、質的にも多様化してきた。紀念文章のほかに、思想研究、伝記研究さらにドキュメンタリー映画などが出現している。これが、林昭認識の第三段階である。その代表的な成果は、許覚民編の『走向林昭（林昭へのアプローチ）』（二〇〇六年）と傅国湧編の『林昭之死―1932―1968―四十年祭』（二〇〇八年）である。許氏が編輯したものは、六年前のものと同様に記念文集であり、関係者の回想が主体であったが、傅氏が編輯したものは、ほとんどの作者が林昭と直接の関係を持たない林昭より後の世代の人々であり、議論の焦点は、林昭の現代的意義に在った。許氏と傅氏がこれらの出版物を編集するに当たって、大きな影響を受けたのは、胡傑が監督・撮影した『尋找林昭的霊魂（林昭の魂を探して）』（二〇〇四年）というドキュメンタリー映画であった。この映画は、多くの林昭の関係者へのインタビューと、未知の一次資料の発掘によって、現代中国の視聴者に大きな衝撃を与え、林昭研究の新たな原動力となった。一方、日本の中国研究の世界では、林昭は殆ど注目されてこなかった。矢吹晋が『文化大革命』（一九八九年）のなかで、「歴史の審判」に触れた際に、林昭のことを紹介したのが例外であった。近年、土屋昌明を中心にする研究グループによって映像に記録された文革の研究が進められ、その活動の一環として、胡傑監督が二回日本に招かれて、『林昭の魂を探して』、『星火』（二〇一三年）などが上映され、関連する研究会も数回開かれた。その成果は土屋の胡傑へのインタビューと「胡傑監督『星火』初探」（『専修大学社会科学研究所月報』六二三、専修大学社会科学研究所、二〇一五年）という論文、矢吹晋の「中国観照（第3回）胡傑監督が民間ドキュメンタリー映画の可能性を語る：林昭と『星火』グループについて」（『情況』四（六）、情況出版、二〇一五年）に見られる。但し、いずれも林昭の人物紹介が中心であり、思想史的研究は今後に委ねられている。

林昭の中国政治批判が、単に民主・自由・正義といった抽象的な理念の世界に留まらず、当時の政治の実態に対する冷徹な分析を基礎として、後の時代にも多くは見られない深く優れた見解を示していたことは、大いに注目されて然るべきであろう。『人民日報編集部への手紙（三）』（一九六五年）（以下、本稿では『手紙三』と略称する）は、林昭の思想的軌跡とその思想内容を探る上で、最も重要な文献である。本稿は、上海検察院の『起訴状』（一九六四年）への反論とともに、この手紙の内容を整理し、林昭が自らが述べる思想変遷の軌跡と、彼女の当時の中国政治に対する分析を、確認しておこうとするものである。

林昭が獄中で人民日報編輯部に宛てて書いた書信は三通有るが、その一とその二は現在所在不明で、内容の詳細も不明である。唯一現存を確認できるのは、一九六五年七月十四日から十二月五日にかけて書いた最後の一通であり、原本は現在スタンフォード大学フーバー研究所公文書館に所蔵されている。筆者は原本を見る機会に恵まれていないが、幸い、関係者による整理本が有り、インターネット上に流通しているので、それを資料として使用する。(2)

『起訴状』に見られる林昭の生涯と思想軌跡

電子版整理本『手紙三』には、末尾に九種の参考資料が附録されている。その中の一つが、『上海市静安区人民検察院起訴状』（以下「起訴状」と略称）である。これは、検察院が一九六四年十一月四日に林昭を「中国自由青年戦闘聯盟」という「反革命集団」の主犯として起訴した際の訴状であるが、告訴者の立場から林昭のそれまでの活動を網羅的に述べ、「思想犯」としての思想遍歴を具に説明したものである。起訴状には、更に、林昭自身が同年牢獄の中で記載内容に逐一或いは確認し、或いは反駁を加えた批注も残されている。(3)

現在のところ、林昭の伝記として利用可能なものは、妹の彭令範が書いた「私の姉　林昭」（一九九八年）と同窓や友人、関係者の断片的な回想が主体であり、形式的にはよりまとまった印象を与える胡傑監督『林昭の魂を探して』（二〇〇四年）、「林昭小伝」（二〇〇六年）、趙鋭『祭壇上の聖女――林昭伝』（二〇〇九年）なども、殆どの情報は彭令範らの回想に頼っている。(4) 林昭自身も、生前に自伝のようなものを書き残してはいない。このような情況を知れば、内容が相当に詳細で、しかも林昭自身の批注が付されて一定の正確さを保証できる「起訴状」が、林昭の事跡と思想変遷を窺う上で如何に貴重な資料であるかは、容易に理解されよう。林昭の批注からは、過去の諸事件に対する林昭の評価も、直接的な形で読み取ることができる。これまでの林昭に関する伝記や思想の研究・叙述において、「起訴状」が殆ど参考にされていないことは、極めて意外であり、遺憾でもある。本稿は、『手紙三』から林昭の思想を探るものであるが、その前に、附録である「起訴状」を利用して、これまでの伝記研究・叙述を補足・修正し、林昭の生涯を再確認しておく。

抹殺された革命史

起訴状の冒頭陳述によれば、林昭は三十二歳で、旧名彭令昭、他に許苹、呂明などの別名を使用したこともあったという。その他の資料から既に知られている情況は、以下のとおり。一九三二年十二月六日、蘇州生まれ、本名は彭令昭で、林昭は筆名である。父は彭国彦、二〇年代末期に民国の呉県の県長をつとめたことがあった。母は許憲民、一九四六年国大の代表になったことがあったが、共産党とも密接な関係を持っていた。林昭は長女で、妹と弟との三人兄弟であった。

林昭は、一九四八年まだ高校生の時に、中国共産党蘇州地下党学生支部に加入し、活動に参加、国民党のブラックリストにも載せられていた。一九四九年七月には、蘇南新聞専科学校に入学している。一九五〇年には、蘇南地区の土地改革に参加し、地主の土地を没収して農民に再分配する活動に積極的に参加していた。一九五二年には常州民報に就職し、更に常州文聯に異動となった。以上は、既に知られている北京大学入学以前の事跡であるが、この間の状況について起訴状は、五〇年に土地改革や五反工作隊に参加したことだけを一行で記述している。その一行に対する林昭の批注は、この事実は自分がアメリカや台湾から派遣されたスパイなどではないことを証明している、と皮肉る一方、当時自分が農村改革に積極的に参与したことについて、自分は煽動された無知な追随者・盲従者の一人だった、と反省している。起訴状が、林昭が危険を冒して共産党へ加入し、地下活動を行っていたことなどに一切触れていないのは、反革命・反共産党として断罪する主旨に矛盾するからに違いない。この点、起訴状の後半に見られる「一貫した反革命」という断罪に対して、林昭は批注を書き、この時期の革命参加事跡を取り上げて反論している。

起訴状には、林昭が一九五四年に北京大学新聞系に入学し、一九五七年に「反共産党、反社会主義」のため右派へと堕落した、と続けて書かれている。この部分に書かれた林昭の批注は、自分の所属専攻は「新聞系」ではなく、「中国文学系新聞専攻」である、と訂正している。他の資料によれば、林昭は一九五四年九月に優秀な成績で北京大学に入学すると、優れた文学の才能が買われて、一九五五年には『北大詩刊』編集者となり、北京大の学生の文芸雑誌『紅楼』の編輯委員も兼ねた、という。[5] 編輯を担当しただけではなく、自らも新中国を謳歌する詩作を多数作り、これらの雑誌に発表している。当時の『北大詩刊』・『紅楼』の編輯者・投稿者からは、後の文壇や文学研究界の重要人物が輩出している。『北大詩刊』・『紅楼』のことは、起訴状では全く触れられていない。

右派分子のレッテル

林昭の運命を一転させたのは、一九五七年の「反右派」運動であった。起訴状には、この時期の林昭の活動が多く記録されており、「罪状」が強調されている。起訴状によれば、林昭は、張元勳を首とする「反動集団」に参加して、『広場』という「反動雑誌」を作り、黒幕として、非常に積極的に共産党と社会主義を攻撃した。「右派」とされた後も、反革命立場を堅持し、『広場』の「右派分子」と共謀して、某右派分子を密出国させ、帝国主義と内通し、監獄で暴動を扇動し、「社会主義を破壊して人民民主独裁を覆すことを企んでいた」と断罪されている。

『広場』は北京大中国文学系の学生が主宰する雑誌であり、張元勳はその編集責任者であった。張は五月十九日に「時がきた」という現代詩を公表し、「百家争鳴、百家斉放」、「整風運動」という共産党の方針を真に受けて、社会主義のルネサンス、社会主義の民主化を実現すべきだ、と呼びかけた。[6] 林昭はそれに呼応して、「組織性と良心との矛盾」、つまり共産党員は組織へ忠誠を尽くすべきだが、共産党の政策と社会現実に基づく是非判断の良知が矛盾する、という個人の悩みを公に認めていた。林昭は起訴状の告訴に対して、自分は「一九五七年、青春の熱血が未だ枯渇していない良知の激励と駆動の下で、北京大の『五・一九』という民主的に暴政に抗議する運動（民主抗暴運動）の積極的参加者であった」と積極的に認め、「反社会主義」という罪名に対しては、「若し所謂『社会主義』が、人間を踏みにじり、迫害し、侮辱することしか意味しないのであれば、『反社会主義』や『社会主義への攻撃』は恥ずべきことでも何でもない」と反論している。密出国支援についても、「あらゆる国の革命は、外部からの支援を求めることで成り立っている。なぜなら、人類は一つの全体で、概念上の全体だけではないからである。人類の解放という事業は、最初から彼我を区別することがなかった。国父孫文先生も『平等に我を扱う世界中一切の民族と連合して、共に奮闘する』という精神でやってきた。われわれは先人を手本としているに過ぎない」と、その行動の正当性を弁護している。

一九五七年五月以後、林昭の学業は停止され、一九五八年の春に右派分子と認定され、労働教育三年の処分を受けた。一九五八年には中国人民大学新聞系資料室で監視付き労働となり、一九五九年には病気のため、上海に帰って療養することが許された。(7)

反革命分子への断罪

起訴状によれば、一九五八年林昭は、右派分子の孫和を通して蘭州大学の右派分子張春元と知り合い、また顧雁・譚蝉雪・苗慶元などと連絡しあって反革命集団を新たに結成し、反革命の武装をもって人民政府を打倒することを目的とする「中国自由青年戦闘聯盟」(一九五九年)を組織した。また、林昭らは上海・蘇州で数回会合を行い、『星火』(8)(一九六〇年)という反革命刊行物を出版して、人民政府転覆の宣伝活動をした上に、自作の『カモメの歌』や『プロメテウス受難の一日』を発表して、その雑誌を全国へ発送し、共産党の指導に反対することを企てた、という。反革命の武装云々の非難に対しては、林昭は、「鉄砲から政権から生まれる」こととしか知らない連中の妄想に過ぎない、と一笑に付している。事実、『星火』グループには、武装闘争に類する主張は全く見られない。その他の告訴内容を林昭は事実として黙認し、これらの活動はあくまで「五・一九」伝統の継承であり、その旗印を高く掲げ続けたものであると主張している。『星火』という出版物についても、皮肉を込めて次のように反論している。「極く普通のガリ版刷りの冊子に過ぎない。抗戦勝利後の国民党支配区域においては、このような冊子が数え切れないほど多く見られた。学生や普通の社会青年が出版していたものである。それらの冊子の当時の現実に対する批判は、『星火』などより遥かに強烈で鋭利なものだった。蔣介石は食糧統制政策を採らなかったから、警察や特務も頭がおかしくなるほど飢えてはおらず、それで、一一出版者にケチをつけるようなことをしなかった、ということかもしれない。」政治批判は健全な社会にとって必要なものであり、本来抑圧されるべきものではない。共産党が敵として批判した蔣介石の統治下においてさえ、自由な批判は抑圧されていなかった。一九五九年からのいわゆる三年の飢饉で、中国政府は食糧統制をおこなったが、恐らくそのような経済的絶望状態だったからこそ、政府批判に対する監視は殊更に厳しいものとなっていたのである。

起訴状は、林昭が一連の反革命活動を行った原因は、その出身に在る、と指摘した。彼女の出身は「官僚資産階級家庭」であり、父の彭国彦も反革命の案件で追及されそうになり、「罪を畏れて自殺した」。林昭はそのために、党と人民政府に深い階級の恨みを抱いているのだ、と起訴状は断罪した。林昭の批注は、これは完全なでたらめだ、と反論している。国民党の恐怖支配の時期に、自分は「投獄されることも恐れない」という「反動の立場（引用者注：ここは林昭の皮肉）」で蘇州の共産党地下組織に入って活動し、国民党からブッラクリストに載せられている。この事実を、「家庭」や「出身」でどう説明するというのか、と反論している。また、父の自殺は、この「美しい制度（引用者注：ここも当然皮肉である）」の下においては、「罪」を背負って生きることが「罪」を背負って死ぬより更に恐ろしい、ということを説明しているに過ぎない、と強く反駁している。他の資料から既に知られているように、林昭は一九六〇年十月二十四日蘇州で「反革命罪」で逮捕され、十一月二十三日には父親が自殺している。林昭は、自分の存在が父の死を招いてしまったことを深く悲しみ、牢獄の中に在っても父の位牌を作って、死ぬまでそれを大事にしていた、という。

継続反革命の罪と死

一九六二年、逃亡していた『星火』の張春元をおびき出す効果も勘案されて、林昭は肺病を理由に、保釈の上治療を受けることが許されたが、同年八月・九月に黄政と「中国自由青年戦闘聯盟」綱要を起草したため、同年十一月十八日に再び逮捕された。(9)

起訴状は、林昭が一貫して「反動立場」を堅持し、「反革命活動」を続けていたと指摘した上で、三つの罪状を挙げて、その反革命の姿勢を論証しようとしている。その一：北京大学学長の陸平に恐喝の手紙を送り、その中で「共産党と人民政府」を暴政と罵倒し、反右派運動を否定した。同時に、上海市静安区裁判所にも「反革命の文章」を送り、「反革命鎮圧」が「善良」な人を誤って有罪にしてしまったという虚言を弄し、命をかけて社会主義に反対すると言いふらした。その二：反革命組織を拡充して、黄政らと共に「中国自由青年戦闘聯盟」の「政治綱領」や「戦闘綱領」を制定し、右派分子を結集し、私有経済路線を実行し、資本主義を復活させようとした。その三：帝国主義と結託するために、『われわれは無罪である』、『北京大学長の陸平への手紙』などの四つの「反革命文章」を託した某無国籍外国人スパイを密出国させ、そのスパイに海外で文章を散布させ、世界におけるわが党わが国に反対する勢力を拡大させようとした。

既に知られているように、北京大学学長への書簡は、自らが置かれた悲惨な状況を説明して、昔の蔡元培学長のように、政府と交渉して学生を保護してくれるよう訴えたものに過ぎなかったから、林昭が反論したように、恐喝などではなかった。「暴政」などの批判について、林昭の批注は、事実を言ったまで、と簡単に済ませているが、「反革命鎮圧」に対しては、やや詳しく所見を述べている。まず、全体主義（「極権」）統治の下で、「反革命」という言葉には最低限の原則性と厳粛性が欠けていること、次に、全体主義政治自身の残虐性、卑劣さと不義は、それに反抗するあらゆる人人を正義で栄光の戦士にさせたこと、最後に、我々世代の青年にとっては、我々が統治者に何かの罪を犯したのではなく、統治者が我々に厳しく譴責される罪を犯していることである。林昭は更に、「中国自由青年戦闘聯盟」の綱領は自分が書いた、と認め、その目的は「中国大陸において暴政に対抗していた往年の民主運動の積極分子を結集し、この古く深い中世の遺跡の上に、力強く画期的なルネサンス――人間性（「人性」）解放の運動を起こそうとした」ことに在った、と堂々と認めている。「中国自由青年戦闘聯盟」綱領は八条から成り、地方自治連邦制・大統領責任制・軍隊の国家化・政治の民主化・個人財産の私有化・私有経済の許可・法治の整備・外国援助の受け入れの八項目を実現すべきだ、という主張であった。驚くべきことに、これら八項目は、いずれも数十年後の改革開放期に真剣に議論され、一部分は既に実現している。ここに、林昭の思想の先見性と普遍性を確認することもできよう。第三の外国人スパイに関する告発に対しては、林昭は「事実無根であり、考えたこともない」、と一蹴している。

起訴状の末尾は、林昭は一九六二年十二月二十三日に収監されてからも、牢獄で反動組織のメンバーを増やし、「破壊活動」を続け、『牢獄の花』『提籃橋の夜明け』『血の花』『絶食書』などの「反革命」詩文を著しており、「徹底して人民を敵とする反革命分子」であることが明らかであるから、ここに告訴して、法による厳罰を求める、と締め括られている。この起訴状が林昭の手もとに届いたのは、約一か月後の十二月二日であった。林昭は一瞥すると、「お役所書類で、何を言ってるのかわからない」、と軽蔑した。

一九六五年五月三十一日に「反革命罪」で懲役二十年の判決を受けると、翌日六月一日に、林昭は自らの血で判決に対する反対声明を書いた。声明文の末尾は、「正義は必ず勝つ。自由万歳！」と結ばれていた。実は、この判決の前後に、林昭は獄中で『人民日報編集部への手紙』三通を書き続け、起訴状への反論より格段に詳細に自己の思想変遷を総括し、徹底抗議の決意を示している。本稿が、『手紙三』に注目する所以である。

一九六八年四月二十九日、懲役二十年は死刑に変更され、林昭は上海龍華空港の第三滑走路で秘密裏に銃殺された。五月一日には、上海公安局の人間が、林昭の家族から銃殺の弾の代金五分を徴収している。[10] 七年後、母の許民憲は苦しみに堪えかねて自殺した。

政治利用の結果としての名誉回復

一九七九年二月二十八日、北京大学は「林昭を右派分子と認定した誤り」を訂正した。これは文革後全国的に実施された「名誉回復」運動の一環であった。一九八〇年八月二十二日、上海市高級人民法院は、林昭は精神病を罹患していたから無罪である、という判決を下した。同年十二月十一日には、北京で昔の上司や同級生などの関係者八十人以上が出席した追悼会が行われたが、その時点で、右派分子認定も処刑判決も全て冤罪であったと確定し、名誉回復は完成された。そして、「文化大革命」の責任追及で起訴された「四人組」に対する有罪判決を賛美するために、一九八一年一月二十七日の『人民日報』に掲載された「歴史の審判」という長文の中で、被害者の代表として取り上げられた林昭の名前は、たちまち全国的に知られるようになった。『人民日報』のこの記事によって、多くの人々は初めて、現代の迷信に反対するために自らの命を犠牲にした林昭という勇敢な女性が居たことを知ったのである。以下に、この記事の関連部分を引用しておく。

このような政治環境において、林彪・四人組及び彼らが作り出した現代の迷信に挑戦しようとした勇気有る人々が、「挙党一致の批判」「国を挙げての討伐」（林彪の言葉）や、更には「千回切り刻み、万回切り刻む」（江青の言葉）という残酷な厳罰を受けざるを得なかったことは、言うまでもない。張志新が喉を断ち切られた上で処刑場に送られたことは、周知の事実である。しかし、地下室に山のように積み重ねられている档案を繙き、民衆の涙いっぱいの訴えを聞いてみるならば、そこには、これまで名も知られず埋もれていた人々の感動的な事跡が大量に有ることに気づかされるであろう。

われわれの親しい友人の中は、こんな人物が居た。それは勇敢で純真な南国の女性で、名前は林昭といった。一世を風靡した現代の迷信活動に屈服しようとしなかったため、上海の牢獄に閉じ込められた。しかし、彼女は日記を記し、血書を書き続けるなどの種々の方法で、真理に対する強い信念を表現し、「頑迷で帰順しない」という罪名の首かせを甘んじて受け、余りにも早く若い生命を閉じてしまった。彼女が犠牲となった詳細な経緯は、現在のところ調査する術が無く、われわれが知りえたのは、次のような簡単な情報に過ぎない。一九六八年五月一日の早朝、数名の「関連方面」の代表が彼女の年老いた母親のところを訪れ、林昭が四月二十九日に処刑されたことを告げた。「反革命分子」銃殺の為に弾が一発消費されたため、その家族は弾の費用五分の負担が求められた。何と、身の毛のよだつ恐ろしい話しであろうか。天下の奇談と言うべきである。中世に「火あぶり」に処された犯人も薪代を取られることはなかったし、現代資本主義の国家で「電気椅子」で処刑された犯人も電気代を請求されることはない。それが、林彪・江青のファシズム統治下においては、自分の死刑に費用を負担しなければならないのだ。これこそ全く、もう一つの「史上前例の無い」創造発明である。(11)

この記事を書いた作者の一人は、林昭の新聞専門学校時代の同級生であった。そして、この記事は、林昭の更なる名誉回復に大いに役に立った。一九八一年十二月二十五日、上海市高級人民法院は、再調査をし、改めて林昭に無罪判決を下している。その後、二〇〇四年十二月二十二日には、林昭の遺灰を蘇州霊岩墓地に埋葬する儀式も行われた。しかし、注意しておく必要があるのは、林昭の逮捕は文革以前のことであり、林昭の死と文革・「四人組」との間に直接的関連が有ったわけでは決してない、ということだ。この記事は、「反右派」運動以来の諸諸の問題を、全て文革・「四人組」の問題であるかのように書いている。逆に言えば、当時の状況として、既に政治的に否定され、どれほど否定しても誰からも苦情が出ないばかりか、叩けば叩くほど喜ばれた失敗者「四人組」に対する批判という形を通してしか、林昭の名誉回復は出来なかった、ということでもある。

以上、起訴状を中心にして林昭の生涯と死後の再評価などを概観してきた。ここで、起訴状に見られた林昭の思想軌跡をまとめてみよう。検察当局の起訴状に対する反論は、当時の司法機関と全体主義体制に対する審判であったが、林昭は同時に、革命への献身以来二十年足らずの自らの生涯に対しても、自ら審判を下している。純真な心で革命に追随し、新中国建設へ積極的に参加し、北京大学で華やかな文芸・言論活動を行ったこと。これらの過去が、この時点では、全て無知ゆえに利用されてしまった歴史として反省されるに至った。一九五七年の「右派」言動については、「暴政に反抗する民主運動」として、自らその正しさを肯定している。『星火』雑誌とのかかわり、「中国自由青年戦闘聯盟」の結成と「戦闘綱領」の起草は、自ら行動を起こして、自由・民主の声を挙げようとしたものだ、と自信を持って肯定している。このような考えは、『人民日報編輯部への手紙』のなかで一層深く展開されるようになった。

『人民日報編集部への手紙（三）』に見られる林昭の思想告白

林昭は起訴されてから、牢獄で、共産党の代弁者とも言うべき『人民日報』編集部に三通の手紙を書き続けた。現在内容を確認出来るのは、一九六五年七月十四日から十二月五日にかけて書かれた第三通だけで、前の二通は所在不明であるが、第三通には前二通の内容への言及も随所に有り、その内容を窺うことができる。それによれば、第一通の書簡は一九六四年十二月に書かれたものであり、主な内容としては『解放日報』にある「景観区域でも古いものを壊して新しいものを立てる」という記事を読んでから、祖国の文物遺跡を大切にする気持ちと責任感から、『人民日報』に「文化を救う」呼びかけを発信したという。[12] 第二通の書簡は一九六四年二月初めに書かれたものであるが、第一通よりずっと短いもので、監獄の劣悪な状況を訴えたものだという。同時に、「我呼吁你们：律师和记者！」（弁護士と記者たちへ――私はあなたたちに呼びかける）という文章もこの書簡に添付されていたという。[13] それらと比べて、『手紙三』は、思想変遷の告白、毛沢東批判、自由・民主・正義の堅持と提唱など、鮮烈な思想内容に満ち溢れた極めて特殊な内容となっている。

『人民日報』に対する認識

林昭は先ず、自分が一読者として人民日報編集部に手紙を寄せることは、正当な権利だ、と主張している。自分は「奇怪な読者」かもしれないが、牢獄の中でも一日遅れ（偶に当日）の『人民日報』を閲読することが許されている。中国共産党の中央新聞紙として、『人民日報』には当然その「階級性」が有るが、公開発行され、刑務所に収監されている「反抗者」（犯人＝地主、富農、右派分子）ですらその閲読を禁止されていないのだから、読者層については階級性が認められず、階級を超えた読者層が前提されている、と論じた。その上で、新聞は当然読者の質問に答える義務を持っているのだから、正当な読者である自分がこれまで送った手紙に、『人民日報』が返事を寄こさなかったことは、道理に合わないことで、この義務を果たさない『人民日報』は、世論の中心機構などではなく、御用情報中心に過ぎないことは明白であり、それは、全体主義国家の秘密警察による恐怖統治の一部に過ぎない、と批判を展開している。ここで林昭は、先ず挑発的言い方で、『人民日報』が読者への返信という義務を果たしていないことを非難し、その上で、秘密警察というシステムによって党の全体を監視・コントロールし、警察（特務）化された党によって全国を監視・コントロールして統治する（「党を以って国を治め」）現在の中国は、全体主義警察国家に他ならない、とした。更に、この全体主義警察国家は、世論機関の価値など尊重するどころか、全く無視しているのに、『人民日報』にはその自覚が全く無く、逆に自覚的に支配体制の一部に自ら堕している、と批判している。(14)

思想変遷の軌跡

（一）青年時代（一九五七年）まで

林昭は、青少年時代の自分の思想は「左傾」であった、と認めている。反右派運動になって始めて、政権の暴政の本質を認識するようになった、と回顧している。(15)

青少年時代には、一人の中国人として自分の国家の未来に関心を持っていた。当時の中国は「東亜病人」と軽蔑されていたが、その病根は、長期に亘って封建主義の統治、専制・圧迫によって自由な発展が阻害されていたことと、大半の中国人に国家観念が欠けていたことに在る、と林昭は考えた。さらに、大多数の中国人に、「天下を公と為し」「匹夫にも責任がある」という政治的自覚が無い上に、国家観念が欠如していたから、民族の団結は必要な基礎を欠き、根本的に不可能となっていた、と林昭は指摘している。「十字架を背負って戦う自由志士」と自ら名乗る林昭は、党派性を根本とする共産党とは根本的に相容れないものだが、同じ国籍という唯一の共通点が有る。(16)この一点において、青年時代は共産党に追随した。新しい国を目指すために、戦略的に共産党に追随したということである。

(二) 共産党への追随の原因

以下、林昭自身が回顧した内容を簡単に紹介しておく。共産党追随を選択した理由としては、「匹夫有責」、国家の興亡は個人に責任がある、という意識が強く働いていた。更に、時代の傾向、家庭の影響も有って、同時代の多くの人人と同じ道を歩むこととなった。当時、共産党に加入することは、迫害され、逮捕され、監禁され、銃殺されることを意味し、現在共産党に加入することが、信用され、頼りになる人(可靠)とされ、昇進できるという意味を持つのとは、状況が全く異なっていた。共産党への追随の過程で、一時的に組織との連絡が失われたことも有ったが、林昭は地下活動を守る責任を良く果した。当時、国民党には国内の政局をコントロールする力量が無く、学生に静かに勉強させる機会を提供することすら出来なかったから、多くの青年が学業を投げ打って政治活動に飛び込んでいった。(17) 一九四九年以後も、多くの同時代の人と同様に、同じ道を歩み続けていた。国民党は台湾に逃れて、中国本土は共産党の指揮を受けるようになったから、青年たちが共産党一辺倒になるのも時代の流れとして当然であった。その中には、理想のためではなく、利害を考えて投機的に政治に参与する人も多く存在した。しかし、「共産党は草靴を脱いで革靴に変えたが、我々は革靴を脱いで草靴に換えた」のであった。共産党に従って西南へ進軍し、南下して奉仕し、土地改革、末端組織の建設など、青年たちはそれらの実現のために力を尽くした。「国家・社会・人民といった崇高な概念に鼓舞(誘惑)されて、これらの青年は無我夢中に、自らの利益を全く考慮せず、専ら他人に利することを行うことに(毫不利己、専門利人)、自分の最も貴重な青春を費やした。このような千万人の純真で情熱的な青年たちが、苦労を厭わず、待遇を考慮せずに、最も困難で、最も生々しい第一線の現場で積極的に働いたからこそ、共産党は、幹部不足という厳しい状況を乗り越え、政権を下から上へ固めていくことが出来たのである。私は『思想日記』の中で次のように書いた:『一寸の光陰は一寸の金に等しいとするならば、共産党のこれらの青年に対する借りというものは、純金の山を以ってしても、その万分の一すら補償できないものである』。(18)」

林昭は、自分が北京大学に入学できたことは、決して共産党の恩恵ではないと断言している。共産党が無ければ、自分は外国に留学することさえできたはずである。北京大入学に当たっては、共産党の組織の同意を得て、助学金を他人より数元多めにもらったが、それだけのことである。入学時の成績は、得点が最高レベルで、それは当然自分の努力の結果である。入学してからは、共産党が自分の成長に対して大きな制約を加えることは無かったが、助けになったということもなかった。しかし、このバランスは、一九五七年反右派運動になると、全部崩壊してしまった。「反右派運動、それは血生臭い嵐であり、悲惨この上なかった。一九五七年、多くの人人、青年たちの生命の歴史に深い烙印が刻まれ、深い溝が引かれた。このことは、共産党の明らかな誤りであった。誤りだったというだけではなく、極めて重大な誤りであった（大錯特錯）」。[19]

（三）反右派は茶番劇だ

反右派運動について、林昭の説は以下のとおり。反右派運動は、ハンガリー事件を背景としていた。共産党は、ハンガリー事件の教訓に鑑みて、国内の世論状況を緩和し、同様の問題が生じることを防ごうとした。しかし、共産党は、国内の実情に対する認識が不十分であった上に、良識的な政治的度量（政治的寛容さ）も全く持ち合わせていなかった。つまり、方式（やり方）は知っていたが、誠意が全く無かったから、笑うべく悲しむべき結果になってしまったのである。[20]にもかかわらず、毛沢東は、「その通りであり、これは完全に我々が仕掛けた罠なのだ。その目的は、敵を深いところまでおびき寄せることだ」、などと強弁した、と林昭は批判している。林昭は自分が完全に騙された苦痛を隠さずに暴露した。

悲惨な一九五七年を思い出すと、私は心の奥まで全身が痙攣してしまう。あの年について言及されるたびに、或いは見ても聞いても、私は条件反射のように激痛を感じる。それは、中国知識界と青年群の血の涙にまみれた、悲惨な年である。それまで暴政の下にあった中国知識界には、多少なりとも正義の発露が見られたと言えるかもしれないが、それ以降、正義などというものは、ほぼ確実に踏みにじられてしまった。そして、あなた方の紙面（『人民日報』）には、毎日毎日殺気が漲り、生臭い血の匂いを発散している。

ここで、責められるべきなのは青年たちか、それとも為政者か？　林昭が中国共産党を裏切ったのか、それとも中国共産党が林昭に背を向けたのか？[21]

そこで、林昭は反右派運動は醜い茶番だったと揶揄している。

どうのような時、場所、またどのような状況であっても、私が反右派を茶番劇として攻撃するのは、決して何らかの個人的原因によるものではないことを強調しておく。この茶番劇は、林昭個人だけを対象にしたものではなかったからである。この茶番劇が、根本的な政治態度を選択する余地を消滅させたからである。私は、自分が暴政の奴隷のような存在に堕落することを甘受出来ないのであれば、いわゆる右派になって共産党に対立する立場を取る以外に道は無かったのである。(22)

青年を共産党と対立させたのは一体誰であったかという問いに対して、林昭はあくまでその原因が青年に在るのではなく、共産党の理念を曲げた個人崇拝と全体主義にこそ在る、と断じた。

一九四九年の前とその後、中国の内政問題にせよ、青年の政治参加の問題にせよ、責められるべきなのは、——或いは一歩退いて、より厳しく責任が問われるべきなのは、と言ってもよいが——言うまでもなく中国共産党なのであって、決して中国の青年たちなのではない。我々の苦難の青春時代は、中国共産党にその血の償いを求める十分な理由を持っている。中国共産党は、陰険にも我々の純真・幼稚・正直を利用し、我々の善良・単純な心や、情熱的で興奮しやすい気性を利用して、我々を扇動し駆使した。そして、我々が成長しだして、現実の矛盾と残酷さに目覚め、我々の民主的権利を求め始めると、我々は空前絶後の悲惨な迫害を受け、苦しめられ、弾圧されるようになった。我々の青春・愛情・友情・学業・事業・抱負・理想・幸福・自由、我々の生活の全て、人間としての殆ど全てが打ち壊され、この汚い、罪深い、そして一層偽善的な全体主義制度による恐怖統治の下に葬られてしまった。祖国の歴史と人類の文明に泥を塗ったこの罪深い政権は、鮮血によって建立され、強固にされ、維持されたのだ。我々は無罪であり、罪人はあなた方のような恥じ知らずの全体主義統治者である。そのことは、歴史がとうの昔に審判を下しており、生活が完全にそれを証明している。(23)

林昭の共産党批判は、既に広く周知されているところであるが、ここまで過激な言辞は、多くの読者の想像を超えるのではなかろうか？　確かに、林昭は非人道的迫害を受けた。その苦しみは、余人の想像を超えるものであったろう。しかし、それだけでは、この激烈な言葉が迸り出た理由として十分とは思われない。『手紙三』を書いた林昭は、自分の共産党批判は「決して何らかの個人的原因によるものではない」、と強調している。自分たちの哀れな過去を振り返る林昭は、冷酷と思えるほど客観的に問題を考えている。林昭の激烈は、ギリシア悲劇のような運命の悲劇に由来するように思われる。天真純情な若者は、父を心から慕い、追随した。父の行為に疑問を持ちながらも、忠誠と是非の間で自分は悩み抜いた。にもかかわらず、父は自分を信頼せず、自分を反逆児と断罪し、死地にまで追い詰める。しかし、それにも関わらず、自分の父をこの父以外に求めることもできない。林昭は、司法機関へ無実を訴えることはしなかった。そんなことをしても意味が無いことは明らかだった。まだ見ぬ外国の読者や、現れるかどうか分からない後世の読者に向けて手紙を書くこともしなかった。そんなことに興味は無かった。そうではなく、共産党の代弁者である『人民日報』編輯部へ、自らの思いを直接に打ちつけた。それは、暴虐な父に抗議する唯一の道と思われたのではないか？「同じ国籍という唯一の共通点」を終始疑わなかった林昭には、共産党から、中国から離れて、自分だけの思想世界や、時空を隔てた外部の世界に移り住むという選択肢は無かったのである。而して、この時、中国社会は正に文革の前夜であり、個人崇拝と全体主義への傾斜が一層激しく、『人民日報』自身すら解体されかねない危険な状況に直面していたのであった。(24)

自由への新思考

この書簡の中で、林昭は自ら「若い反抗者」、「大陸青春代自由戦士」、「十字架を背負って戦う自由志士」などの名前を自称して、個人崇拝と全体主義への挑戦者の姿勢を明確にしている。にもかかわらず、林昭は、決して政権打倒を主張しなかった。その原因としては、上述のように、思想的・精神的に共産党・中国を離れることが出来なかったことが挙げられるが、この問題には、もう一点重要な要素が関係している。それは、彼女の自由概念に対する尋常ならざる深い理解である。

中国人の血は、従来あまりに少ししか流されてこなかったのではなく、あまりにも多く流され過ぎてきた。二十世紀六〇年代の世界形勢に対して、これほど深い中世の痕跡を残した中国においてでも、政治闘争は文明的な形で進められるべきであり、流血は必要ではない。まさにある偉大なアメリカ人が言ったように、自由とは、それが一つの完全で分割できない全体であり、人が奴隷のように酷使されている現象がある限り、生活の中には真の完全な自由は有りえない。つまり、実際の生活において、奴隷のような人が居て、奴隷化された者が自由を得られない状況が存在するならば、他人を奴隷にしている者も、同様に、決して自由では有り得ないのである。しかしながら、暴政の奴隷化による苦痛を身にしみて感じ、再び奴隷となることを拒否する我々は、自ら経験した悲惨な教訓を無視して、自分たちの闘争目的を別種の奴隷関係に貶める必要は無いはずだ。奴隷化（奴役）は、時には暴力を以って暴力を打ち壊す必要が有るだろうが、自由はそうではない。自由は、その本質上、暴力を通して成立させたり、権力によって成立させたりすることの出来ないものである。権力は一種の補助に過ぎないのであり、それが決定的な要素になってはならない。[25]

自由とは決して流血で手に入れられるものではなく、思想の闘争によってのみ自由への理解は深まるのである。自由は暴力という手段によっては決して実現しえない、それは自由の本質からして当然なのである。林昭の考える自由は、他者との対等の関係によって規定されるもので、対話と相互理解を要求せざるを得ないものだった。また、反右派運動は「根本的な政治態度を選択する余地を消滅させた」という批判からも、選択の権利を自由の要件として規定する態度が見て取れる。これは、基本的には、政治権利の立場から自由をとらえる考え方と言うことができる。[26] 林昭の自由に対するこのような認識は、中国近現代思想史において非常に特異と言わねばならない。[27] ここに言及されている「偉大なアメリカ人」とは、ほかでもないジョン・ケネディであった。[28] 一九六三年六月二十六日、西ドイツでの演説のなかで「Freedom is indivisible, and when one man is enslaved, all are not free.」とケネディは言っていた。牢獄に囚われ、酷刑を受けながらも、林昭は、政治闘争はあくまで思想の闘争であると考え、最後まで良知と理解の存在を信じることを放棄しなかった。

結び

林昭の思想変化は、「右派」認定されたことを決定的な契機としている。一九六四年の年末から約一年間の獄中自己思索においては、「反右派運動」を徹底否定する立場が終始一貫している。彼女は「反右派運動」を思想弾圧運動と位置づけ、新中国を憧憬する青年たちの夢を完全に砕いたものとした。このような認識に立つ以上、かつて革命に献身し、新中国建設に積極的に参加し、社会主義を賛美した自らの過去の思想と実践に対しては、それを疑い、否定するに至ることは不可避であった。自ら献身的に参加した革命運動は、結局のところ、自由で民主的な中国の樹立には繋がらなかったどころか、逆に個人崇拝と全体主義への変質を阻止できなかった。そこで、彼女は、過去の自らの思想は「左傾」であった、と反省することとなった。彼女の考えでは、「反右派運動」は新中国における個人崇拝と全体主義の確立を宣告したものであった。このように変質してしまった政治に対抗して、『星火』雑誌を創設し、「中国自由青年戦闘聯盟」を結成し、その行動綱領を制定したりした活動は、新中国の理念を取り戻すための行動であった、というのが彼女の最終的な認識であった。『手紙三』の中で、林昭は、大躍進・廬山会議・人民公社などの失敗の原因を全て個人崇拝と全体主義に求めている。だからこそ、中国の方向と希望は、自由の本質に基づき、平等・民主で対話・相互理解が可能な社会を実現することに在る、と林昭は強く訴えている。その後の文化大革命の悲劇はまさに林昭の予見の正しさを証明したとしても過言ではない。林昭は、現代中国思想史において極めて大きな存在であり、単なる悲惨な犠牲者なのではない。同時に、彼女は決して孤独な存在ではなく、その周囲に多くの仲間もいて、共に現在中国思想のもう一つの流れを形成したことも忘れることはできない。林昭が到達した思想の深み、彼女を代表とする思想の流れを、中国近現代思想史において如何に位置づけるか？　その現代的意義は何か？　今ようやく、その研究の「時が来た」のである。

注

（1）林昭の妹の彭令範は「在思想的煉獄中永生」（許覚民編『走向林昭』、民報出版社、二〇〇六年、二一一―二二二頁）の中で、林昭の思想変遷を三段階にわけて論じている。林昭研究の中では稀にしか見られない貴重な指摘であるが、概観的なものに過ぎず、詳細な考察が必要とされる。以下、再出文献の注記は、「許覚民［二〇〇六］」という略記形式を用いる。

（2）林昭の妹の彭令範は、『手紙三』を含めた林昭の資料全てを一括してアメリカのスタンフォード大学フーバー研究所文書館（Hoover Institution Archives, Stanford University）に寄贈した。その原本の冒頭には「人民日報編輯部」としか書かれていないが、校注整理に当たって、胡傑が『林昭『致人民日報編輯部信（之三）』（校注稿）』というタイトルをつけた。「校注稿」は胡傑のほかに、甘粋など数人の手が加わって完成されたものである。胡傑「『尋找林昭的霊魂』拍摂経過」（傅国湧編『林昭之死―1932-1968―四十年祭』、香港開放出版社、二〇〇八年、二四六頁）を参照。筆者は、胡傑氏から直接「校注稿」電子版の提供を受けた。インターネット上に流通しているものは「未定稿」と題されているが、内容はほぼ同一であるので、引用・参照上の問題は無い。

（3）この起訴状は「上海市静安区人民検察院起訴書　（六四）滬静検訴字第四二三号」と記され、林昭は一九六四年一二月二日にそれを受け取っている。林昭の批注は、六五年前半まで書かれていたと推定される。傅国湧編［二〇〇八］には「林昭対上海検察院起訴書的批注」の一節が有る（三四九―三五四頁）が、内容の紹介に止まり、林昭の思想変遷については論及されていない。

（4）彭氏の文章は許覚民編『林昭　不再被遺忘』（長江文芸出版社、二〇〇〇年、三九―六三頁）、許覚民編［二〇〇六］（二五―五四頁）に収録されている。後者は前者の再録だが、前者より内容がより充実している。「林昭小伝」は許覚民編［二〇〇六］に収録され、著者が明記されていないが、編集者によるものであろう。『尋找林昭的霊魂』は胡傑が監督・撮影したドキュメンタリー映画で、関係者のインタビューと原資料の発掘に最も力を入れたものであり、林昭研究の画期的な作品である。趙鋭の『祭壇上的聖女—林昭伝』（台北秀威資訊科技出版社、二〇〇九年）は林昭の伝記として現在唯一の長編であり、林昭の家族史に詳しい。

（5）『紅楼』雑誌に発表された詩作については、謝泳「『紅楼』雑誌中的林昭資料」（傅国湧編［二〇〇八］、三二一—三五〇頁）が詳しい。

（6）「五・一九」については、張元勛「北大往事と林昭」、沈宜沢「我和林昭」（許覚民［二〇〇〇］、［二〇〇六］）が詳しい。『広場』雑誌については、銭理群［二〇〇三］「記一九五七年的三個学生刊物」（http://m.aisixiang.com/data/16360.html）を参照。また、銭理群『毛沢東と中国：ある知識人による中華人民共和国史』上（阿部幹雄ら訳、青土社、二〇一二年、一五八頁）は張氏の詩を全文紹介し、北京大学を含む反右派運動の過程を詳しく考察している。

（7）甘粋「北大魂—林昭」（許覚民［二〇〇〇］、一九一—一九四頁。）には、人民大学時期の林昭との交流と恋などが詳しく書かれている。又、甘粋『北大魂　林昭与「六・四」』（台北秀威資訊科技出版社、二〇一〇年）にも随所に林昭との関係などが記述されている。

（8）「中国自由青年戦闘聯盟」と『星火』雑誌については、胡傑の『星火』（ドキュメンタリー映画、二〇一三年）、土屋昌明［二〇一五］「胡傑『星火』初探」でも言及されている。

（9）黄政「林昭第二次被捕前後的一段往事」（許覚民［二〇〇六］、一一九—一三一頁）が詳しい。

（10）彭令範「我的姊姊　林昭」（許覚民［二〇〇六］、四四頁）を参照。但し、「我的姐姐　林昭」（許覚民［二〇〇〇］）には龍華空港での処刑という記述が見られない。

（11）この文章は文革の否定に大きな宣伝効果があった。作者は穆青、郭超人、陸佛為の三人で、陸は新聞専攻の同級生だった。日本では矢吹晋『文化大革命』（講談社新書、一九八九年、二〇二頁）が早くに紹介しているが、矢吹氏はこの件を文革の非人間的な事例として挙げている。

（12）『手紙三』原本第四頁。筆者は原本を目にしていないが、電子版校注稿・未定稿には原本の頁数が記されているから、以下の引用は一律原本の頁数を注記する。

（13）『手紙三』原本第四頁。

（14）『手紙三』原本第一—三頁。

（15）『手紙三』原本第二三頁。

（16）『手紙三』原本第一二頁。

（17）『手紙三』原本第二三頁。

（18）『手紙三』原本第二四頁。

（19）『手紙三』原本第二五頁。

（20）銭理群によれば、毛沢東の戦略は「一党専政」という枠組みの中で限定的な改革を行うというもので、知識人の真剣な議論は許されなかったという（前掲［二〇一二］、一二八—一二九頁）。これは、林昭の批判の正しさを裏付けるものである。坂元ひろ子『中国近代の思想文化史』（岩波新書、二〇一六年、二六八—二七〇頁）は反右派運動の歴史的背景を簡潔にまとめており、参考に値する。

（21）『手紙三』原本第二五—二六頁。

（22）『手紙三』原本第二六頁。

（23）『手紙三』原本第二七頁。

（24）一九五七年六月八日、毛沢東は『人民日報』に『これはなぜか』と題する一文を発表し、それによって反右派闘争が幕を開けたのだが、それより二カ月前の一九五七年四月十日に毛沢東は『人民日報』編集長鄧拓らを呼び出し、党の新聞としてもっと協力するよう圧力をかけた。毛沢東は鄧拓を、「おまえは、クソをしないで便所をふさいでいるようなものだ！」と批判した。このような強烈な圧力を受けて、鄧拓は『人民日報』の編集方針を変えざるを得なかった。また、毛沢東は一九六五年、呉晗の『海瑞罷官』の批判についても、『人民日報』に不満を抱いていた。ロデリック・マクファーカー、マイケル・シェーンハルス『毛沢東 最後の革命』上（朝倉和子訳、青灯社、二〇〇六年、三八―八七頁）を参照。

(25)『手紙三』原本第二九頁。

(26) 木部尚志「自由」（古賀敬太編『政治概念の歴史的展開』第一巻、晃洋書房、二〇〇四年、一一―一五頁）を参照。

(27) 村田雄二郎編『リベラリズムの中国』（有志社、二〇一一年）を見ても、林昭のような論説がほとんど見られない。銭理群「面対血写的文字―初読林昭『致人民日報編輯部信』」（許覚明［二〇〇六］、二〇五頁）では、文革前に出されたこの警告は林昭の思想的先見性が認められると評している。

(28)『手紙三』の附録一の「囚室哀思」はケネディの暗殺を哀悼するものである。

下放は、労働を権利とみなし教育と結びつける歴史的実験だった

前田年昭

まえだ・としあき――神戸芸術工科大学非常勤講師。専門は組版哲学、句読点、東アジア思想史。主な論文に、「歴史をつくるのは誰か　下放、すなわちスタイルの根底的転換を！」（今福龍太・鵜飼哲編『津波の後の第一講』岩波書店、二〇一二年）、「教育革命いまだ成らず」（土屋昌明編著『目撃！　文化大革命』太田出版、二〇〇八年）などがある。

知識人や学生が労働現場につくという下放はプロレタリア文化大革命の核心である。下放は、労働を権利とみなし、教育と結びつける歴史的実験だった。プロレタリア文化大革命の「敗北」は行き過ぎによるものでは決してない。労働を権利とみなす立場の不徹底によるものだった。それが懲罰としての労働という誤った考え方である。

一九六六年六月六日、「北京市第一女子中学高級中学部三年四組」の高級中学生は党中央と毛沢東主席に手紙を送り、入学試験と進学制度の廃止を強く要求した。(1)

> わたしたちは、現行進学制度が数千年にわたる中国封建社会の旧科挙制度の延長であり、ひじょうにたちおくれた、きわめて反動的な教育制度である、と考えています。現行進学制度は毛主席がわれわれにさだめてくださった教育方針にそむくものです。毛主席は、教育はプロレタリア階級の政治に奉仕し、教育は生産労働と結合する、とのべておられます。また、「われわれの教育方針は、教育をうけるものを、徳育、知育、体育のいずれの面でも成長させ、社会主義的自覚をもつ、教養をそなえた勤労者にそだてあげることである」とのべておられます。しかし、現行の教育制度は、毛主席の指示にしたがってつくられたものではありません。それは、実際には、肉体労働と精神労働、労働者と農民、都市と農村の三大差異を拡大し、存続させるものです。その具体的な罪状は次のとおりです。

（一）多くの青年を、革命のために学習するのでなく、大学の入学試験をうけるために書物の山に頭をつっこみ、政治に関心をもたせないようにしています。〔中略〕
（二）多くの学校に進学率を一面的に追求させ、もっぱら「優等生」を入学させる、多くの「特殊」、「重点」学校をつくりだしています。〔中略〕
（三）学生の徳、知、体の全面的成長を、はなはだしく妨害する役割をはたしています。〔中略〕
したがって、このような進学制度は、資本主義の復活に奉仕するものであり、新しいブルジョア分子、修正主義分子を養成する道具であります。鄧拓《とうたく》ら反党の黒い一味がそれを最高の宝物としてもちあげ、アメリカ帝国主義が得意満面で「平和的転化」の期待を中国の「技術官僚」、「イデオロギー専門家」に寄せているのも何ら怪しむにたりません。〔後略〕

同様の動きは相次ぎ、ついに六月十三日、中国共産党中央委員会と国務院は「大学・専門学校の学生募集・入学試験方法の改革にかんする決定」をくだした。[2] 決定は、大学・専門学校と高級中学校の文化大革命を徹底的におこなうために、また、新たな学生募集方法の実施にじゅうぶんな準備をするために、今年度の大学・専門学校の新入生募集を延期するというものだった。六六年から六九年まで、大学入試は中止された。（七〇年代にはいってから一部大学の単独選抜や行政区別選抜などがみられたが）七七年十月に国務院が実施を決定し、七八年に再開されるまで中国では全国大学統一入試テストは実施されなかった。

文革は日本には全共闘運動として波及した

中国のプロレタリア文化大革命（以下、「文化大革命」または「文革」と略す）における公教育への叛乱は国際的に波及した。日本では六八年から七〇年にかけて、全国の大学、高校で試験制度に対する異議申し立てが相次いだ。六九年一月には、東大学長代行加藤一郎の要請をうけた機動隊と安田講堂を占拠する全共闘との攻防戦を経て、六九年度入学試験は中止された（東京教育大学も体育学部を除いて中止）。

公教育の制度と秩序が大きく揺さぶられたのはなぜか。そもそも、公教育はどのようにして成立したのか。技術史家・中岡哲郎は、機械の時代がそれまでの生産労働と教育の関係を根元から変えたのだとして、「最も大きな変化は、前時代まであった人間の生産的行為と人生の重なりが崩れ」たと指摘している。[3]

前時代にあった生産と人生の重なりが失われたことは、さまざまな新しい制度の導入をもたらした。例えば公教育である。そこまでの社会は教育を必要としない社会であった。生産的生活と人生は一体であるから、基本的には働くことへの手ほどきが人生への入門だったのである。共同体的農村で児童が収穫の手つだいをしたり、ギルドの社会で一〇代前半の少年が徒弟になったりということはあたり前だった。機械の時代の初期に、大量の児童労働が工場で採用されたのは、こうした前時代の習慣に従っただけにすぎない。だが、すぐにそれは精神的にも肉体的にも子どもを破壊することが気づかれる。工場の労働には前時代までにあったような人生との一致はないのである。失われたものを補うために公教育が必要となる。その目的は恐らく二つであった。生産のためのシステムが失ってしまった人生の指南を与える役割がひとつである。そして機械システムのリズムの中で働くためには人間は事前に訓練されておく必要ができたことがもうひとつである。

さらに「制度は技術の分身である」との立場から中岡は、次のように書いている。

制度(例えば学校)とは、社会が当面する必要(例えばすべての児童の一定水準の訓育)を、目的意識的に実現するために組織された専門家(例えば教師)の組織なのである。機械による商品生産の時代が制度の時代であることは偶然ではない。人びとは商品と専門家への依存へ向ってもう一段進む。

公教育は、どのように実学たりうるのか。労働のために必要な知識と技術は、どのようにして習得されるべきなのか。あるいは、社会の各階層へ若者を差別選別し仕分けする機能しか持ちえないのか。かつて全共闘運動は「産学協同」を批判したが、それは誰のためのという立場への問いかけ——資本と国家のための官僚やテクノクラートを養成する教育でよいのか——として意味を持つものだった。だが、教育一般の否定、反教育の主張へと進むや袋小路に入り込んでしまった。学校教育は、社会が必要とする知識と技術、そして人生を学ぶ場になりうるのか。なりうるとすれば、そのためには何が必要なのか。職業教育についてさまざまな試みがなされながらも解決しえないのはなぜか。

労働の教育との結合という課題は未解決である

労働のための教育という課題は資本主義もいまだ解決しえていない。「製造業、四年ぶり減益」と二〇一六年三月期連結決算を報じた『日本経済新聞』は「大学一年から就業体験長期インターン産学連携／花王や北大など一七社・一一校、採用ミスマッチ防ぐ」[4]とトップで報じた。職業意識を持つ人材育成が必要としながらも、資本と国家もまた未解決なのである。産業界と大学の協力は、遡れば一九〇六年、アメリカのシンシナティ大学の職業実習（産学連携）を嚆矢とする。大学と同市の工場が協同、学生を二班交代で、大学の講義と工場の実習を並行して実施した。[5]だがしかし、単調な反復労働が世界をつくる土台であり、労働者が主人公だという基本的な立場がないところでは、しょせん実学復興は無理なのである。他方、近年の資本と国家による人文科学軽視は、目先の効率や効果に目を奪われた近視眼的な「役に立つ」実学観から来ている。けっして労働を尊ぶ立場からではない。

公教育は、どのように実学たりうるのか。労働のために必要な知識と技術は、どのようにして習得されるべきなのか。資本主義社会では、単調な反復労働が尊ばれず、肉体労働が精神労働の下におかれる。資本主義社会では、現場の仕事をよく知っている者には権限はなく、権限を握るものは仕事を知らないという悲喜劇は、「もっとも単純な、もっとも一般的な、もっとも基本的な、もっとも大量的な、もっとも普通な、人々が何億回となくでくわす関係」、日常茶飯事である。

明治維新直後の一八六九年、京都の町衆は日本で最初の学区制小学校である六十四の番組小学校を自治の力でこしらえた。[6]薩長藩閥政府による学制公布（一八七二年）より早かった。学校では筆道師、句読師、算術師が教えた。教科書は、一八八七年に文部省検定教科書を使い始めるまで京都独自のものを使った。背景には、幕末の動乱と戦禍、東京遷都による京都衰退の危機があった。そこで京都再生を図るため、町衆は都市基盤の整備や勧業政策をすすめ、とりわけ教育に力を入れた。「まちづくりは人づくりから」という創立時の原点は徹底した実学精神だった。京都の番組小学校を直接目にした福沢諭吉は「民間に学校を設けて人民を教育せんとするは、余輩、積年の宿志なりしに、今、京都に来り、はじめてその実際を見るを得」「おおよそ世間の人、この学校を見て感ぜざる者は、報国の心なき人というべきなり」と記した（「京都学校の記」一八七二年）。工芸や染織などを重視したカリキュラムの成果は、一五〇年近く経た現在も京都の街に息づいている。

ある大手印刷会社はかつてかなり徹底した新入社員教育を実施していた。研修内容は配置される部署だけでなくすべての部署を経験させるという徹底したものだった。その後、やめてしまったようだが、いま、見積もりを概算であれその場でやれる営業担当者がいないのは、やはり現場に即した研修がなされていないことに起因する。

大学の非常勤講師というあり方も問い直されるべきだと私は思う。といっても〝非常勤反対、有期雇用・不安定・非正規がダメだから常勤・正規に〟という主張ではない。神戸芸術工科大学で組版講義をしている私は大学では非常勤講師である。実際に仕事もできない、あるいはしていない専任の教員などには、技術もその背骨たる哲学も教えることなどできないし、日々仕事をしている者がその傍ら非常勤として教えるというのが、より適切なあり方だと私は確信している。私が求めているのは、非常勤である仕事に誇りを持てる運動であり、社会である。

結論を先取りして述べれば、下放はプロレタリア文化大革命の核心――労働者が主人公だという立場、労働を人類自身の権利だとみなす観点、教育を労働と結びつける方法――であり、歴史的実験ではなかったか、ということだ。以下は、この立場、観点、方法が、文革をつうじてどう実現され、またされなかったのかという総括のための試論である。

労働を権利とみなす思想に出会った

「もっともきれいなのはやはり労働者、農民であり、たとえ、かれらの手がまっ黒で、足に牛の糞がついていても、やはりブルジョア階級の知識分子よりきれいだ」――これは、プロレタリア文化大革命の頃にさかんに引用された毛沢東の言葉である。文革は、人びとの労働観、人間観の何を変え、何を変え得なかったのか。

一九六六年、中学に進学した私は、毛沢東思想と共産主義運動に生きようと心するきっかけになる本と出会う。ひとつは尼崎市立図書館の自動車文庫「きぼう2号」で借りて読んだ袁静《えんせい》『ちびくろの出発』（君島久子訳、新日本出版社、一九六六年）であり、もうひとつは、少し後のことになるがDIC（共産主義青年団）の土方健さんに教えられた愛新覚羅溥儀《あいしんかくらふぎ》『わが半生　満州国皇帝の自伝』新島淳良・丸山昇共訳（大安、一九六五年、のち、小野忍訳、ちくま文庫、一九九二年）である。

前者はかっぱらいをするしか生きる術のなかったストリートチルドレンの、後者は身の回りのことを何ひとつできなかった満州国最後の皇帝の、それぞれが「人間が人間にとって最高の存在である」ことを獲得していく物語である。自己修練によるのではなく社会運動による思想変革のみちすじを示しており、ソ連型ではない中国型社会主義の魅力を私はここから感じ取った。

「多くの人たちが、労働をあやまって神が人類に与えた懲罰だとみなしているのに、共産党員だけが、労働を正しく人類自身の権利だとみなしている」

〔『わが半生』大安、一九六五年、下、二一五頁〕

私は高校における全共闘運動を経て十七歳で下放した。一九七〇年六月五日、灘高校生徒会評議会は「日米安保条約について考える全校討論集会開催と安保抗議高校ストライキについて全校投票を行う」提案を採択。六月二十二日、全校集会は「二三―二五日にストライキ権を確立した上で全日討論集会を行う」提案を可決、学校側はこれをうけて三日間を全日ホームルームとした。二十四日、全学闘争委員会（全闘委）結成集会開催。二十五日、高三学年集会は定期テスト全廃を決議し、三十日には決議再確認とともに期末テストの無期限延期要求を決議した。七月一日、学校側は「実力テスト」と名前を変えてテスト強行を表明。七月三日の全闘委の「公開質問状」に対して、学校側は四日、「公告」で生徒要求を拒否する。七月六―八日、全闘委は抗議のハンガー・ストライキ。

何のため誰のために勉強をするのか。目の前にある学問、大学は、資本と国家のしもべではないのか。私がやりたい歴史学はここにはない。師事したいと心に決めていた師岡佑行先生（一九二八―二〇〇六年）は、全共闘を支持して立命館大学を辞めていた。学生活動家たちが、まず大卒の身分を確保し、しかるのちに活動をというのは、二股主義ではないか。学生全共闘は、弾圧などの外因によってではなく、二股主義という内因によって退却し始めていた。しかし闘いを止めるわけにはいかない。こうして、私は七一年六月、中途退学し、下放した。

一九六九年、中学から高校に進んだこの年は、私が中退、下放を決心した出来事に出あった年でもありました。一月の全共闘と警察との安田講堂攻防戦を東大闘争全学共闘会議や全国の闘う青年学生と共に闘ったＭＬ派（日本マルクス・レーニン主義者同盟―学生解放戦線）は、東大の正門に毛沢東の肖像を掲げ、「帝大解体」「造反有理」と大書し、「一月激闘を五四運動の地平とせよ」と呼びかけました。私は歴史を研究するには歴史発展の原動力としての〝民衆の造反〟の立場に立たねばならないとおもいました。歴史は研究対象であると同時に自らも参加して主体的に変革を担う対象だと確信したからです。

同年春、阪神工業地帯の中心である尼崎市で阪本勝―薄井一哉の後を継ぐ「革新」首長のエース篠田隆義は『尼崎の戦後史』（『尼崎市史』別冊）の発行を差し止め回収、これに抗議する市民運動との出会いは、私に「革新」の欺瞞性を教え、言説ではなくどう生きるかという観点から物事を判断することを教えました。

『歴史学研究』一二月号に掲載された嶋本信子の論文

「五・四運動の継承形態」は、前述の立場と観点に立つ歴史研究の方法とはどのようなものかを事実を通じて教えました。五・四運動は一九一九年に起こった民衆叛乱として中国現代史の原点であり、同時に、闘った青年学生がその後下放していった起点でもあります。

一九七〇年、国際博覧会史上アジア初で日本で最初の国際博覧会、日本万国博覧会が「人類の進歩と調和」を掲げて大阪で開かれました。公害や医療、教育など社会の矛盾が噴きだしていた当時、「進歩と調和」をうたうことは対立と矛盾をおおい隠し、ごまかすことにしかならないと私はおもいました。高校一年生だった私は、近代主義と技術万能論に反対して万博反対デモに参加、逮捕されました。この万博で商用原子力発電第一号として関西電力美浜発電所から会場に送電された「原子の灯」が大々的にもてはやされたことは記憶しておくべきこととおもいます。

私が全共闘運動のなかで学んだことは、すべてのことは関係しあっており、第三者などなく被害者でなければ加害者なのだということです。ベトナム人民を殺しにアメリカ軍の爆撃機が出撃していくのが日本の米軍基地だということは、これを何もしないでみすごすということは、日本の人びともアメリカの人殺しに加担していることになるのではないか。日本でのベトナム反戦運動の昂揚の背後にあったのはこのような気持ちでした。第三者として何もしないことが実は、一方の加害者を支えている――こうした関係は、ベトナム戦争でも水俣病や東電福島第一原発事故でも同様です。〔「学問論　私はなぜ四〇年前に母校を中途退学したのか」(二〇一一年)[7]〕

文化大革命が目指したものは、六〇年代の社会主義教育運動に続いて、労働観の転換、人びとの思想変革だった。人の意識を変えるとの立場からする方法のひとつが下放だったのである。

下放によって人びとの労働観、人間観は変わったのか

文化大革命と全共闘運動は敗北した。しかし、「下放」と「造反有理」の精神は地下に流れ続けている。

中国で、日本で、また世界で、教育秩序に叛乱した若者たちは「長征」の途についた。半世紀ちかく経った今もなお、その途上にある。

今次の大学闘争がもった意味は、まず、知識人のおちいり勝ちな欺瞞に対する根底的懐疑を通じての集団的規

模における意識変革運動であり、それが思想的な、ついで社会的な変革の運動に展開する契機となりうるか否かにすら、卒業してゆく学生たちの紆余曲折に満ちた、長い満身創痍の奮闘を経過してのちはじめて判定しうることだろう。

〔高橋和巳『わが解体』（一九七一年）〕(8)

毛沢東が呼びかけ、世界の若者が呼応した意識変革とは、日常の闘いである。日々の言動に表れたものが、その人の思想である。政治の体制を変えるのはいっときであるかもしれぬ。しかし、日々の習慣に染みついたさまざまな旧思想——侵略国の、健常者の、男の、身勝手な旧思想の変革は容易ではない。しかし、政治の体制を変えただけの「革命」はいっけん強く見えても実は脆いものだと私たちは知らされたではないか。ならば、何年かかってもこの課題に取り組もうと思う。

一九七六年、中国の社会変革と一体のものとしての民衆自身の自己変革に生涯をかけた毛沢東主席が死去。以後、党は変質し、社会は変色していく。アメリカや日本と同様、絶対的貧困化はいまや深刻、非道である。

労働観を変革する闘いたる文革を経たはずの、文革後映画、謝晋《シェ・チン》『芙蓉鎮《ふようちん》』（一九七八年）の労働観は何ともやるせない。主人公は、「五悪分子（地主、富農、反革命分子、右派、不良分子）」の烙印を押されて朝早くから街の掃除をやれといわれ、人びとの白い目にさらされた。

「たとえ、かれらの手がまっ黒で、足に牛の糞がついていても、やはりブルジョア階級の知識分子よりきれい」ではなかったのか。そもそも、労働が尊ばれ、労働者が主人公である社会主義社会で、なぜ労働が懲罰として与えられねばならないのか。以来、私の問題意識は、文革とは何だったのか、文革は人びとの意識、とりわけ労働観、人間観を変え得たのか、に向かう。繰り返し考え抜くにつれ、文革は正しかったという信念はますます強まっていっている。

二〇一五年五月十四—十六日、『毎日新聞』に注目すべき記事が載った。秋山信一記者の「素顔のサウジ」全三回である。収入が増えると「単純労働を蔑視し、職をえり好みする」ようになるというのである。(9)

急速に都市化が進むサウジアラビアの首都リヤドでは、高層ビルや道路の建設ラッシュが続いている。作業員の大半は南アジアや中東、アフリカからの出稼ぎ労働者だ。「現場で働くのは外国人と相場が決まっている。一〇メートル移動するのにも車を使うサウジ人にきつい仕事はできないですよ」。イエメン人のホテル従業員、アフマド・サフワンさん（二九）が冗談交じりに言った。

サウジの総人口約三〇〇〇万人のうち約一〇〇〇万人を外国人が占める。建設労働者や飲食店従業員、運転手などの大半は外国人だ。月二〇〇〇リヤル（約六万四〇〇〇円）程度の薄給で働く人も多いという。一方、サウジ人は、国家収入の約九割を占めるオイルマネーに基づく社会保障に守られてきた。公立施設では医療や教育は無償。大学生には文系なら月八四〇リヤル（約二万七〇〇〇円）、理系なら九二〇リヤル（約三万円）の手当が支給される。ガソリンは一リットル〇・五リヤル（約一六円）で飲料水より安い。所得税や住民税もない。

だが、外国人との「分業」が固定化し、サウジ人の教育水準が高まったことは弊害も生んだ。サウジ人が単純労働を蔑視し、職をえり好みするようになったからだ。

〔後略〕

職業観、人間観を決めるものはいったい何か。分業の固定化、生活水準や教育水準の向上は、職業の貴賤を固定、拡大するものなのか。絶対的貧困化の深まりにつれて、職業の貴賤だけでではなく、お互いに生きている「同じ現実」が同じように見えなくなってきているのではないだろうか。優等生と劣等生、専門家と素人の社会戦争を直視し、労働観をはじめ価値の転換、転覆を図ることによって、社会と個々人の変革を目指そうとしたのが、文革ではなかったのか。

毛沢東の農村作風とコミューン精神

毛沢東は折にふれて「農村作風」を強調した。その内容は次のようなものであった。(10)

「軍隊のなかで、封建主義を一掃し、なぐったりどなりつけたりする制度を廃止し、自覚的規律をうちたて、苦楽をともにする生活をしていた」

「戦闘が終るごとに、指揮員と兵士たちは戦闘におけるかれらの行動の成功と失敗について、すわったまま率直な討論を交した。……兵隊たちは自由に上官の誤りや愚かな行動を批判することが許されていた」

「その苦しさは誰もおなじで、軍長から炊事兵にいたるまで、主食以外は一律に五分《フェン》ぶんの食事しかとっていない。こづかい銭を支給するにも二角《チャオ》なら一律に二角にし、四角なら一律に四角にしている」

「軍隊は経済的には自給していて、だれにも負担をかけなかった。また給料という形式のものはなかった。士官と兵士は、それぞれ一区画の耕地をあたえられており、もし、かれが戦争に出て不在であれば、他の人たちがその土地を耕したり、世話をしてくれた。士官のための特別のクラブや病院、食堂はなかった。しかも、士官は兵士と同じ軍服を着ていた」

私がソ連式でなく中国式の社会主義に惹かれた理由のひとつは、こうした「農村作風」に裏打ちされたコミューンへの志向だった。ここにこそ、中国革命の原点があり、中国共産党の創立精神があった。

毛沢東は、国内「難民」としてもっとも卑しまれ蔑まれた遊民を「兵」として訓練し、社会でもっとも尊敬される人間類型として組織し、また人民公社をつくって食えるようにした。それは、文字と言葉を奪われた阿Qたちが文字と言葉を取り戻す革命だった。「三大規律八項注意」を歌って言葉を覚え、生活スタイルを変えていった。それは識字運動であり、訴苦運動という翻身革命だった。

「良鉄釘にならず、良民兵にならず」とまで蔑まれつづけた兵を、解放軍兵士として尊敬される存在に転換し得た中国革命は、肉体労働や清掃労働を「もっともきれいなのはやはり労働者、農民であり、たとえ、かれらの手がまっ黒で、足に牛の糞がついていても、やはりブルジョア階級の知識分子よりきれい」な存在にすることもまた可能ではなかったのか。

にもかかわらず、罰としての労働改造という制度は変わらず、肉体労働や清掃労働が蔑まれたままだとすれば、労働者階級が主人公の社会は、どのようにすれば実現することができるのだろうか。

労働観の転換は、自発的に革命をやり自らを解放する以外に実現することはできない

「もっともきれいなのはやはり労働者、農民であり、たとえ、かれらの手がまっ黒で、足に牛の糞がついていても、やはりブルジョア階級の知識分子よりきれいだ」――文革期に部分のみが切り取られて強調されたこの言葉は、全体の文脈を読み直す必要がある。

これは『延安の文学・芸術座談会における講話』（一九四二年）の一節であり、しかも、毛沢東自身が「ここで、わたし自身の感情の変化についての経験を話してみよう」として語った一節なのである。(11)

わたしは学生出身であり、学校で学生気質が身についてしまったため、物を肩でかつぐことも手でさげることもできないおおぜいの学生のまえでは、自分の荷物をかつぐような、ちょっとした力仕事をすることさえ格好がわるいと感じていた。そのころ、わたしは、世の中できれいな人間は知識分子だけで、労働者、農民は、なんといってもそれよりきたない、とおもっていた。わたしは、

知識分子の着物ならきれいだと考え、他人のものでも着られるのに、労働者、農民の着物はきたないと考えて、着る気になれなかった。革命をやり、労働者、農民や革命軍の戦士たちといっしょになってから、わたしはしだいにかれらを熟知するようになり、かれらもまたしだいにわたしを熟知するようになった。そのとき、まさにそのときから、わたしは、ブルジョア学校で教えられた、あのブルジョア的、小ブルジョア的な感情を根本的にあらためたのである。そのときになって、まだ改造されていない知識分子を労働者、農民とくらべてみると、知識分子はきれいでなく、もっともきれいなのはやはり労働者、農民であり、たとえ、かれらの手がまっ黒で、足に牛の糞がついていても、やはりブルジョア階級や小ブルジョア階級の知識分子よりきれいだとおもうようになった。感情に変化がおこり、ある階級から他の階級に変わったというのはこのことである。

意識の変革はここでは、「革命をやり、労働者、農民や革命軍の戦士たちといっしょになって」実現していったものだということが語られている。意識の変革を可能にしたのは、自発的に「革命をやり」ることを通じて、であって、何らかの懲罰による労働改造によってではないのである。

この毛沢東の言葉がなぜ文革期に頻繁に引用されたのか。そして、文革で民衆の怒りはなぜあれほどまでに噴き出したのか。背景として六〇年代半ばには、差別選別の教育と労働のシステムに対する民衆の怒りが沸点に達しつつあったことを見なければならない。

文革は「半工半読」をめぐる二つの路線の闘いでもあった

歴史的経緯をたどると、一九六四年に劉少奇が提起した「二本立ての労働制度」と「二本立ての教育制度」に行き着く[12]。これは常用労働者と区別した臨時工、全日制のエリート校と区別した半工半読学校に眼目があった。劉少奇は、「半工半読」学生を見習工、臨時工として扱い、十四、十五歳の学生に過酷な肉体労働、しかも三班交替制を強いて深夜勤まで割り当てた。

中国は、隋から清の時代まで一三〇〇年も続いた科挙を一九〇五年に廃止し、さらに一九一二年、王制を廃止してアジア初の共和制を実現していた（ちなみに、ネパールは二〇〇八年、王制を廃止し連邦民主共和制に移行した。日本は二十一世紀の今も天皇制すら廃止できずにいる！）。にもかかわらず、中国社会では五〇年代後半から六〇年代前半には北京大学や精華大学を出た「学校出」によるエリート支配が復活していた。「学校出」ではない人びとは、何だ、世の中変わったんじゃなかったのか、たまらねぇな、と怒りを溜めていたに違いない。

わがこととして想像してみようではないか、「半工半読」学生を見習工、臨時工として酷使する劉少奇路線が全面化された社会を。日本の中学校の教師はほぼ高校全入状況下で「落ちこぼれた」劣等生に向かって「勉強できない奴は職訓（職業訓練校）へ行け」「勉強できない奴は工業高校、さらにその下、農業・商業高校へ行け」と今も言い放っている。これは劉少奇の「半工半読」職業教育と同じである。

かくして、文革で怒りが噴出する前、六〇年代前半の中国社会には閉塞感が満ちる。人びとの不満は沸騰寸前だった。そこへ、「司令部を砲撃せよ！」である。一九六六年八月五日、毛沢東は「司令部を砲撃せよ　私の大字報（炮打司令部我的一張大字報）」という論文を人民日報に発表した。

老紅衛兵・劉衛東《りゅうえいとう》は、文化大革命の当時を回想してこう言う。(13)

> わしらは、どうして毛主席を崇拝したのか？　あのお方は、この工作組（引用者註：国家主席・劉少奇と党総書記・鄧小平は大衆運動の高まりを恐れ、抑えこむために学校へ工作組を派遣した）と対立した立場におられたからだ。彼は「司令部を砲撃せよ」で、「革命派を包囲攻撃し、異なった意見を抑えつけ、わがもの顔で得意になり、ブルジョア階級の威風を増し、プロレタリア階級の志気を挫こうとしている」など、一つひとつ痛快に語ってくださった。まさに、この発言は、排除され、抑圧され、甚だしくは独裁下に置かれた学生たちの心を完全につかんだのだ。「毛主席が後押しされるんだ。クソッ、造反だ。工作組、党、団の指導者は官僚で、みんなをつるし上げてやがる。こいつら下級官僚が、何ごとにつけて綱領や路線をふりかざして、いつも上をだまし、下をあざむいてる。一九六一年、六二年には餓死者が出たのは明らかなのに、上にはでたらめの報告を出し、すべての情勢は大いによいなどと吹聴しやがった」

少なくない文革史が初期の紅衛兵の「乱暴狼藉」を記録するが、初期紅衛兵の多くは幹部子弟のエリートたち（保皇派紅衛兵）だった。「目に一丁字もない」劣等生たちは、これまでさんざん裏切られてきたから、いきなり先頭に立ったりしないのだ。近年の研究で、紅衛兵運動内の基本的な矛盾として工作組との関係に着目するものが出てきている。これは権力を握った側からの革命に際してのいっそうの慎重さ（納得と教育）の重要性を示しているが、それ以上でも以下でもない。

出身血統論への批判が紅衛兵運動の高揚をもたらした

紅衛兵運動内の主要な矛盾を分析するには、文革前史としての六〇年代前半の社会矛盾を見なければならない。主要矛盾は、優等生（保皇派紅衛兵）と劣等生（造反派紅衛兵）との対立にあり、思想的には、出身階級血統論を肯定する前者とこれを否定する後者との闘争にあった。造反派紅衛兵ははじめはおずおずと、しかし時をおいて決然と起ち上がる。劉衛東も言う。

「親が英雄なら、子は好漢、親が反動なら、子はアホウ。革命するなら毛主席に従い、革命しないなら消え失せろ！」などと罵倒された。まだあるぞ。「血統論」（高級幹部子弟が多かった保皇派紅衛兵は、自らの正統性を家庭の出身に求め、〝非革命的家庭〟出身者を蔑視し、紅衛兵運動にも参加させないなどと差別した。遇羅克は六六年十二月に「出身論」を発表して血統論を批判し、七〇年三月五日に死刑にされた）で、口汚くののしられた。こんな変なことは、おそらくあの時から始まったのだろう。〔中略〕

考えてもみろよ。県長、県委員、書記など、ふつうならお顔などまともに見られないだろう？　雲上の「父母の官」だ。しかし今や、毛沢東が大衆に気あいを入れてくれたんだ。「革命は、客をごちそうに招くことではない」。こうして、人を殴ることで騒ぎが始まった。〔中略〕興奮するなんてもんじゃない。すごく発熱するのだ。これは、それまでの政治運動が育て上げたものだ。違うところは、過去のはみな、組織の監督のもとで背と背を向けて互いに摘発しあって、運動を進めたが、今や逆になったのだ。群衆が運動を起こし、みんなで実権派をやっつけた。

政治は人びとを崇高にもし、醜悪にもする。解放とは誰かから与えられるものではなく、自ら闘い取るものなのだ。続けて、劉衛東の回想に耳を傾けよう。

わしのような庶民出身の者は、激動する状況の中で、このようにいばらせてくれて、もうたまらなく感激していた。〔中略〕造反は時代の最強音だった。〔中略〕

わしの青春、夢、熱狂とロマンは、みな文革にかかわっている。おまえがどう思おうとも、少なくとも文革初期の一、二年間、人民は十分な自由を、ひいては絶対的な自由を享受したんだ。不自由なのは、走資派で、高級幹部の子弟で、特権階層だった。やつらはふだんは高いところにいて、民間の苦しみなんか知らんぷりをしてい

た。しかし、今やいかなる政治運動とも異なり、世界が逆転し、やつらにもプロレタリアの鉄拳の味を教えたのだ。〔中略〕

　でも幸福だったなあ。みな早起きして、互いにうなずき、ほほえみあった。黙っていも心はつながっていて、連れだって大経験交流会に出かけた。〔中略〕もしかしたら、わしらは一生、あの一日、あの一時のために活きてきたのかもしれない。〔中略〕わしのような者には何も残っていない。文革の他に、何か追憶する価値のあるものがあるというのか？〔中略〕

　わしは信じとるぞ。その場にいた一人ひとりはみんな毛沢東の時代に生まれたことを非常に誇りに感じていたのだ。〔中略〕人はある種の信条を持つべきだ。信条が人を純潔にして、献身の勇気を持たせるのだ。

　劉少奇による半工半読が、口では実学を掲げながらも、実際は新たな選良主義であることを見破った半工半読学生の造反は早かった。彼らは初期の造反派紅衛兵運動を担った。一九六七年初頭には「全国半工半読造反聯絡委員会」を、臨時工・契約工の造反組織「全国紅色労働者造反総団」（全紅総）と並んで成立させている。全紅総は「現行の契約工制度は労働者階級を二層に分割し、格差を設けることによってプロレタリアートの革命的隊列を分裂・崩壊させるものである。それは労働者大衆の革命的積極性を束縛し、社会的生産力の発展を阻害するばかりでなく、修正主義の種をまきちらし、資本主義復活の温床となるものである。資本主義の道を歩む党内のひとにぎりの実権派は、この修正主義の制度を用いて幾千万人の労働者の政治的権利を完全に剝奪している。この制度は劉少奇が一九六四年三月に河北省各地を視察しその報告を行った後に、労働部がその報告をもとにして契約工・臨時工制度として規定化したものであり、全国で実施された」と批判、糾弾した。

　臨時工・契約工の造反は、中国共産党中央・国務院をして臨時工・契約工制度の一部に不合理があることを認めさせ、一定の「同情と配慮」を引き出した。が、結局は利用されたあげく徹底的に弾圧され、解散させられた。全紅総の闘いは、出身階級血統論を徹底批判して保皇派紅衛兵を震え上がらせ、一九七〇年三月五日に北京工人体育場で死刑宣告、即時執行された遇羅克《ぐうらこく》の闘いとともに、中国革命叛史に記録され、記憶されるであろう。

　広東省下放青年造反派の「支農紅旗」派は宣言している。「革命的で最も迫害を受けてきた底辺層と団結しなければならない。……現在われわれ以外にも「走資派」に少なからぬ迫害を受けてきた半工半読学生、紅色造反者等がいる。かれらの命運と境遇はわれわれと不可分の統一体として結ばれている。かれらと団結し、ともに闘い、ともに勝利していかなければならない」

再びみたびのプロレタリア文化大革命を！

文革は、簒奪され、敗北した。『西日本新聞』二〇一六年五月三十一日付は「偽大学」後絶たぬ中国「卒業証明書、本物でなくても」一三年以降、発覚四〇〇校に」と伝えた。受験地獄は変わらない。むしろ激化している。「落ちこぼれ」は存在しないものどもとして殺され続けている。

それでもなお、底辺の団結という文革本来の精神は脈々と生き続けている。「人間が人間にとって最高の存在である」「労働は権利である」というラジカル（根源的）な運動は決してなくなることはないであろう。

手がかりは映画、胡傑《こけつ》『星火』（二〇一三年）のなかに見いだすことができる。一九六〇年、中国甘粛《かんしゅく》省で起きた、知識人による反体制地下活動に対する政権の弾圧事件を扱ったドキュメンタリーである。

映画『星火』で星火メンバーである向承鑑が兄に言う。(14)

「僕の目を見てよ、目は光っているでしょ？　兄ちゃんが見える物は僕も見える。でも僕に見える物は兄ちゃんには見えない。それが僕たちの違いだ」（土屋昌明訳）

そう、結論的に先取りしていえば、経済的地位や学歴など以上に、闘うものにしか見えず、闘うことによって見えてくるものがあるのである。現代中国の常闇《とこやみ》をなぜ法輪功の人びとが見えるようになってきているのかもまた、ここからしか説明できないであろう。抑圧は抵抗を呼び起こし、抵抗の闘いは〈ものを見る目、感じる心〉をうち鍛えていく。そしてまた日本の中国研究者が中国の、そして日本の現実を「見えなく」なってきていることもまた、残念ながらここから説明できる。

素人の専門家に対する、劣等生の優等生に対する総叛乱としてのプロレタリア文化大革命は必然である。文化大革命は日本では全共闘運動など六〇年代末から七〇年代にかけての社会叛乱として闘われた。権力は、同和対策事業特別措置法（一九六九年）を皮切りに、障害者基本法（一九七〇年）—障害者自立支援法（二〇〇五年）、アイヌ文化振興法（一九九七年）、ホームレス自立支援法（二〇〇二年）、生活困窮者自立支援法（二〇一三年）等々、そして二〇一六年の障害者差別解消法、ヘイトスピーチ対策法まで、反乱者、抵抗者を「保護」対象として法律の管轄下に回収しようとし続けてきた。ブルジョア国家による法律制定によって貧困と差別が根絶され解放が実現されたことなど、これまで歴史上一度たりとなかったではないか。水平社宣言（一九二二年）は「これ等の人間を勦《いたわ》るかの如き運動は、かえって多くの兄弟を堕落させた」と批判しているが、この指摘は今もって有効である。

過去の歴史に学ぶことなく「未来」を語り（＝騙り）、足元の現実を直視することなく「海外」の紹介に熱心な日本の「リベラル」「左派」は、日本の解放の阻害者でしかない。社会運動はいま呻吟し、惨憺たるありさまである。非正規、フリーターを掲げた運動も内部からの自壊にさらされている。「高学歴ワーキングプアー」だと、ふざけるな。低学歴は貧乏に甘んじろということなのか。「反貧困」だと、ふざけるな。いったい誰が悪いのか。金持ちが牛耳る国家を転覆する以外に貧困の解消はありえない。このようなふやけたスローガンは、貧困の根本的な原因と犯人を覆い隠すものである。そしてまたこのような運動が坊ちゃん嬢ちゃんのものでしかない証である。

下放による自己変革、自己変革を背骨にした社会変革という夢を、プロレタリア文化大革命は私たちに残して、「敗北」した。夜見る夢は朝になったら覚めて消える。文化大革命が人類に見せてくれた夢は、昼見る夢として決して消えることはない。そして、一二歳でプロレタリア文化大革命に出会った私は今も夢を追い続けている。

しかし、プロレタリア文化大革命を闘い抜いた中国人民はいま、圧制下、呻吟している。歯ぎしりするほど悔しい事件はいまも日常茶飯に「人々が何億回となくでくわす関係」として繰り返されている。二〇一五年六月九日、貴州省の畢節市で、両親の出稼ぎ中に五歳から一三歳の四人兄妹が農薬自殺した。妹三人の面倒をみていた長男は「ありがとう。死ぬことは長い間の夢でした」との遺書を残した。[15] 一三歳の子に死を長い間の夢と言わしめる社会とは常闇の地獄以外の何ものかでありえようか。現代中国はアメリカ同様、人類史上、地球上で最も醜い、〝人が人を食う〟社会である。

「労働を正しく人類自身の権利だとみな」す労働観は、永続的に闘い続けることによってしかわがものとすることはできない。世の中でハバをきかせているモノの見方、考え方は、支配階級のモノの見方、考え方である。したがって、肉体労働や清掃労働を賤業視する労働観の転覆は、ブルジョア支配階級の政府と権力を転覆し、長期にわたって習慣と生活を変革するなかでしか実現し得ない。再びみたびの文化大革命は必然であり、下放が必要である。核心は、労働者が主人公だという立場、労働を人類自身の権利だとみなす観点、教育を労働と結びつける方法である。

日本の下層労働者、フリーターは、文革における臨時工や半工半読学生の闘いを継承する。労務者と呼ばれる下層労働者こそが真のプロレタリアートであり、「人間の完全な喪失であり、それゆえにただ人間の完全な再獲得によってのみ自分自身を獲得することができる」存在として自分自身をしっかりと確認し、目を世界に向けて闘い続ける。私はこのことを改めてここで宣言しておきたい。

下放——労働者が主人公だという立場、労働を人類自身の権利だとみなす観点、教育を労働と結びつける方法——を核心とする文革は、何度でも繰り返し続けなければならない。

注

（1）『中国プロレタリア文化大革命資料集成』第一巻（東方書店、一九七〇年）三五一頁。

（2）『中国プロレタリア文化大革命資料集成』第一巻（東方書店、一九七〇年）三五八頁。

（3）中岡哲郎「現代テクノロジーの素性と基本性格」（『岩波講座　転換期における人間　7』岩波書店、一九九〇年）。

（4）『日本経済新聞』二〇一六年五月二十一日付朝刊。

（5）「外国人留学生のための入学案内」シンシナシティ大学　https://www.uc.edu/content/dam/admissions/docs/Intl_Japanese_P.pdf

（6）京都市学校歴史博物館ウェブサイト　http://kyo-gakurehaku.jp/

（7）拙稿「学問論　私はなぜ四〇年前に母校を中途退学したのか」二〇一一年、灘高校土曜講座講義、http://www.linelabo.com/gakumonron_nada2011.htm、のち『津波の後の第一講』（岩波書店、二〇一二年）所収。

（8）高橋和巳『わが解体』（河出文庫、一九九〇年）一八頁（初出一九七一年）。

（9）秋山信一「素顔のサウジ／下　現場労働は外国人」（『毎日新聞』二〇一五年五月十六日付朝刊）。

（10）『毛沢東選集』一、二巻およびジェローム・チェン『毛沢東』から河地重造が抜粋したもの。「毛沢東の農民革命論」一九七一年、『経済学年報』三二集として、新島淳良が『歴史のなかの毛沢東』（野草社、一九八二年）で引いているものからの孫引き。

（11）『毛沢東著作選』（外文出版社）三〇七―三〇八頁。

（12）以下は、山本恒人「一九六〇年代における労働・教育・下放の三位一体的政策展開とその破産　半工半読制度に焦点をあてて」（『現代中国の挫折文化大革命の省察』アジア経済研究所、一九八五年）に多くをよっている。山本は文革を「世界史的悲劇」とし、筆者とは真逆の立場であるが、ここではよく事実が調べられている。

（13）廖亦武《リャオ・イウ》『中国低層訪談録　インタビューどん底の世界』（集広舎、二〇〇八年）。

（14）哥哥，你看你弟弟眼睛瞎了没有?没有吧，眼睛很亮的，我说哥哥看到的我都看到了，但是有一点，我看到的哥哥没看到。这就是我们的差距。

（15）『毎日新聞』二〇一五年六月二一日付朝刊。

文革時期個人崇拝のメカニズム
——ヒートアップとクールダウン

印 紅標（森瑞枝訳）

いん・こうひょう——一九五一年北京生まれ。北京大学国際関係学院。翻訳された主な論文に、「中国における文革研究と文革の記憶」（『専修大学社会科学研究所月報』（五五九号、二〇一〇年）、「文革後期における青年たちの読書と思想的探求」（同前、五八五号、二〇一二年）などがある。
もり・みずえ——國學院大學・立教大学兼任講師。専門は日本思想史（近世神道・国学）。主な論文に、『古事記伝』の註釈態度1「天地初発」段をめぐって」（山下久夫・斎藤英喜編『越境する古事記伝』（森話社、二〇一二年）などがある。

毛沢東に対する個人崇拝は、文化大革命において最も注目される現象の一つである。毛沢東に対する崇拝は、文革以前にすでに形成されており、文革のなかで空前の熱狂に達し、数年後には、今度はクールダウンを求められることになった。このヒートアップとクールダウンの背後には、毛沢東による個人崇拝の政治作用に対する操作があった。本論は個人崇拝がいかにして政治的道具としての作用を発揮したかを分析しようとするものである。

一、領袖崇拝と党崇拝[1]

個人崇拝とは、人々の政治領袖に対する神格化と崇拝をいい、その政治的権威と正当性のみならず、その思想と理論についても深く信じて疑わずに崇拝することをいう。個人崇拝がゆきわたっている社会では、当局はひたすら崇拝を許すだけで、崇拝しないことを許さないし、疑問や批判など容認すべくもない。

中国共産党では、毛沢東の権威は革命戦争の期間に形成された。当時すでに個人崇拝の萌芽は現れており、政権を獲得してから、徐々に個人崇拝を形成していった。政権奪取から政権確立の初期にかけては、共産党領袖に対する崇拝は、すなわち、敵に対する闘争、共産党内部の力を結集すること、そして民衆の推戴を勝ち取ることのための手段であった。具体的にいうと、共産主義者と毛沢東を以て、国民党と蒋介石に対抗させたのである。一九七〇年、毛沢東は彼の古い友人であるアメリカの作家エドガー・スノーと談話したときにこう言っている。個人崇拝は、「かつては蒋介石に反対するため、その後は劉少奇に反対するためだ。彼らは劉少奇、蒋介石を打ち立てた。我々の側でも一者を打ち立てねばならんのだよ」[(1)]と。この話で毛沢東が言わんとしているのは、党の事業として個人崇拝をうちたてた、ということだ。だが実際には、いったん個人崇拝が形成されるや、領袖の権勢は必ずや政党の上に君臨する。

一九五六年、ソ連共産党がスターリンに対する個人崇拝を批判したことは、一度は中国共産党においても重要視されていた。同年、中国共産党第八回全国代表大会において、鄧小平は『党の章程の改修について』と題する報告の中で、領袖の神格化の防止と個人崇拝の問題について論述している[(2)]。しかし、あきらかに、この問題に対して党として堅持すべきコンセンサスを作れなかった。毛沢東は彼自身に対する個人崇拝を放棄しようとせず、五八年三月の成都会議で、二種類の個人崇拝があり、正しい個人崇拝は必要である、とする見解を提出し、個人崇拝のためにふたたび扉を開いた。毛沢東はいう、「個人崇拝には二種類ある。一つは正しい崇拝で、マルクス、エンゲルス、レーニン、スターリンに対するごとき正当なそれであり、我々は必ずや崇拝すべきであり、永遠に崇拝し、崇拝しないということはありえない。真理は彼らの手にあるのだ。なにゆえ崇拝せずにおられようか？」「もう一つは不当な崇拝であって、分析を加えない、盲目的服従であり、こうしたものはだめだ。個人崇拝に反対するのにも二種類ある。一つは不当な崇拝に対する反対であり、一つは他人を崇拝することに反対し、自分を崇拝することを要求するものである」[(2)]。ここで、毛沢東はあきらかに真理を崇拝することと、領袖を崇拝することの違いをごったにしており、真理の崇拝を領袖の崇拝に直結して差し出すことで、中国共産党党内においては、毛沢東自身への崇拝に直結することとなったのだ。

ひとたび毛沢東がこれを表明するや、すぐさま党中央の一群の指導者たちが呼応した。なかでも上海市委員会第一書記の柯慶施の発言は、その最も極端なものである。「主席に対しては心酔でなければならない」、「われわれが主席を信じるということは心酔の域にまで達する信頼でなければならず、主席に服従するということは盲従の域に達する服従でなければならない」[(3)]。

五九年八月三十一日、劉少奇は盧山会議で彭徳懐が個人崇拝に反対したことを責め、毛沢東を賞賛してこう言った。「私は個人崇拝を積極的におこなうものだ」[(4)]と。

林彪は個人崇拝をせいいっぱい囃したてることで、最高峰の境地に到達した。五九年、林彪は中央軍事委員会を仕切る地位につくと、政治活動の優先［突出政治］を強調するが、その政治活動の重要な内容とは、軍隊において毛主席の著作を積極的に学び、積極的に実践する［活学活用］運動を展開することであり、毛沢東とその思想への崇拝を推進することであった。雷鋒が戦士の先進的なモデルであり、毛沢東を崇拝することと毛沢東の著作を学習する者の模範となった。雷鋒の殉職をうけて、林彪は「全軍の同志はみな雷峰同志を模範として、毛主席の良き戦士とならなくてはならない」と序文を付して、六四年、解放軍総政治部編『毛主席語録』を刊行し、解放軍の士官兵士に配布した。林彪は『毛主席語録』のために、雷鋒が自らを励ますのに用いたノートから「毛主席の著作を読み、毛主席の話を聞き、毛主席の指示に照らして事をなす」を抄録して揮毫した。(5) ここでは、解放軍兵士の忠誠を尽くす対象が、党から領袖へと引き寄せられている。

林彪は、毛沢東のたくさんの言葉をくりかえし引用しておだてあげ、全員周知の名文句になしとげた。たとえば、「毛沢東思想は現代のマルクス・レーニン主義の最高峰であり、最高にして最適のマルクス・レーニン主義である」「毛主席の本は、我々全軍全部門の仕事の最高の指示である。毛主席の言葉は、最高水準にして、権威も最高、威力は最大、どの句をとっても真理であり、一句で万句をあらわす」(6) などというものである。

林彪が軍隊で唱導した政治の優先などの方針は、毛沢東の賞賛を獲得した。全国的「解放軍に学ぼう」ブームのなかで、軍隊のやり方が全国にむけて推進された。文革以前、全党全国の毛沢東に対する個人崇拝はすでに盛り上がっていたのである。政府広報、教育、おびただしい文学や芸術作品もまた、毛沢東を大いなる救いの星、北斗星、赤い太陽ともちあげていた。

六四年の建国十五周年の国慶節では、周恩来が総監督となって、演技者三〇〇〇人にのぼる、中国革命によせて作られたミュージカル『東方紅』が、毛沢東を軸に繰り広げられていた。また、新たに作られた歌曲「紅軍の戦士は毛沢東を慕う」はこう歌っている。「立ち上がり遙かに北斗星を眺めては、心に毛沢東を思い浮かべ」と。この歌は広範に歌い継がれ、文革期には造反派が挫折させられ、毛沢東の指示を期待して歌う時に、いつもテーマソングとなった。[3] 大合唱『敬愛する毛主席、我らが心の太陽』は、毛沢東に対するこれ以上ない賛歌である。「敬愛する毛主席、私たちの心の太陽。我らはいかなる持ち場にあろうとも、全身があなたの光線で輝いています。我らはいかなる場所に行こうとも、いつもあなたのすぐそばにいると感じています」「我らの偉大な指導者、我らの輝かしき模範、我らの敬愛する指導者、我らの心の永遠に沈まぬ太陽。敬愛する毛主席、我らはあなたにつき従い勇気を奮って前進し、勝利の紅旗を永遠にはためかせよう!」(7)。

六四年、アメリカの作家エドガー・スノーは毛沢東の旧友として『東方紅』を鑑賞したが、彼は個人崇拝への違和感を、次のように書き留めている。「この四時間にもわたる革命ミュージカル『東方紅』の中では、毛ただ一人が英雄であった」「ミュージカル『東方紅』のクライマックスの一つで、私は三〇フィートの大画面に映し出された画像を見た。それは私が一九三六年に撮影した画像の複製だった。このことは私に一種複雑な感情をもたらした。撮影テクニックを誇らしく思いながらも、大戦中ロシアで見たスターリンに対する熱狂的崇拝と似たものを感じてとても違和感をもった」(8)。

文革以前に、毛沢東に対する個人崇拝はすでに全党、全国で盛んではあったが、全体として、共産党に対する崇拝と併存しており、相反するものではなかった。党のリーダーシップに疑いはなく、党の正当性もまた神聖化されていた。偉大なる領袖毛主席、無敵の毛沢東思想と(9)「偉大にして、栄光にして、正当なる」中国共産党は車の両輪として成り立っていた。陝西省北部の革命根拠地で生まれ、毛沢東賛歌となった『東方紅』は、「東方が赤くなり太陽が昇る、中国に毛沢東が出現した」と歌いながら、第二番では、「共産党は太陽のごとく、照らしたところはどこも明るくなる」と歌うのも忘れなかった。また、六六年、文革直前の河北地震被災地区の民謡では、「天も大地も党の情け深さにはかなわない、父の愛も母の愛も毛主席の愛にはかなわない」と詠じていた。

とはいえ、党に対する崇拝と領袖に対する崇拝とでは、やはり微妙な区別があった。共産党は、民主集中制を実践する政党である。組織の原則に照らせば、党の領袖は党中央委員会の集団の選挙によって生み出され、集団に責任を負うものである。集団指導体制が党の通常のありかたであるべきなのだが、領袖の個人崇拝は、必然的に、この党としてしかるべき状態を打ち破ることになった。毛沢東は、劉少奇ら党中央委員会の指導者に対する不満から、中央委員会集団の制約をうけることを望まず、さらには中央委員会集団を思いのままに動かそうとした。

共産党指導の社会政治的な実体は、党、政府、軍の各段階で指導する幹部とその指導権力である。彼らの権威は党に由来しており、彼らには領袖の権威とともに党組織の権威も必要だった。党の外部についていえば、敵との闘争にしろ、権力の結集にしろ、領袖への崇拝と党への崇拝は一体であった。

しかし党内では、領袖個人崇拝は、必然的に党組織と党中央の他の指導者の権威を弱体化させる。毛沢東は党から個人崇拝をうける領袖の地位に上り、しだいに党全体を凌駕するようになり、中央集団指導制に超越する権威となった。いったい誰が誰を決めるのか？　いったい党が領袖を生み出すのか？　それとも領袖が党をコントロールするのか？　こうした問題がだんだんに表面化する。党の指導幹部たちが赤い太陽をもちあげたのは、まずは共産党、すなわち自分自身の権力を強化するためであった。ところが、だんだんと、自分たちもまた赤い太陽の灼熱で炙られざるをえず、甚だしきは火だるまとなる。そう、彼らこそ赤い太陽に近いのだから。しかし文革以前は、中国共産党の内部には、このことに対する身を切る痛みを欠いていた。

二、ヒートアップ：個人崇拝は毛沢東が発動し、操った文革の道具である

毛沢東が発動した文革の主な目的は、劉少奇とそれに同調する政治勢力の粛清、すなわち、いわゆる「中国のフルシチョフ」、党内の「ブルジョア司令部」と「党内の資本主義路線を歩む実権派」との闘争である。毛沢東の至高にして無上の政治権威、彼の政治理念、および文革運動を担う部署は、この闘争を進めるための枢要であり、毛の個人崇拝に対して運用されて、この任務を成し遂げる重要な道具となった。

文化大革命を発動するための必要条件

文化大革命が「毛主席が自ら発動し指導した」とされ、党中央が発動し指導する、とは言わないところに、事情が透けて見える。つまり、毛沢東は文革の発動と指導の双方において、特別な役割をそなえており、それは必ずしも中央指導部の賛同を要しないのである。

文革に先立つ六五年一月、毛沢東はエドガー・スノーとの会見で、「なるほどいくらか個人崇拝があるが、さらにいま少し必要だ」と言い、スノーは「あのころ党の権力はすでに彼（毛沢東のこと、引者注）には制御不能となっていた(10)」と記している。実際、毛沢東は中国共産党中央を左右する権力をそなえていたが、問題は、劉少奇たちが毛の政策と国家統治の理念を保留無しに支持しているわけではないこと、それゆえ毛沢東は、よりいっそうの個人崇拝を必要とし、それによって権威を強化し、党内闘争に勝たなければならなかったのである。

文革の運動の発動過程において、毛沢東に対する崇拝は

ピークに至る。六六年五月四日『人民日報』に発表された『共青団九届三中全会広報』に以下の提起がある。「全共青団が毛沢東思想に対して、無限に信仰し、無限に崇拝することは、真理を信仰し、革命を崇拝することに他ならない」。これは、政府機関の文書の上で初めて公式に「無限崇拝」の語を示すとともに、毛沢東思想は真理と革命に等しいと公布するものであった。この時の共青団全体会議の主な役割の一つは、「広範な共青団員と青年の社会主義文化大革命への参加を発動すること」であり、ほどなくして「社会主義文化大革命」は、正式に「プロレタリア文化大革命」と名を改めている。

六月四日と五日の『人民日報』では、大学教師・学生の「党中央と毛主席に対する無限の熱愛、無限の信仰と無限の崇拝」、「毛沢東思想に対する無限の熱愛、無限の信仰、無限の崇拝」に言及した文章を掲載していて、その「無限崇拝」の対象は党中央であり、毛主席と毛沢東思想なのだが、ほどなくして、八月中旬の第八期第十一回中央全国会議を歓呼するいくつかの報道では、党あるいは「党中央」を取り上げた場合を除き、無限崇拝の対象は、つねに毛主席・毛沢東思想に限られている。十月八日の『人民日報』掲載の戦士の文章には、「毛主席を無限に熱愛し、無限の信仰、無限の崇拝、無限の忠誠を毛沢東思想に」とあり、これ以後、毛主席に対する「無限熱愛、無限信仰、無限崇拝、無限忠誠」という常套句ができあがってゆく。これすなわち、いわゆる「四つの無限」である。

「四つの無限」と並び称されるのが、いわゆる「四つの偉大」である。『人民日報』六六年八月二十日に発表報道された「毛主席と大衆は共にある」が、毛沢東を「我らの偉大なる教師、偉大なる首領、偉大なる統帥、偉大なる舵取り」[11]と称しており、これによって「四つの偉大」は常套句となった。六七年五月、林彪は清華大学の毛主席像に、この賛辞「偉大な教師、偉大な首領、偉大な統帥、偉大な舵取り、毛主席万歳！　万歳！　万々歳！」[12]を与えた。

毛沢東は八度にわたり紅衛兵と革命大衆に接見し、万衆の歓呼する個人崇拝の熱狂シーンを繰り広げた。これは、毛沢東が政治と思想において大衆の支持を勝ち取ったことを象徴的に現出し、文革の推進に政治基盤を持たせた。

政治と思想を掌握する最高権威

六六年六月初め、大衆運動が始まった。『解放軍報』は社説を発表し、毛沢東思想とは「我々の政治が向かう先であり、我々の行動の最高指針であり、我々があらゆる事象を観察し分析するさいの、思想上・政治上の望遠鏡にして顕微鏡である」「いつにかかわらず、いかなる「権威」であろうとも、毛沢東思想に反対する者はだれであろうと、我々はあげて、全党と共にこれを公に譴責し、全国と共にこれを討つのだ」[13]と書いた。この社説では、毛沢東の思想と指示が「正当」と「錯誤」を弁別する指標となっており、他の一切の権威（党中央の指導者を含む）より上位の「最高指示」となっている。このことは、毛沢東を政治運動と思想領域の双方で、比類の無い神聖な地位につかせた。

エドガー・スノーは個人崇拝の政治作用を鋭く観察している。「毛沢東に対する個人崇拝がひきおこす重要な役割に気づくべきである。これは一九六五年（一九六六年か、訳者注）から今現在（一九七〇年、引者注）までのいろいろな事件を理解する鍵であり、彼自身もこの点を率直に認めている。ある意味で、闘争全体が崇拝の制御権争奪なのであり、崇拝を、誰が利用するのか、最も重要なことは「誰のために」利用するのか、という問題である。問題はまさにここだ。すなわち、崇拝は党の特権階層の特許品となっており、これを操縦して自分たちの目的を遂げてきたのだが、毛沢東を、表向きは尊重されているが有名無実の領袖とするのか、それとも、毛沢東と彼の忠実な信徒たちによる運用にまかせて、個人崇拝によって毛沢東の教えを広めるのかにある。毛の教えを普及させるとは、思想的武器をもって「人民を武装させ」、政治的には、毛からするとすでに一つの「新たな階級」となって特権を享受している、反動的で、反革命的ですらある小グループが指導する簒奪者どもに反対し、あわせて彼らに奪われた権力を奪回することである」[14]。ここにおいて、スノーはすでに、個人崇拝が「簒奪者」の権力を奪取する政治的目的を持っていることを指摘している。

文革の第一の目的は党内闘争であり、毛沢東は党を完全に制御し、あわせて、彼の構想どおりに党を粛清すること。そのためには、毛沢東の権威が党の権威の上に君臨することがどうしても必要であった。文革の最初の数ヶ月の、『人民日報』紙上の政治スローガンの変化に、この超越過程が見て取れる。

運動開始直後に流通していたスローガンは、「命にかけて党中央を防衛しよう！」「命にかけて毛主席を防衛しよう！」であった。大衆が忠誠をむける対象は、党中央が先で、毛沢東はその後である。この順序の文言が『人民日報』にあらわれるのは六六年九月二日が最後である。まもなく運動の矛先は「ブルジョア反動路線」、党内の資本主義路線［党内走資派］というふうになり、スローガンはひっそりと変化して、「命にかけて毛主席を防衛し、命にかけて党中央を防衛し」と変り、毛主席が党中央の前に据えられる。これは毛主席の方に、よりいっそうの権威があることを意味している。十月二十一日『人民日報』の報道では守る対象が変わる。「命にかけて毛主席を防衛し、命にかけて党中央を防衛し、命にかけて毛沢東思想を防衛し、毛主席が率いるプロレタリア革命路線を断固として防衛し実行する」と記す。その狙いは「毛主席が率いるプロレタリア革命路線」と「ブルジョア反動路線」の対立を強調し、後者の企画・推進者として告発される者を劉少奇とすること。これが『人民日報』の記事で毛主席と党中央を並列した最後であった。十月二十七日『人民日報』の記事のスローガンは、さらに一歩変化する。「命にかけて毛主席を防衛し、命にかけて毛主席が率いるプロレタリア革命路線を防衛する」とあって、「党中央」は見あたらなくなる。以後、中国共産党中央に言及する場合つねに、「毛主席を首班とする党中央」「毛主席を首班とする」が不可欠のフレーズとなる。

党政を主導する実権派との衝突の過程で、毛沢東は圧倒的な政治言説のパワーを掌握し、毛の絶対権威が党の政治機構と指導者の権威を撃破し、毛崇拝は党崇拝を圧倒した。これは、毛沢東が文革の目標を完成させ、劉少奇勢力をうちのめすための政治的要求であった。

個人崇拝の強化は、毛沢東に党中央の上位で君臨する、絶対的な政治的思想的権威をもたらしており、ある程度、官僚的利益を超越していた。したがって、毛沢東（領袖）—党指導幹部（官僚）—大衆という三階層による政治と社会システムが形成された。毛沢東は党指導幹部（官僚）の上に鎮座し、党官僚は大衆の上にいる。官僚と大衆の矛盾において、両者はともに領袖の支持を得ることによって、はじめて合法性を具えた。毛沢東の劉少奇および官僚の状況に対する不満と、大衆の不満とは、基礎は異なるものであるにもかかわらず、どちらも官僚に向けたものであった。

文革の大衆運動のユニークさは、上から下への党機構を投げ捨てて、毛沢東と彼が信頼する指導者が、直接、下から上へと大衆を発動することによって、党内の実権派を攻撃し、その中にいる毛沢東の意志に背く者を粛清したことである。このようなやり方で、党政を指導する実権派の指導権を剥奪するのは、当然ながら実権派には受け入れがたいものであった。しかし、長期にわたって党内に作り上げられた毛沢東に対する崇拝によって、党のそれぞれの階層の指導幹部はこのやり方を理解できないと感じ、かえってまず自分自身が間違いを犯していないかどうか検査にかけては、毛沢東の陣営に入るのを許されようと望むのだった。毛が支持する造反派大衆に対峙しても、党の幹部は反撃するに無力であり、ひたすら我慢して折り合おうとするだけであった。彼らは造反派の大衆を憎んだが、大衆を発動し、支持者する毛沢東を憎みはしなかった。

運動に参加した大衆からすれば、まさに毛沢東に対する崇拝に基づいて、彼らの指導幹部に対する不満は、その思想と行動において毛主席と堅く結ばれ、毛主席のために戦う行動となりえた。大衆は「公開の場で、全面的に、下から上へ」社会の暗黒面を暴き、多くの党政指導幹部への批判闘争を展開できたにもかかわらず、運動は終始、毛沢東の指導の下に依拠し、造反運動は「命令を奉って造反する［奉旨造反］」、すなわち、毛沢東の支持を頼みに党政指導者を批判するものであったため、官僚全体あるいは国家の基本制度に対抗する反抗運動には変わるべくもなかった。

大衆の造反運動を操る主な道具の一つ

文革大衆運動は、歴史的に前例のない、大民主方式によって大衆の造反を発動した。人々は、壁新聞［大字報］の張り出し、新聞・雑誌の編集発行、紅衛兵などの団体を組むこと、集会やデモ行進をすることが許された。同時に、地方や社会の基層で党政を担う指導機構と指導者は運動の指導権を失ってゆき、しかも運動が糾弾し批判する対象となった。

このような異常な状況にあって、いかにして運動を指導するのだろうか？　文革の大衆運動において、最も権威を具えていたのは、毛沢東の指示、毛沢東を首班とする「中国共産党中央、国務院、中央軍事委員会、中央文化革命小組」の名義のもとに発せられる指示や命令、毛沢東の「プロレタリア階級司令部」つまり毛沢東が認めている中央指導者の談話と指示、中央が掌握した新聞『人民日報』、『解放軍報』と雑誌『紅旗』（いわゆる「両報一刊」）の社説、および「左派を支援する［支左］」部隊が連なる。このうち、二つ重要な事柄がある。第一に、毛沢東本人および毛沢東を主とする中央への服従、第二は軍隊である。これが、毛沢東が大衆運動を制御する最終手段である。

これについては、六七年八月の林彪の演説に明白である。林彪は言う。「我々が発動する文化大革命には二つの条件が頼りである。一つは毛沢東思想と毛主席の崇高なる威信である。そして人民解放軍の力である。この二つの条件のもとに、我々は敢然として大衆を発動したのだ。いろいろな悪事がそれによってしっかり暴露された。この二つの条件があるので、悪事は好事に変えることができる。この二つの条件がなければ、特に毛主席の英明な指導、毛沢東思想の絶対権威という条件がなければ立ちゆかないのだ。毛主席の強力な指導のも

とでこそ、こんな勇気と大胆さを持てるのだ。」(15)

法制度を欠き、党と政府の機構が麻痺あるいは半ば麻痺した状況のもとで、毛沢東の個人崇拝が、文革を推進する過程で特別の役割を果たしていた。この崇拝なくしては、思想・政治的に大衆運動の行方を制御することはできず、軍隊と軍隊内の党組織が武力と指揮系統を保証していた。大衆の造反運動における個人崇拝の役割は最も重要であり、造反運動が混乱しても、毛沢東と共産党のリーダーシップを脅かすには至らしめず、造反運動それ自体を自縄自縛させ、毛沢東に服従させ、反乱の詔を奉る「奉旨造反」、勤王運動としての特性を守らせた。毛を主とする中央にいったん否定されようものなら、すぐさま大衆の内部で制圧される、ということを大衆は自発的に求めた。例えば、上海での「一月奪権の嵐」において、一部の労働者が賃金や待遇など経済的な要求を提出したが、中央が反対を表明すると、上海労働者造反派は率先してこの種の「経済主義」に反対する態度を表わした。

毛沢東の指示は「最高指示」であり、何人も逆らえない。それはまた大衆運動を最終的に収束させる制約でもあり、文革を「大乱から大治に向かわせる」ことを根底で保障していた。

文革において、個人崇拝が最も極端に高まり、最も形式主義の特色を具えた二つの時期がある。一つは六六年六月から十二月までの大衆運動の発動期であり、もう一つは、六七年夏より六九年春にかけて、大衆運動の収束期である。

文革の初期、毛沢東を主とする中央は大衆に「大胆に革命し、大胆に造反する」ような奨励を重視し、単純に「従順な道具」になるのではなく、実権派に「いくつものなぜを投げかけ」させ、実権派が執務する路線を問いただすよう仕向けている。この時期は毛沢東思想・路線の学習・理解と崇拝を強調している。

打倒劉少奇という目標がすでに達成され、かつ、大衆の間の派閥闘争がとめどもなくなった時期になると、大衆運動の撤収が必要となった。すでに自分たち自身の政治的利益を具えた大衆組織を政治の表舞台から退場させるのは容易ではない。そこで中央は「毛主席の偉大な戦略拠点」につながれと強調し、毛沢東との強い絆を強調する。六七年夏から秋にかけて、毛沢東は視察にあたり、警告を発している。「革命造反派の頭領たち、そして若き紅衛兵将校たちに言いたい。今がまさに、彼らが間違いを犯しかねない時だということを」(16)。そして一年後、毛沢東は武闘の止まない清華大学に労働者・解放軍宣伝隊を投じ、北京の紅衛兵のリーダー五人を呼び出して訓戒を与えた。毛沢東の威厳に対面して、毛沢東崇拝で立ち上がった紅衛兵と大衆造反運動は鳴りをひそめ密かに退却するしかなかった。

この時期の毛沢東崇拝の新たな傾向はこうだ。左派支援の軍隊と労働者宣伝隊が推進する儀礼化された個人崇拝である。朝のお伺い・夜の報告・バッジ製作・忠心の表現などであり、大衆が大民主を運用する権利は剥奪し、人々による出版を停止、団体活動を解散するに至る。この時期の個人崇拝の特徴は、毛という個人への無条件の服従を要求している点であって、毛の指導に従って問題を考え、それで実権派を審査し闘争せよ、とは呼びかけなくなっていた。当時、この変化に気づいた一部の学生は、いやいやながら現実を受け入れはしたが、もはや情熱はもどらなかった。毛崇拝は発動のためだけでなく、大衆運動を終わらせるためにも不可欠の道具だったのである。

注意すべきは、毛沢東に必要だったのは、実際的に政治効果を発揮しうる個人崇拝なのであって、見かけ倒しの形式的で表面的な、あるいはおしつけがましいやり方ではなかったことである。そのため、彼は繰り返し、行き過ぎた宣伝と形式主義をやめるよう指示しており、副作用を防ごうとしている。例えば、毛沢東は六六年七月の指示で「最高最活」「頂峰」「最高指示」の類の彼の思想を飾る言い回しを止めるよう指示している。[17]幾度も「偉大な教師、偉大な領袖、偉大な統帥、偉大な舵取り」［「四つの偉大」］というフレーズに不快感を表明している。[18]ただし、社会に広くこうしたフレーズが行き渡るのを止める措置も下してはおらず、明らかに、この時期は個人崇拝のヒートアップが必要だったのだ。

毛沢東は繰り返し「外国人に自画自賛するな」、「空論」を言うな、「人に押しつけ」るなと要求している。彼が文章を校閲する時は「世界人民の中心の赤い太陽」「全世界人民の偉大な教師」などのフレーズを削除している。彼が言うには、「文革以来、大げさで奇抜な物言いは、外国人には馴染まない。自分に向かって誇れ、外に言うものではない」[19]と。彼は六七年七月に、あちこちで建造している毛沢東像は、「人力と財力の無駄であり、無益にして有害だ」「ものものしい」と、二度コメント［批示＝下級からの文書への書き込み応答］して止めさせている。[20]六九年六月には、一連の形式主義的崇拝様式を制止する文書に「その通り処理せよ」とコメントしている。[21]先に示した毛沢東のコメントにせよ、個人崇拝を否定しているわけではない。形式主義と行き過ぎた宣伝を避けようとしているのであって、それは個人崇拝を着実に使うためなのである。六九年六月に形式主義を制止したのは、大衆運動がすでに終わった状況に関連しているだけで、つまりは次第にクールダウンさせたのであった。

三、クールダウン：個人崇拝が他人の道具に利用される

個人崇拝は毛沢東によって大衆運動を発動しコントロールする道具として用いられたが、ほかの者によって自覚的あるいは無自覚に利用されることも免れなかった。

崇拝の背景にある大衆の利益

文革以前、人々は指導者への不満を積のらせていた。文革の中で、人々は普段は手出しできない実権派への不満をはき出すことができ、それによって自分はもう何事も従順である必要はないと感じ、毛の庇護のもとでの「解放」感を獲得していた。これはある種の民衆、特に過去に指導者と矛盾や不平があった者、打撃を受けた民衆が、積極的に運動に打ち込むエネルギーであった。ここでは、個人崇拝はこれらの人々が不満を吐き出すためのよりどころであった。

人々のいろいろな境遇は、毛沢東崇拝に対する異なる解釈を誘発した。六六年六月二日、清華大学附属中学紅衛兵の壁新聞［大字報］は言う。「我らプロレタリア階級次世代は、毛沢東思想を無限に熱愛し、無限に信仰し、無限に崇拝する」(22)。かく言う彼らは、まさに個人崇拝を幹部の子女たる「革命次世代」の特殊な権利をはかる守り札としている。この後に古参紅衛兵および保守派と対立して立ち上がった造反派には、毛沢東の支持を頼りに実権派を批判する時の、次のような名台詞があった。「革命してはじめて北京は間近だと知り、造反してあらためて毛主席を身近に感じた」。つまり、毛沢東は造反派の砦であり、毛崇拝は彼らから合法性の源泉、政治的なバリアーとされている。文革期の人々の毛崇拝は、多かれ少なかれ、彼ら自身の利益を考慮していたのだ。

大衆の派閥が出現すると、派閥およびその政治的利益の衝突がつぎつぎに発生し、各派はみな毛主席への忠を、毛主席の革命路線への忠を宣言したが、相互に闘争して収拾がつかず、「文闘」から「武闘」におよび、甚だしきに至っては武器をとるに及んだ。『毛沢東語録』を熟知した各派の人々は、『毛語録』を自分の党派［派閥］のために引用し、それぞれの必要に応じて毛沢東の指示を取り出しており、面従腹背といえる場合もあった。中央の決定や通知は、通常、毛沢東のコメント「この通りやれ［照弁］」「これで良し［照発］」を付して、はじめて権威を持つ。いくつかのしつけ的で反党派的な命令では、毛沢東のコメント「この通りやれ」を付記していても、彼らはまったく耳を貸さなかった。例えば、毛沢東と中央は繰り返し、「文闘をやれ、武闘はやめろ」と要求し

た。しかし、いくつかの大衆組織は依然として武闘を止めなかった。毛沢東に対する崇拝は、しばしばこのように人々によって自派ごとの利益、「党派性」への奉仕に即して利用されていたのである。

「クールダウン」は林彪グループに発せられた警鐘

林彪は毛沢東の太鼓持ちとして知られている。文革初期、毛沢東はすでに林彪の囃し立てぶりに不安を感じていた。六九年四月の中国共産党第九期大会の後、大衆運動は基本的に終結し、劉少奇を打倒したり、大衆運動の奉仕を制御したりするのに個人崇拝を利用することは過去のものとなっていた。しかるに、林彪一派は引き続き、毛に対する崇拝を自派閥の党内闘争で利するために使っていた。そのため、これを毛沢東は容認しなかった。

七〇年九月、中国共産党第九期二中全会において、林彪グループと江青（および張春橋）グループの間に対立が発生した。それは権力闘争の色彩が強烈な激突であった。林彪一派は、理論上は依然として従来からの毛沢東太鼓持ち路線をとっており、次のように提案した。毛沢東は天才であり、国家主席のポストを設けるべきであり（毛沢東を主席にあてる）、新たに改訂する憲法の序文に「毛沢東同志は天才的に、創造的に、全面的に、マルクス・レーニン主義を継承し防衛し発展させた」と明記すべきだと力説した。この言葉は、林彪が『毛主席語録』再版前言で過去に使ったことのある言い方であり、それにもとづいて、張春橋が毛沢東を貶めている、と名指しで非難したのである。毛沢東はこれより以前、すでに国家主席のポストは設けないと表明していた。林彪一派は毛沢東の名をたてに、毛沢東が重用する江青、張春橋一派を攻撃したことで、毛沢東の意向に決定的に背いてしまった。毛沢東は「わたしのわずかの意見」を書いて、上層部で林彪派との闘争の序幕をめくりあげた。

このような背景のもとで、毛沢東は個人崇拝を「クールダウン」すべしと言い出す。彼は十二月十八日にスノーに会見し、次のように言っている。「今はこれまでと同じではなくて、崇拝はやり過ぎで、ほとんど形式主義でやっている。例えば「四つの偉大」、「Great Teacher, Great Leader, Great Supreme Commander, Great Helmsman［偉大な教師、偉大な領袖、偉大な統帥、偉大な舵取り］」だ。いやらしい。一切合切取り除くべきだが、一つだけTeacherは残そう。そう教師だ。なぜなら私はもと教師だし、今なお教師をやっている。その他は全部取り下げだ」。「過去数年は個人崇拝をやる必要があったが、今はその必要はなく、クールダウンしなければならない」(23)。

毛沢東はこの時の談話の抜粋を校閲し、「これで良し」とコメントした。七一年五月三十一日、中国共産党中央はこの談話の抜粋を刊行し、以下のごとく指示している。「この件を党の基層支部に印刷して配布し、口頭ですべての党員に伝え、真剣に組織的に学習し、正確に主席談話の本義を把握してもらいたい」(24)と。

周知の通り、林彪はかつて「四つの偉大」をキャッチフレーズとしていた。毛沢東はにべもなく「四つの偉大」は「いやらしい」と言い、しかもこの件をすべての党員に伝えるよう求めた。これは疑いなく全党へのほのめかしである。つまり、彼はかねて林彪に不満であった。個人崇拝の「クールダウン」は、政策調整にとどまらず、これぞ林彪めがけ投げつけたつぶてであり、林彪失脚の予告だったのである。

クールダウンは、まさに毛沢東の直属部門で進められていたが、にも関わらず、毛沢東の予測を明らかに超えてしまう事態が発生してしまった。党副主席林彪とその夫人、息子が飛行機で逃亡し、モンゴルで墜落死したのだ。全党全国をあげて雷に打ち抜かれたような衝撃の後、過去のすべてを再考しはじめる。毛沢東は大所高所から見通せて、天下無敵だ、という神話はつじつまが合わなくなり、毛沢東に対する個人崇拝は、クールダウンにとどまらず、動揺をきたし、瓦解する。それは、まず敏感な若者に現れ、次第に社会全体に蔓延していった。とはいえ、文革終了時まで毛沢東に対する崇拝は、一般社会でも、中国共産党の内部でも、依然として侮れない影響力を具えていた。

個人崇拝の遺産

文革が終結してのち、文革の過程を反省するなかで、中国共産党は党の内外で、徐々に毛沢東に対する個人崇拝を放棄していったが、それでも、毛沢東時代の個人崇拝の幽霊は依然として見え隠れしていた。

七六年九月、毛沢東が世を去って、中国共産党中央委員会は、ようやく文革の収束を宣言した。華国峰を首班とする一部の指導者は、毛沢東に対する個人崇拝を継続しており、それを彼らの権力の合理性の源泉としていた。まさしくこうした事情のもとで、毛沢東記念堂を建造し、毛沢東の遺体を永久保存して人々に拝ませるようにしたのである。これはソ連共産党のレーニン・スターリン崇拝の後塵を拝しており、毛沢東当人が署名した、死後は荼毘に付せという遺志に背いている。あきらかに個人崇拝をつなぎとめることで、政治権力を保証しようとしたのである。

鄧小平が、文革と毛沢東晩年の誤ちを否定し、領袖に対する個人崇拝と個人宣伝を際だてるやり方を止めさせた。中国共産党中央はそれによって個人崇拝の歴史に終止符をうったのであった。

だが、民間には依然として、変形した毛沢東崇拝が存在していた。一九九〇年代の中国で、毛沢東に対する偶像崇拝ムーブメントが出現した。例えば、タクシー運転手が毛沢東の肖像を車内にぶら下げて、安全のお守りとする、などである。これは中国の道教の伝統の影響を受けている。道教はしばしば歴史上の人物を神格化して崇拝対象にしてきた。例えば姜子牙（姜太公）、関羽（関帝）、林黙娘（媽祖）を崇拝と幸運祈願の対象としてきた。

一九九〇年代から今に至るまで、時に「毛沢東熱」が発生するのには、明らかに社会的、政治的要因があった。改革のなかで利益を受け損ねたと感じている層の人々が、また、鄧小平の改革以後の社会の不公平に不満を持つ人々が、毛沢東に対する崇拝によってその意を表していた。早い段階でこう指摘する人がいた。「毛沢東熱」の攪乱が「鄧小平冷」を作り出すと。

二〇一六年五月二日、北京人民大会堂で「希望の原野で」と銘打った、大がかりなシンフォニーオペラが開催された。『大海の航行は舵手が頼り』など、文革時期に個人崇拝の旗印であった「革命歌［紅歌］」をメインプログラムにして、同時に、今現在の指導者の賛歌を歌いあげた。これは社会に強烈な反感を引き起こした。人々は文革の再演を憂慮し、新たな個人崇拝の再現を心配したのである。このコンサートは結局、社会世論の非難のうちに停止された。

結論

毛沢東は、彼に対する個人崇拝によって彼の政治的権威の強化を図るとともに、その一方で個人崇拝のヒートアップとクールダウンを操作して、文革大衆運動を発動し導き、制御し、そして相手を攻撃する、そのような道具としたのであった。

文革に先だって、毛沢東に対する個人崇拝は早くから盛んに行われていて、毛沢東はすでに全党を超越する地位に到達していたとはいえ、毛沢東に対する個人崇拝はいつも共産党に対する崇拝と平行していた。文革初期に、個人崇拝は急激にヒートアップし、毛沢東に対する熱狂的個人崇拝が全国を席巻し、毛沢東崇拝が党崇拝を圧倒する。これは、毛沢東が大衆を発動して党内闘争へ参画させ、党の組織体系の限界を突破し、下から上へと大衆を発動し、劉少奇らいわゆる「資本主義路線を歩む実権派」を叩き潰す必要によるものであった。また、毛沢東個人が全党を駆使する、いわゆる「毛の天下」の必要によるものでもあった。ところが、大衆には多かれ少なかれ、彼ら自身の目論見があった。林彪たちは、毛崇拝を自派閥の権力獲得の手段にした。個人崇拝を「クールダウン」すべしとの毛沢東の表明は、林彪をしりぞける合図であった。林彪出奔事件があってから、人々はあらためて文革について考え、毛に対する崇拝はすでに「クールダウン」にとどまらず、しだいに動揺を来たし、瓦解していった。

中国の文化は敬虔なる宗教伝統を欠いており、実用的合理的精神に貫かれている。毛沢東に対する崇拝は、中国においてはもっぱら政治的なものであって、信仰的な現象ではない。毛沢東に対する崇拝のヒートアップとクールダウン、そのどちらもが政治の手段なのである。

注

（1）『毛主席会見美国友好士斯諾談話紀要』（一九七〇年十二月十八日）、中国人民解放軍国防大学党史建政工教研室編『〝文化大革命〟研究資料』（上冊、一九八八年、北京、四九八頁）。

（2）毛沢東『在成都会議上的談話』（『毛沢東文集』第七巻、人民出版社、一九五八年三月、三六九頁）。

（3）薄一波『若干重大決策与事件的回顧（修訂本）』（下巻、北京、人民出版社、一九九七年、一三三二頁）。

（4）李鋭『廬山会議実録』（鄭州、河南人民出版社、一九九九年、三五二頁）。

（5）「毛主席の書を読み、毛主席の話を聞き、毛主席の指示に照らして事にあたり、毛主席の良き戦士となる」は一九六〇年十月の、林彪が指示して開催した中央軍事委員会拡大会議で出した『軍隊の政治思想工作の強化に関する決議［関於加強軍隊政治思想工作的決議］』にもとづく一節である。のちに雷鋒はこの話を日記にメモしたのである。雷鋒が世を去ってから、その日記が整理を経て発表され、広く人の知るところとなった。新版『毛主席語録』の出版以前に、林彪が編集者の建議を受け入れて、このくだりを抄録し、序文を作成した。ただし、書いたのは前三段部分だけであった。

（6）『人民日報』（一九六六年一月二十五日）。

（7）ミュージカル『東方紅』一九六四年版。その後の映画版『東方紅』では建国後の部分を割愛し、この賛歌を吸収した。この部分は『東方紅』一九六四年版の録音による。http://v.ku6.com/show/9AkaUSEqJwjGAkb4.html

（8）エドガー・スノー著『満長的革命』（伍協力訳、上海人民出版社、一九七五年、六八頁）。［邦訳は松岡洋子訳『エドガー・スノー著作集』第七巻、六九頁にみえるが中国語から訳出した。以下同じ］

（9）毛沢東の在世中、「毛沢東思想」の語は、疑いなく毛沢東本人の思想を示した。鄧小平が権力を掌握して以降、政治的必要から「毛沢東思想」の観念に新たな再解釈を加え、鄧小平の判断で誤りを取り除き、鄧小平修訂版の「毛沢東思想」へと変容させた。本論での「毛沢東思想」は、毛沢東在世時の用法、すなわち、毛沢東自身の思想を指している。

（10）前出『満長的革命』七一頁。［邦訳七二頁］

（11）『毛主席和群众在一起』、『人民日報』（一九六六年八月二十日）。

（12）『人民日報』（一九六七年五月六日）。

(13)『解放軍報』社説（一九六六年六月七日）、『人民日報』同日掲載。

(14) 前出『漫長的革命』六五頁。［邦訳は六六頁］

(15)『林彪同志重要講話――一九六七年八月九日接見曽思玉，劉豊同志的講話』（『〝文化大革命〟研究資料』上冊、五九四頁）。

(16)「毛主席時差華北、中南和華東地区時的重要指示」（『〝文化大革命〟研究資料』上冊、一九八八年十月、北京、五九一頁）。

(17) 中国共産党中央文献研究室編、逄先知主編『毛沢東年譜一九四九――一九七六』（第六巻、六〇六頁）。同上、四六、六三、九三頁。

(18) 同上、四六、六三、九三頁。

(19) 同上、九三、一五九、一六七、一九五頁。『毛沢東関于対外宣伝工作的批示』（一九六七年二月―一九七一年三月）、『〝文化大革命〟研究資料』（上冊、五一三―五一九頁）。

(20) 毛沢東の『中国共産党中央関于建造毛主席塑像問題的指示』に対する指示コメント（一九六七年七月五日、『〝文化大革命〟研究資料』（上冊、五〇一頁）。毛沢東の『総政、総参関于執行林彪指示建造大型毛沢東全身塑像的体制高的批語』（一九六七年七月十二日）、『建国以来毛沢東文稿』三七六頁。

(21)「中国共産党中央関于宣伝毛主席形象応注意的幾個問題的通知」（概要、非原文）（一九六九年六月十二日）、宋永毅主編『中国文化大革命文庫』（電子版）参照。

(22) 清華附属中紅衛兵『誓死保衛無産階級専政！誓保衛毛沢東思想』（紅衛兵第一張大字報）、一九六六年六月二日。

(23)『毛主席会見美国友好人士斯諾談話紀要』（一九七〇年十二月十八日）、『〝文化大革命〟研究資料』（上冊）、四九八頁。［スノーも言及している。邦訳七二頁］

(24) 中国共産党中央『毛主席会見美国友好人士斯諾談話紀要』の転送に関する通知、一九七一年五月三十一日、宋永毅主編『中国文化大革命文庫』（電子版）参照。

訳者付記

原文は北京大学・印红标「升温与降温：文革期间个人崇拜的工具性运用」、本書のための書き下ろし。

訳注

［1］「領袖」は古くから集団を率いる長を指して使われてきた普通名詞であり、日本語でも「派閥の領袖」といった政治集団の指導者を指す用語として定着している。しかし、中華人民共和国においては、もっぱら毛沢東を指す称号として使われてきた。本論文は「領袖崇拝」の推移、つまり「領袖」という語の含意が、党首から毛沢東その人へと変容を追跡するものである。

［2］五六年二月二十四日、第二十回党大会、いわゆるフルシチョフ秘密報告。「プロレタリア独裁の歴史的経験について」（『人民日報』五六年四月五日）、「再びプロレタリア独裁の歴史的経験について」（『人民日報』五六年十二月二十九日）。

［3］一九三三～三四年におこなわれた第五回反包囲戦を歌った歌。毛沢東によって連戦連勝だったが、第五回は毛の指示が届かず、一年の戦闘を経て、ついに国民党軍を打ち破れずに遁走。当時の悲壮な心境が歌われている。

文革プロパガンダとは何か
胡傑・艾暁明監督作品『紅色美術』をめぐって

◆座談会

鈴木一誌×
土屋昌明×
（進行）森　瑞枝

鈴木一誌（すずき・ひとし）——ブックデザイナー。一九五〇年東京都生まれ。杉浦康平氏のアシスタントを一二年間つとめ、一九八五年に独立。映画や写真の批評も手がけつつ、デザイン批評誌『d/SIGN』を戸田ツトムとともに責任編集（二〇〇一～二〇一一年）。著書に『画面の誕生』（二〇〇二年）、『ページと力』（二〇〇二年）、『重力のデザイン』（二〇〇七年）『「三里塚の夏」を観る』（二〇一二年）。共著書に『映画の呼吸　澤井信一郎の監督作法』（二〇〇六年）『全貌フレデリック・ワイズマン』（二〇一一年）、『1969　新宿西口地下広場』（二〇一四年）、『デザインの種』（二〇一五年）などがある。

①『紅色美術』はインターネットで中国語・英語字幕版を見ることができます。
https://dotsub.com/view/6356f669-44ee-4071-829e-f7438dc1c2db
https://dotsub.com/view/2f6dd83a-2db4-42a4-a165-b489cb0d7d17
https://dotsub.com/view/87cfa1e0-ce4e-4b3c-9b80-e5003a5660de
https://www.youtube.com/watch?v=jcaWhJxNzSg
https://www.youtube.com/watch?v=J0cOsYrEQuU
https://www.youtube.com/watch?v=n3WaBnEFzDs
https://www.youtube.com/watch?v=MvdKct1DdC4

②台詞の日本語版は、以下のページからPDFをダウンロードできます。
専修大学→社会科学研究所→月報六三二号、土屋昌明「胡傑・艾暁明監督『紅色美術』のインタビュー資料およびその分析」二〇一六年二月二〇日
http://www.senshu-u.ac.jp/~off1009/PDF/160220-geppo632/smr632-tutiya.pdf

③本文中の番号は、この映画のスチールの番号を示します。

④対談中の発言者について、フロアAは六〇年代初、安徽生まれの男性、フロアBは六〇年代初、北京生まれの女性。

◉プロパガンダというメカニズム

森　これから、『紅色美術』（別名『文革宣伝画』二〇〇六年、六八分）を見ながら討議を進めていきます。まずこの映画について、概略を紹介してください。

土屋　『紅色美術』（『文革宣伝画』）は、一九六六年から中国で起こった文化大革命（文革）の時期に製作された、プロパガンダのためのポスターや絵画（宣伝画）をテーマにしたドキュメンタリー作品です。画家や収蔵家に取材し、記録映像などを引用しつつ編集されています。冒頭の画面で「文革宣伝画」と手書きのシーンがあり、そのあとタイトルで「紅色美術」と出ます。

森　本作の共同監督である胡傑と艾暁明については。

土屋　胡傑は、一九五八年、中国山東省済南市生まれ、現在まで三〇作を超えるドキュメンタリーを作っていますが、そのすべては、正規の流通ルートにのせないインディペンデント・ドキュメンタリーです。彼にとって『紅色美術』は、『為革命画画：戸県農民画』につぐ、文革宣伝画に関する第二作です。艾暁明は、一九五三年生まれで、もと広州中山大学中文系の教授、比較文学やジェンダー・フェミニズムなどを専攻、いまは定年退職しています。河北省のエイズ村に関するドキュメンタリー『関愛之家』（二〇〇七年）など、社会活動を扱ったドキュメンタリーを撮っています。人権擁護のためのアクティビストでもあります。胡傑監督は、彼女を「中国でもっともすぐれた民間ドキュメンタリスト」と評価しています。

森　宣伝画を広く捉えれば、毛沢東語録や毛沢東バッジなどのグッズも入る。

土屋　一九七〇年代末から八〇年代にかけては、文革への忌避感や政治的配慮によって、文革期のプロパガンダ作品は無視されてきました。九〇年代になると、それらが「Maoist Model（毛沢東主義者様式）」と再定義され、現代中国美術史に位置づける動きが生じます。同時に、ポップ・アートに仕立て直すことで、風刺や諧謔をふくんだ作品へと変成させられていきます。

森　ポップやキッチュの装いをまとった作品は、海外の美術市場で歓迎され、爆発的な流行をもたらした。グローバルな商品へと変化していくのですね。

土屋　ゼロ年代に入ると、海外における再評価を受けつつ、一般の人びとが文革を情緒的に回顧する風潮が生じ、文革時代の生活や物品を扱った展示や出版が現われてくるようになった。

森　文革時には、個人の創作性を否定する方針だったため、プロパガンダ作品を創作した経緯や個人の内面が無視されてきた。

土屋　本作『紅色美術』は、文革期の宣伝画に対する再評価に材を取りながら、宣伝画が当時の人びとにもたらした視覚的な役割を考えようとした映像歴史学的な作品だと思います。視覚の政治学を考察していると言ってもよいでしょう。本作の視点には、ポップやキッチュへの変身の影で隠蔽されてしまいがちな、プロパガンダ芸術のもつ危険性を、まさに現在において見据えようとしています。

森　文革期をなつかしむような商品が市場で消費され、Maoist model作品が盛大に流通しても、中国政府は文革研究をあいかわらず統制していますし、文革を話題にすること自体が敬遠される傾向にある。そのような現状で胡傑・艾暁明両監督は、果敢にも宣伝画の洗脳力を正面から問おうとしています。では、討論をはじめましょう。冒頭、文革期のポスターがつぎつぎと画面に映しだされ、【人民のみが世界の歴史を創造する原動力である】と、当時の歌曲が流されます。

土屋　毛沢東『連合政府について』（一九四五年四月二四日）の言葉を歌にしたものです。これは、当時の録音ではなく、あらためて懐メロ集ふうに収録し直したものです。この言葉が冒頭に置かれることで、現実がこの歌詞とかけ離れている事態に思い至る。世界の歴史を創造する原動力たる「人民」は、じつはプロパガンダによって動かされていたのではないか。問題は、プロパガンダはどのようなメカニズムだったのか、となる。

鈴木　絵筆が赤い絵の具でひと文字ずつ、タイトルの「文革宣伝画」を書いていきます［01］。文化大革命のころは、どんな筆を使って壁新聞などを書いていたのでしょうか。この画面からは、油絵などで使う平筆のように見えます。

フロアA　ぼくも、小さいころ、よくこういう筆を使っていました。絵も字もこれで書いていた。

土屋　どのような画材で書いていたのか、といった細部の事実は重要です。こうい

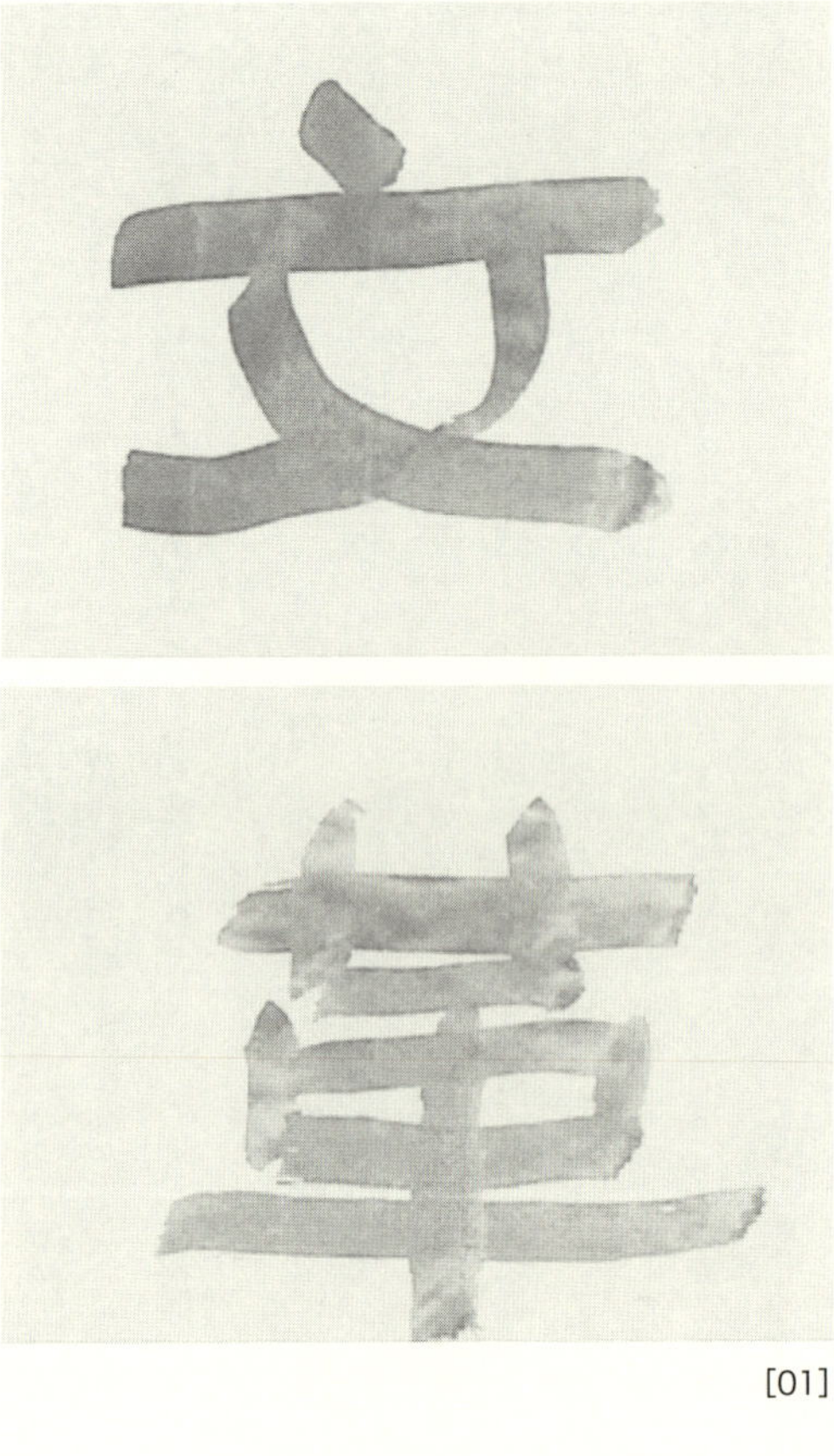

［01］

う穂先の平たい筆で書くと隷書ふうになる。

鈴木　一見、ゴシック体に見えるけれど、隷書体なんですね。これから出てくるポスターの書体を見ていると、ゴシック体が多いのですが、完全なゴシック体ではない。中国のゴシック体の底には、隷書体が流れているのかもしれません。あと、「紅色」は、どのような意味合いでしょうか。紅は、日本ではマゼンダ色を指します。赤色とどうちがうのか。

土屋　「紅」は中国では「赤」のことで、「紅色」は共産党の革命を表わします。

森　画家の李醒韜《りせいとう》が、当時の写真を見ながら、幅三〇メートル、高さ一〇メートルという巨大なプロパガンダ画の製作のようすを説明します[02]。

土屋　李醒韜は、広州のもと紅衛兵です。一九四三年に貴州で生まれ、一九六三年に広州美術学院附属中学を経て、一九六八年に広州美術学院を卒業。要職を歴任して、現在は広州市政治協商書画院副院長、国家一級美術家だったりします。広州における宣伝画の中心人物で、ただの画家じゃない。

森　『紅色美術』は、広州におけるプロパガンダを多く扱っています。監督の艾暁明が広州の人なので、取材しやすかったのでしょうね。広州を選んだことはよかった。李醒韜によれば、広州の文革が全国に影響力を与えた。言い換えれば、彼の画いたポスターが各地に影響を与えた。それは、「広州交易会」があったからだと。

土屋　この交易会は、中国輸出入商品交易会の略称で、一九五七年の春に創立され、毎年、春と秋に二回、広州で開催されてきた。文革期にも、外国人が参加できて商談も進んだ。広州のプロパガン

[02]

ダは、外国人をも意識して描かれていた。広州では、対外的な考慮もあって、他の地域にくらべて比較的ソフトな宣伝画が製作され、それが影響力を増すひとつの要因となりました。李醒韜の作品には、新春に部屋に貼る年画として印刷され、八〇年代まで全国で行きわたっていたものもある。広州には日本人もおおぜい来ていたから、広州の宣伝画が日本へ文革イメージとして伝わったという事情もある。

森 広州は、中国のなかでもとくに国際性があり、インドやアフリカなどとも近い。現在そういう人たちも多く住む。

土屋 もう一つ、広州の特徴は、一九六七年に造反派が権力を奪取したときに混乱が起こり、早い時期に解放軍が入って混乱を抑えこんだ。毛沢東は、造反を煽りながら、それを軍隊で潰した。自分で自分のやってることを否定した地域でした。ところが、その後、江青らの左派は広州の造反派の名誉回復をしたので、造反派と、軍の後押しを受けた保守派が血みどろの武闘を繰り広げた。保守派が勝利した後、文革の後半になると、もとの造反派の中から、民主的な考え方をもつ人たちが出てくる。たとえば、李一哲の壁新聞なども出てくる（前田氏コラム「対立する二つの〝民主〟と壁新聞革命」参照）。広州は、左右に振れた過激な場所だった。

鈴木 つぎに古いドキュメンタリー映像が映され、文化大革命時期と思われる街角やビルに毛沢東の巨大な肖像画が掛かっています。**【偉大なる領袖・毛主席はこう教えている。すでに革命の勝利をかちとった人民は、いま解放を目指している人民の闘争を支援すべきであり、これはわれわれのインターナショナリズムにおける義務である】**といった音声が流れ、居並ぶ人民のなかに、さまざまな人が描かれています[03]。

土屋 ウイグル族かな。頭に白い布を被っているのは回教徒ふう。うしろの人は顔が黒くて、アフリカ人かもしれない。

[03]

鈴木 早くも宣伝画の特徴がぼんやりと見えてきます。描かれている人物がだいたい手前を向いている。なぜ、こちらに顔の正面を向けているか。こちら側に毛沢東がいるからでしょう。毛沢東にどう見られてるかという構図です。子どもが描かれるときは、見上げる視線になっている。毛沢東を見上げているんですね。

森　毛沢東が太陽のように想定され、絵全体が毛沢東に照らされて明るいということですか。

鈴木　落ちるべき影もない。前の人の影はうしろの人に落ちるはずなのに、明るい。人びとの目つきは、ワシが獲物を狙ってるような、目標を定めた目線ですね。

森　人びとの厳しい表情を見ると、毛沢東に向かってと言うより、米国帝国主義に対抗しているかのようです。

鈴木　米国帝国主義に対峙している自分の姿を、毛沢東に見てもらっているのではないかな。画面には、奥の消失点に向かう遠近法と同時に、手前の毛沢東へと収束する逆の遠近法とが共存している。

森　目線の先は敵で、斜めから毛沢東の視線を感じているのですね。ナルチシズム的に、自分がいつも見られている意識に支えられた絵だと。さらに、イケメンと美女ばっかりで、かつ男は筋骨隆々。身体や容貌が、理想化されている。さて、つぎの場面でも、展覧会場で李醒韜が説明をつづけています。完成した高さ一〇メートルという巨大画の前で記念撮影した写真を見ながら［04］、**【作業員だ。私たちをつり下げてくれたり、色を塗ってくれたり、物を運んでくれたりした。画家は数名だ】**と。

土屋　彼によれば**【画題は広州市共産党委員会の宣伝部が決め、わたしたちはその画題にしたがって描いた】**と。調べてみると、宣伝部が決めた画題により画家が下書きをつくり、党委員会を含む複数の部門でそれを検閲したあと、製作にとりかかるというプロセスだったらしい。ポスターの画題の指定だけでなく、構図などは、紅衛兵の自主性によるものではなかった。下書きから現地の党委員会のコントロール下にあったことがわかります。

森　巨大な絵は、実際はどう描くのでしょうか。

鈴木　まず、小さな原画を描く。その紙に碁盤の目を引いておく。実際の画面にも碁盤の目を引いて、下書きを拡大し、手分けをして着色していく。かつての日本の映画館の手描き看板と基本は同じと思います。**【拡大して大きな絵を描くときは、何十人にもなった】**と語られていますね。李醒韜が下絵を描き、全体の統

［04］

括もしたのでしょう。

土屋　国際主義の名のもとに、さまざまな人種の人が描かれると、絵柄としては、かつて日本が唱えた五族協和に似てきますね。画面に出てくる人の顔が、描いた人の顔に似ている気がする。似てしまうのかな。

森　つぎの場面では、プロパガンダ・ポスターについて、広東美術館館長・王璜生が、**【彼らが描いた内容等については、現段階でこのように残されたものについては、文化史上の価値がある。当時、若い芸術家たちが、あのような環境にもかかわらず、ある種の創造性をほとばしらせて、自分の青春の価値を実現させていたことに、心から敬服する】**と発言します[05]。

鈴木　彼の背後に映っていたのは版画ですね[06]。当時、版画と手描き、印刷の使い分けがどうなってたのか。たとえば、キューバなどの映画ポスターの研究では、印刷方法が重要です。印刷方法によって、流布する数や製作期間が規定されます。印刷にしても、活版印刷なのか平版やグラビアなのか。版画にしても、木版からの直刷りなのか、シルクスクリーンなどに変換されたのか。さらには、媒体が、平面なのか半立体のレリーフ(浮き彫り)か、さらには彫像のような立体か、その三種類をだれがどう表現し分けていたのか。

土屋　そのあたりの研究はこれからでしょうね。司令塔がいたのか自主発生なのか。

上：[05]／下[06]

森　つぎの画面は、文革期の記録映像で、紅衛兵らしき学生が壁面に絵を描いています[07]。

土屋　筆の先を長く持って描く。書道の筆遣いですね。壁面に対面して描いています[08]。水墨画なら紙を下に置いて上から描きますが。

鈴木　画面を立てて描くのは、西洋の描き方の素養かもしれない。

森　こういう小さな絵と巨大な絵とでは、状況がずいぶんちがうのでしょう。小さな絵でも、プランどおりに描かれたものもあれば、自発的に描かれたものもある。いっぽう、李醒韜の巨大画では、党委員会の宣伝部が主題を決め、弁公室から指令が降りてくる。出身がよくてたまたま画学生だったから選ばれたというばかりではなく、彼が大作の注文に耐えられる技術をもっていた。この人はもともと染色科の学生で、工芸出身ですね。

鈴木　**【一枚一枚の宣伝画は短剣であり、投げ槍である。それは反革命修正主義の心臓を貫く。一つ一つの演目は鉄拳のごとく中国のフルシチョフを打ちのめし、踏みつけ、永遠にその復活を許さない】**。「中国のフルシチョフ」との言い方がすごいですね。

森　つぎに、文革期のポスターが映しだされ、もと広州第一七中学の紅衛兵だった周継能が、**【宣伝画は当時、天地を覆うごとくだった。一つは小新聞、それに印刷品だ】**と語っています[09]。認可

上：[07]／下[08]

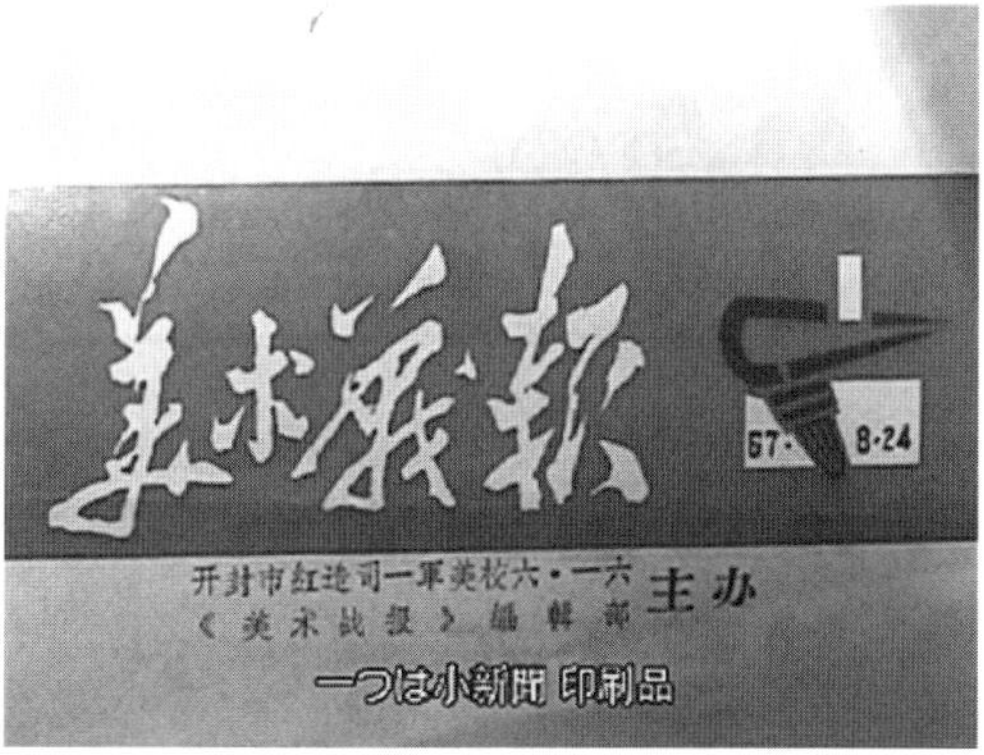

[09]

がなくても誰でもつくれる出版物ですね。

土屋　文革当時は、紅衛兵が勝手に新聞を印刷して出すことができた。小新聞を出せたのは、中華人民共和国では、文革期だけなんです。私の経験で、八七年に中国にいたときに、日本人どうしの同人誌をワープロで作ってコピーで頒布しようとしたら、大学の主任が顔を蒼くして「止めてください」と。

◆〈印刷する権利〉の人類史上の画期としての文革

フランス革命／人および市民の権利宣言が「すべての市民は、自由に発言し、記述し、印刷することができる」と高らかに宣言したのは一七九九年だった。以後、三世紀以上が経ち、印刷にかかわる技術は活版からDTPへと〝進化〟を遂げたが、権利としての印刷はいまだ、人びとの手にはない。

レーニンの「広範な文通があってはじめて」という言葉、柳田國男の「民衆の共同の疑問」という言葉は、いずれも、歴史の主人公である民衆が、自らの力による解放のためのコミュニケーションを求める言葉である。「印刷する権利」は、一人ひとりの已むに已まれぬ叫びを集合のなかに公開し、相互に討議する前提である。制度として多様性の保障がなければ、印刷の自由と権利は画餅にすぎない。

文革の時代、とくに六六年から六九年の三年間、それまで自由に発言できなかった下層の人びとは、手書きの「大字報」を貼りめぐらせ、街と建物を政治広報板に変えた。印刷所を襲い、「小報」と呼ばれる無数の小型新聞を出した。印刷する権利から排除されてきた人びとが、創造的に印刷する権利を手にしたのである。老紅衛兵・劉衛東は、当時を振り返ってこう証言している。「おまえがどう思おうとも、少なくとも文革初期の一、二年間、人民は十分な自由を、ひいては絶対的な自由を享受したんだ。不自由なのは、走資派で、高級幹部の子弟で、特権階層だった。しかし、今やいかなる政治運動とも異なり、世界が逆転し、やつらにもプロレタリアの鉄拳の味を教えたのだ」と（廖亦武『中国低層訪談録』集広舎、二〇〇八年）。

一九七〇年改正の中華人民共和国憲法が、スト権とともに壁新聞の権利を明記したことは、文革の人類史的意義を示す画期である。文革の敗北の後、権利としての印刷もまた再び、抑圧のもとに置かれた。香港の主権は一九九七年にイギリス植民地から中国に戻ったが、「一国二制度」とは建前に過ぎない。出版関係者への不当な拉致、弾圧は、現在の中国の党と政権が、権利としての印刷の第一の敵であることを事実として裏づけている。

（前田年昭）

森　つぎに進みますと、いくつもの巨大画を手がけた劉春華が、**【長いあいだ、党の教育では、文学芸術は革命の歯車であり、ねじ釘であり、革命の武器だとされていた。その武器を批判に用いる時は、すばやく政治スローガンを宣伝できなければならないとされていた】**と話しています[10]。

土屋　劉春華という人は、有名人ですよ。一九四四年、黒竜江・泰来生まれ。一九五九年に魯迅美術学院附属中学、一九六三年に中央工芸美術学院に入学。現在、中国美術家協会理事などを務めている。後で出てくる『毛主席安源へ行く』（一九六七年）の絵で有名です。「文学芸術は革命の歯車であり、ねじ釘である」というのは、毛沢東の「延安文芸座談会における講話」（一九四二年五月）、いわゆる『文芸講話』によります。これが、彼らのプロパガンダの基本理論となっています。

鈴木　軍隊と芸能を結びつける文工団（文芸工作団）という組織があったと読んだことがあります。「宣伝画は短剣」という発想は、それに近いのでは。芸能の下位概念が芸術だったのですか。

土屋　「芸能」ということばは技能の意味です。芸術は労働者、人民のために奉仕するためのものだった。だから、日本語でさす歌舞楽奏は「芸術」に含まれます。芸術のための芸術は認められない。

森　中国語の「芸術」と日本語の「芸術」、あるいは、当時の中国における芸術と、日本人が抱いている芸術イメージとのあいだには隔たりがあります。日本は「ファイン・アート」の訳語として近代に「芸術」の語が普及した。中国語の「芸術」はもっと技芸的で、例えばコスプレ結婚写真を「芸術」写真という。画面では、北京宋庄美術館館長の栗憲庭が

劉春華 北京の画家
最初の一人 それは私だったはずだ

当時は国家存亡の危機だったから

上:［10］／下:［11］

話しています[11]。**【宣伝画には非常に重要な特徴が一つある。簡潔さだ。毛主席の簡潔な語録式のスローガンと視覚イメージと相まって、それを集中的かつ大規模に庶民へと注ぎ込む】**と[12]。

土屋　栗憲庭は、中国のインディペンデント映画の擁護者として有名です。一九四九年、吉林生まれ、一九七八年、中央美術学院中国画系を卒業、一九七九年から八三年にかけて雑誌『美術』の編集にあたった。この人が一九九三年に、「Maoist model」という美術用語を提示した。彼の運営する宋庄美術館は、二〇〇六年に設立された北京市内にある非営利型芸術機構で、中国現代美術をおもに扱っており、艾未未《アイ・ウェイウェイ》など、内外で有名な芸術家がこの美術館を支持している。彼はすでに館長を引退したようですが。

鈴木　宣伝画という言葉は以前からあったんですか。

土屋　「宣伝画」の成立がいつかはわからないが、宣伝という言葉はあった。

森　宣伝は、悪い意味ではない。日本語でいう、広報といった中立的なニュアンスです。

土屋　政府の機関のなかに宣伝部がありますから、日本語のプロパガンダとはちょっと感じが違いますね。

◆プロパガンダという言葉は共産主義運動の用語なのか？

ここで討議出席者は、程度のちがいはあるが、プロパガンダという言葉を一様に否定的意味を込めて使っている。しかしこの見方は歴史の産物であり、文化大革命から半世紀を経た二〇一六年という時代と社会が刻まれた限定的なものでしかない。

そもそもアジテーション（煽動）とプロパガンダ（宣伝）を共産主義運動の用語だとする捉え方は歴史的事実に反する。本来、プロパガンダという言葉は中立的なものであり、日本語の「宣伝」はプロパガンダの訳語である。東西冷戦以降、資本主義陣営はプロパガンダを反民主主義的な意味を持つ言葉として使ったが、実際にはあらゆる国でプロパガンダは用いられてきた。事実、国家による大規模なプロパガンダは第一次世界大戦期のアメリカ合衆国における広報委員会が嚆矢とされ、一九一七年のロシア革命を実現したレーニンとボリシェビキ、一九三〇年代にドイツの政権を握ったヒトラーとナチスなどはいずれも宣伝活動を重視した。自分たちの主張を実現しようとすれば必ず、世論を作り出さなければならないからである。

プロパガンダという言葉が否定的に使われるようになった背景は何か。一つは、ソ連や中国のプロレタリア革命が変質し、「裏切られた革命」として敗北したこと、もう一つには、その実験としての社会主義革命において、文化活動と政治運動との適切な関係を築けなかったことがある。しかし、ある哲学者が、失敗しない人は何も仕事をしない人であると指摘したとおり、それは政治や宣伝自体を悪いものとする虚無主義、冷笑主義を正当化する理由にはならない。
かつてテレビ対談で、「学生をあまり煽らんでください」と言った中曾根康弘に、羽仁五郎は「何言ってんだ、学問はアジテーションだ」と答えた。このことをふまえたマルセ太郎の「学問はアジテーションといいきる信念、これが日本のインテリゲンチャにはない」という批判は今こそ、生きている。
プロパガンダは、人びとを崇高にもし、醜悪にもするのである。
（前田年昭）

◉画家と歴史

森　展覧会にきた画家の李斌が展示会をやっている潘尭伊に話しかけている場面です。潘が**【わたしが文革のころにつくった毛主席の版画は、実際に文革の歴史を体現していたし、宣伝画でもあった。当時、多くの人が描いていて、しかも同じ写真を元にしていた。ただ、私のあの一枚だけが、もっとも広く流布した。その後もさまざまなところで使われた。本や書類、旗、語録。特に新聞での使用が多かった】**と語り［13］、李斌が**【文革の記号になったわけだ】**と応じます。

鈴木　同じ写真をもとに絵が再生産されたのか。なぜ写真そのものが流通しなかったのか。『中国のプロパガンダ芸術　毛沢東様式に見る革命の記憶』（牧陽一ら著、岩波書店、二〇〇〇年）は、「あとがき」に、多木浩二『天皇の肖像』（岩波新書、一九八八年）から「多大な影響を受けた」と書く。その『天皇の肖像』で多木が、天皇の肖像画を問題にしている。天皇の写真を撮ったが、結局はキヨソネの肖像画に戻ってしまった。それと同じ問題系ですね。多木は、写真は写っている人の死を感じさせてしまう、と指摘します。

土屋　つまり、写真には時間性が入ってしまうということでしょうか。過去のある時点で停止している感じ。肖像写真というのは、ある意味ですべて遺影だとも言える。

鈴木　写真のもつ時間性を消滅させるために、絵に戻した。宣伝画でも、写真と絵、さらには版画といった、メディア間の行き来を考えたいですね。

土屋　画面で、まず毛沢東の写真が映って、そのあとの肖像の色が変わる［14］。この写真は、一九六六年八月に、毛沢東が紅衛兵の服を着て天安門にあがったときのもので、大量に配布された。みなの手元にその写真があった。その写真から絵が描かれていく。写真から絵ができて、その絵からまた複製の絵が生まれていく。

森　アンディ・ウォーホルがマリリン・モンローの写真をシルクスクリーンにした。宣伝画には、メディア間の行き来する素地がすでにあり、それゆえ、ポップアートに親和した。

フロアA　毛沢東の写真は各家庭に貼られていましたよ。

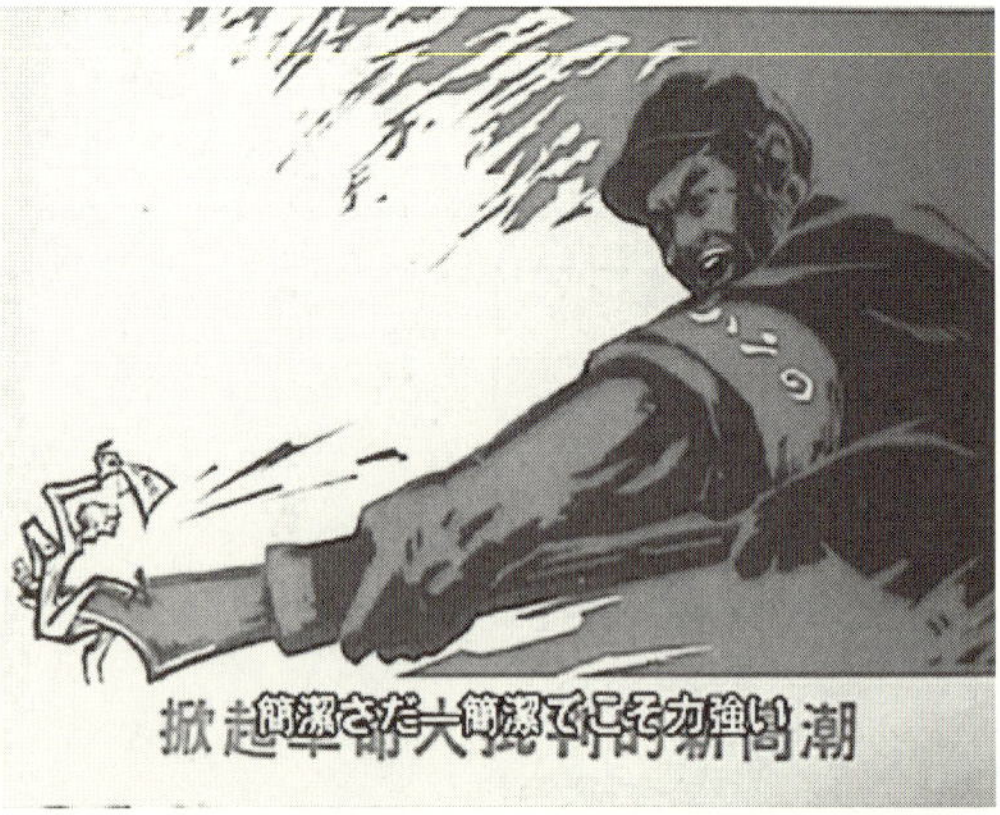

[12]

[13]

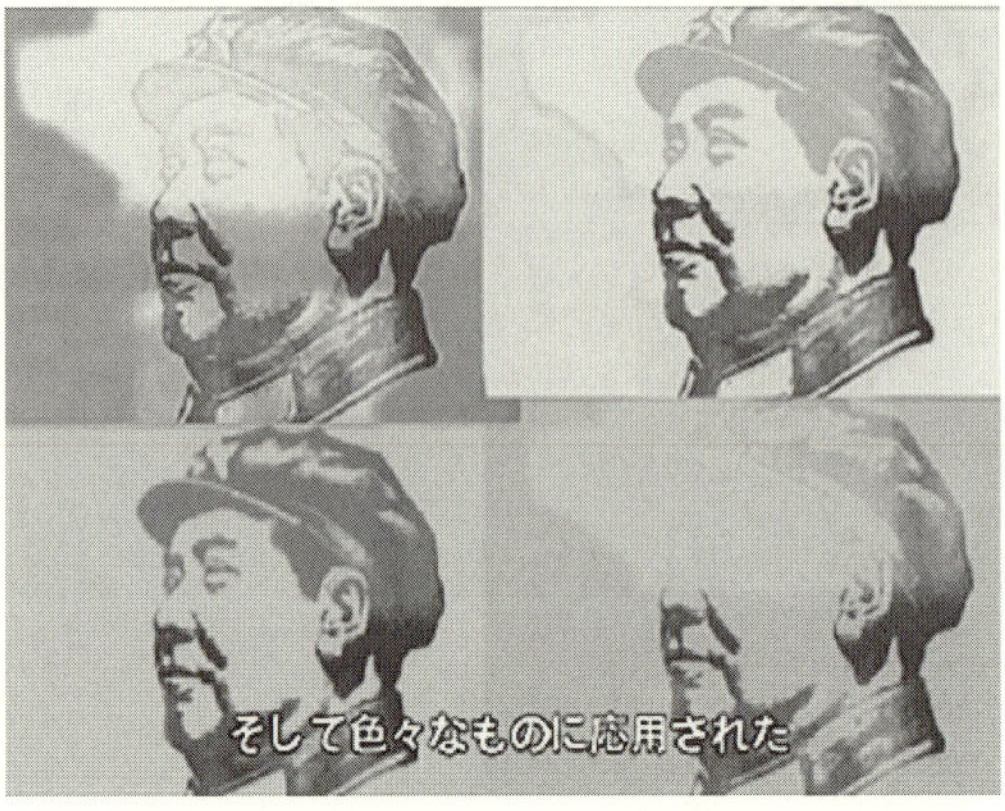

[14]

鈴木　しかし、その写真には修整が入っている。毛沢東の顔にはシワがなく、歯は真っ白。実際の毛沢東の歯は喫煙で真っ黒だったらしい。修整という絵画的な行為が、写真にほどこされている。

土屋　写真と絵のあいだは融通無碍で、それゆえ、写っている人物が消されたりもされる。たとえば北京の市長や林彪が消えてしまう。

鈴木　『天皇の肖像』に戻れば、天皇の肖像画では、どこへ下賜するかはっきり順位があったらしい。上の順番から肖像を手に入れていく。学校のなかにも階層があって、上位の学校から御真影が配られていく。階級構造の可視化だった。

フロアA　ぼくの幼いときの記憶ですけれども、大きな書店では、本と雑誌が並んでるだけじゃなくて、毛沢東の大きい写真を安い値段で誰でも買うことできた。

鈴木　この映画のあとのほうで、周継能が**【われわれのような学生に、なぜこんなバッジをつくることができたのか？　われわれは広東工学院の学生食堂に押しかけて、食堂のアルミ製の皿をごっそり**

かっぱらい、工場に持っていって、アルミを提供するから、その分バッヂをつくってくれ、と頼んだ】と語っています。

土屋　共産党は組織がしっかりしていたし、出版社や印刷所、それを売る店頭までの流通がしっかりしていた。そうでなければ、これだけの枚数を出すのはむずかしい。文革で毛沢東の絵をまわす流通網の整備ができて、八〇年代には、そこを山口百恵の写真や絵が大量に通ったという。

フロアA　毛沢東関係の記念品は、贈答品でした。買わない。交換の繰り返しです。ぼくは、高校の数学の先生からレーニン全集を全巻貰った。彼もどこかから貰った。いっぽう、肖像画を破ったり捨てたりするのはきわめてまずい。

鈴木　捨てられないから、贈答するしかなくなりますね。

森　劉春華が【大批判特集ともなれば、白紙とインクを持ってきて、黒や赤や黄色で、素早く簡潔にさっと描いた。こういうやり方のほうがずっとふさわしいと感じたものだ。闘争するのだから、その場の言葉が必要であって、実生活とおのずと結びついていた】と語っている[10]。絵によって、どういう筆致で描くのか。速報性を出すには、一筆で、さっと描いたふうにするとか。栗憲庭の話では、【ひとつは中国の近代的な伝統で、西洋の写実主義の伝統を借りた。それはまた、一八世紀フランスの共和国の革命芸術、ヒトラーの芸術からソ連の宣伝芸術にいたるまでを吸収している。ここには政治に奉仕するという流れがある。もう一つは中国の伝統も吸収している。それは、私がいま述べたような、舞台劇の「みえ」だ】[15]。自由の女神の絵の旗のなびき方が、中国と同じです[16]。

上:[15]/下:[16]

ているから。

鈴木　かといって、後期印象派とかキュービズムまではいかない。一九世紀で止まっている気配があります。画面には、周継能が描いた当時の漫画「劉少奇を打倒する」が映り、周が**【これはわたしが一九六七年につくったものだ。わたしには美術の素養は少しもなく、学んだことはない。自分で製作し、自分で表現する機会だ。わたしは毛沢東の輪郭をガリ版の鉄筆でなぞった】**と［17］。

土屋　西洋絵画と宣伝画とが対比されている。

鈴木　西洋絵画は、ながく聖書の一場面を表わしていた。衣服の色も決まっていて、マリアが青を着てればあの場面だと。絵画のうしろに物語という立体性があった。絵画の物語性とのたたかいは一九世紀までつづいた。絵画における物語が、中国のプロパガンダにひき継がれている。私が実見したかぎりでのキューバのポスターは、高度に平面化され、デザイン的です。中国の宣伝画は、デザインになりきれず、物語を引きずっている。文字も、タイポグラフィ、いわゆる活字印刷技術ふうにはならずに、手描き的、筆触的です。中国とキューバでは、プロパガンダの機能を共有しながらも、記号のありようがちがう。

土屋　平面ということでは、絵とデザインにちがいはない。しかし、デザインのばあいは、訴え方が静かです。

鈴木　デザインのほうは、作者が匿名的ですね。それと、複製技術に拠るとはっきりわかるのがデザインで、アウラがない。中国のばあいには、印刷物だけどアウラを感じさせる。毛沢東という表象の神格化によって、捨ててはいけない唯一性を感じさせる。

森　中国のばあいは、描き手の側にもヒロイズム性を感じる。宣伝部の指令で描いているんだけど、命懸けと思える書き手の感情が残っている。デザインまで昇華すると、ヒロイズムはあまり感じなくなる。

土屋　昇華の良し悪しの結果じゃなくて、ということですね。二〇世紀における視覚の政治学として、はっきり二手に分かれたわけだ。

鈴木　手の感触を残す特徴が中国の文化にはある気がします。キューバは、アメリカ

［17］

（左）　映画『チェ、友なる司令官』（1977年、ベルナベ・エルナンデス監督）ポスター　ポスター制作＝アントニオ・フェルナンデス・レボイロ（1978年）
（中）　映画『少年』（1969年、大島渚監督）ポスター　ポスター制作＝レネ・アスクイ・カルデナス（1976年）
（右）　映画『ある問題の分析』（1974年、サンチャゴ・ビラフエルテ監督）ポスター　ポスター制作＝レネ・アスクイ・カルデナス（1974年）
出典：東京国立近代美術館フィルムセンターら編集『キューバの映画ポスター』（東京国立近代美術館ら刊、2016年）より

合衆国に近いから、アメリカ的なグラフィックデザインの影響はあったでしょう。逆に、キューバからアメリカに影響を与えた側面もあるのではないか。そう思えるくらい、みごとな平面化を遂げた。

森　この映画では、キューバは視野に入ってないですね。

鈴木　栗憲庭が**【宣伝画には簡潔さが重要だ】**と話す。**【毛主席の簡潔な語録式のスローガンと視覚イメージとが相まって、それを集中的かつ大規模に庶民へと注ぎこむ】**と言っていた[11]。「注ぎこむ」にギクッとする。単純化してシャワーのように浴びせるのか。

森　描かれている人物たちの視線がこちらに迫ってきて、気を注いでくる感じがします。この視線のシャワーには、書き手の感情も入っている。

鈴木　デザインは、読者・観客によってどう見られるかからしか発想できない。デザインは、見られる行為によって現象するのであり、実在するわけではない。対して、手描きの生々しさと視線のシャワーは、力を信じている点で親和している。

土屋　毛筆で書かれた壁新聞について、草森紳一がおもしろい指摘をしています。「もともと、文字は、血の踊りであり、生命のあかしでもあった。本来、なまなましいものなのである。そして、墨の魔力がある。ギッシリと新聞の上へ小さく一杯一杯につめこまれた活字も、たいていは黒のインクである。だが「墨痕淋漓」というように、いったん、水をふくんで活性化し、筆でもって書かれた墨の活動は、黒インクで印刻された小さな活字など、白紙同然に無視してしまう力をもっている。まさに魔力である。淋漓とは、水、血、汗などの溢れてしたたるさまをいう。墨痕は、なにも自らの赤い血を出して書かなくても、血文字なのである」(『中国文化大革命の大宣伝』下巻、12頁、芸術新聞社、二〇〇九年。前田コラムも参照)。

森　画面では、さらに画法の話がつづきます。李醒韜が、**【油絵をやるようなやつはソ連修正主義の腐れ者とされた。中国画は「黒い絵画」だから、ほとんど描けなかった。政治プロパガンダだけしか描けなかった。でも絵筆を持たせてもらえるだけでうれしかった】**と証言する。

土屋　黄永玉（一九二四〜）という画家が、黒い絵の代表だと言われた。黄永玉が文革で批判された現場のことは、フランス女性が当時の北京を撮った『北京　一九六六』（勉誠出版、二〇一四年）で確かめられます。その本で、スウェーデンで戦後初の中国留学をしたレイヨン氏の話に出てくる画家がまさにその黄永玉なんです。

森　油絵はソ連修正主義、中国画は黒い絵画と否定されますが、版画については伝統絵画として肯定される。つまり水墨画の伝統は打破。李醒韜の話がつづいています。**【わたしは美術学院の工芸学部染色専攻で、シルクスクリーンもやっていた。そこでわたしは、こうした道具を使って宣伝画を製作した】**。李は、シルクスクリーン印刷に向くような絵が描けた。

鈴木　シルクスクリーンは孔版印刷で、版画をもとにシルクスクリーンにすることはある。シルクスクリーンは、グラデーションのような多階調表現が苦手なので、白か黒かという版画的な画像に向いています。シルクスクリーンの印刷可能枚数は数百枚ですから、版画やシルクスクリーンをもとに、活版や平版印刷にしたのかもしれない。

◆文体革命の総仕上げとしての文化大革命

文字の歴史における手書き文字から印刷文字への変化は、声つまり口伝えの歴史から文字に記す歴史への、変化に次ぐ変化だったのではないか。

一九一七年以降、胡適や魯迅らによって起こされた白話運動は、日本における言文一致運動と同様に、旧来の難解な文語文を廃し、低俗だと決めつけられていた民衆語を書き言葉の主役におしあげた。中国大陸では、同じ漢字を使いながら、地方によって発音が異なるため会話のコミュニケーションが取れなかったが、現代白話文は、共通語としての「普《プー》通話《トンホワ》」の文法規範となったのである。

文革は、この白話運動を発音と話し言葉にも定着させた。『毛主席語録』と『毛沢東選集』の普及はすさまじく、印刷された『語録』は六五億冊ともいう。かくして普通話は、文革期に繰り返された輪読会やラジオ放送、民族大移動とも言える下放運動を通じて、共通語としての地位を発音の側面から固めていった。

この文体革命は同時にまた、縦書きから横書きへという変革でもあった。本来、漢字文化圏は縦書きが基本であり、たとえば、手書きの手紙はほとんどが縦書きであった。それが新中国になって、横書きが主流になっていく。『語録』の印刷文字は横書きであり、その横書きが今度は手書きに影響を与え、大字報も横書きになっていく。早くから手書きの書の社会的素養や習慣が衰退してしまった日本とは違って、中国では文革後の一九九〇年代でもまだ、日本の秋葉原のようなコンピュータの街、北京・中関村でも、毛筆で達筆をふるう代書屋が繁盛していた。その意味では、文革期に街にあふれた大字報は、手書き文字の持つ身体性と生命力を示し得た、最後の機会だったのではなかったか。文革が文闘を貫くことができず、芽生えたコミュニケーション革命を武闘に委ねてしまったことは、まことに残念である。

（前田年昭）

森　李が【**当時、広州は二派に分かれていて、ひとつは紅旗派で、もうひとつは東風派だった。わたしは東風派で、保守派だった。わたしはわりと出身がよかったんだ。父親は労働者だった。それでわたしは、美術学院で最初の紅衛兵になった**】と言います。

土屋　まず「わたしはわりと出身が良かった」から。プロレタリア独裁の立場からすれば、労働者、農民出身であるのが人民の資格であり、「よい出身」であると。また、共産党員として革命に参加した者とその家族もよい出身とされ、名誉とともに法制上も優遇を受けました。文革初期には、こうした出身が強調され、階級闘争の根拠となり、出身のよくない者への差別や虐待がおこなわれた。

森　「広州は二派に分かれていて」については。

土屋　一九六六年に成立した広州「旗」派と広州「総」派というふたつの集団に関わる話です。「旗」派（紅旗派）は、一九六六年八月の北京における毛沢東の紅衛兵接見ののちに、広州の諸大学で設立された紅衛兵のグループの集合体です。彼らは、一九六七年一月に「広東省革命造反聯合委員会」を組織し、省党委員会と公安機関の奪権をはかる。広東省委員会書記の趙紫陽（八九年天安門事件当時には総書記だった）らに対して、自分たちの奪権活動が革命的行動であると承認するよう求め、革命造反派が省委員会を監督すると発表します（「広州1・22奪権」）。広州「総」派（東風派）は、六六年末に成立した鉱工業の労働者を基本とし、広東省党委員会や広州軍区を擁護する態度だったため、紅旗派からは「保守派」と批判されたのです。

鈴木　歌を歌ってるところは、広州のミシン工場のBBCなど海外メディアのドキュメンタリーですね。【**抗戦の日が**

やってきた！　前線には労働者・農民子弟の兵、後衛には全国の人民、軍と民が団結して勇敢に前進する。敵と見定めたら、その敵を消し去る。突撃！　大きな刀を敵の頭に振り下ろせ！　殺せ！　殺せ！　殺せ！】［18］。

土屋　音を流しておいて、そこに黒竜江省で文革を撮りつづけた李振盛《りしんせい》の写真をモンタージュする［19］。広州とは場所がちがいますが、監督の考えでは、リンチや吊るし上げが各地で並行して行われていたのだから、映像は事実を伝えているというわけです。

森　周継能がつづけます。**【これは、ある日の戦闘に過ぎないが、この一回の武闘で多くの人が死んだ。一九六七年の八月二〇日の流血事件だ。……多くの人が殴殺された。……この建物はもう解体されている。二年前に見に行ったらもうなかった。これは銃で撃ったのではなく砲弾だ】**［20］。

土屋　紅旗派と東風派の戦闘で死んだ人たちの写真が映されます［21］。紅旗派が軍区から弾圧されて衰退したところまで紹介しましたが、その一ヶ月後の六七年四月一八日に周恩来が広州入りし、紅旗派を革命左派として肯定した。対して、いわゆる「総」派（東風派）を「保守的群衆組織」と呼称した。この周恩来の発言は、現地の人びとを驚かせました。会場は、まるで大型爆弾を投下されたように雰囲気が変わったといいます。周恩来は、地元の軍区をうらぎるかたちで、「総」派は文革の担い手ではないと断じたのです。たぶん周恩来は当地の現状を誤認して、江青ら左派の代弁をしてしまった。これにより、紅旗派は息を吹き返した。このあと広州の群衆組織は、紅旗派

上：[18]／下：[19]

（「族」派）と東風派（「総」派）という対立する二派に分かれて武闘を繰り広げることになります。紅旗派の構成員は、学生と知識人、それに複数の労働者組織からなります。東風派の構成員は、労働者組織および学生組織だったとされます。両者とも自分たちを左派組織と自認していた。李醒韜は、父親が労働者だった関係で東風派なのだと思われます。

森　まちがえやすいんですが、保守派のほうが力が強くて、多く殺されたのは、紅旗派＝造反派のほうなんですね。今、説明していた周継能は、保守派です。彼は、殺された人たちの資料を持って話していますが［21］、自分たちが殺した。

土屋　「これは銃で撃ったのではなく砲弾だ」というのも、自分たちがやったことだからよく知っている。どうして保守派のほうが強かったか。解放軍は保守派を支持し、保守派に武器を持たせた。保守派が軍隊の代わりに造反派をつぶした。

鈴木　さらに李醒韜が話します。**【東風派が、『毛主席語録』を持って、デモをしていた。『毛語録』の一節を叫びながら、広州の北京路をデモ行進していると、別の派が上から、ゴミをぶちまけた】**［22］。

土屋　これは、広州での映像ではなく、別の場所での似た映像を使っています。関係ない映像をうまく使っている。中国のプロパガンダのやり方を、あえて踏襲している。インディペンデントの監督には、胡傑監督のこうした方法を批判する人もいる。

森　李醒韜と周継能は同じ保守派だったのに、雰囲気がだいぶ違う。

土屋　映像にうかがえる彼の態度には、みずからが人間性を失っていたことを反省し

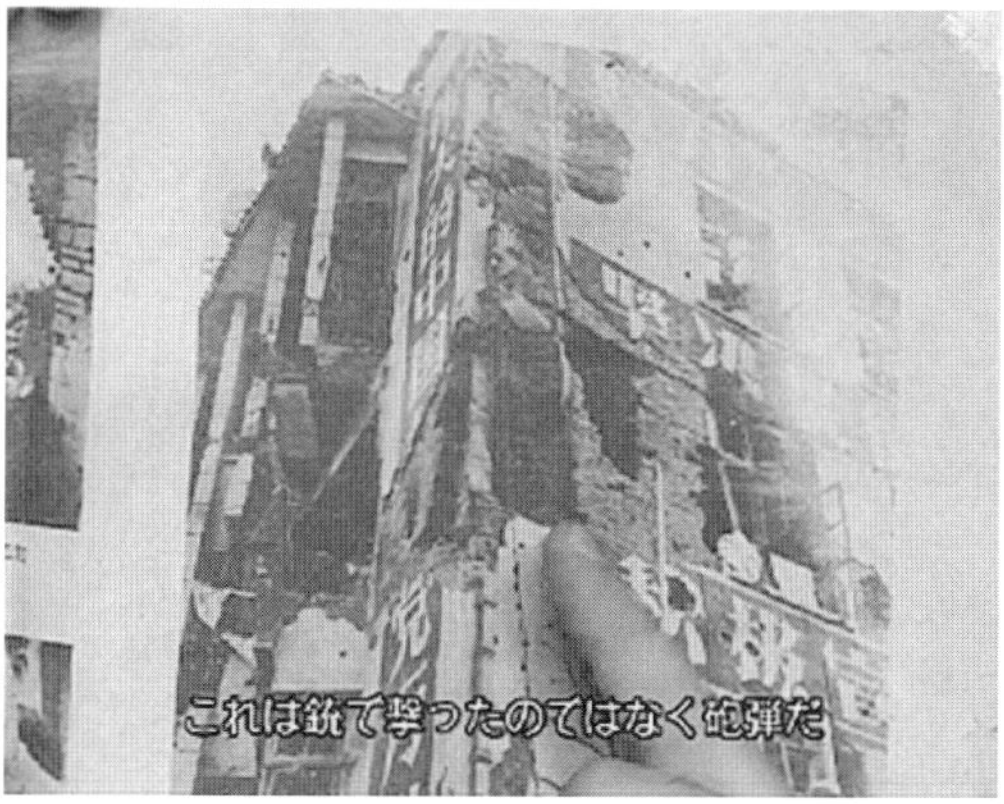
これは銃で撃ったのではなく砲弾だ

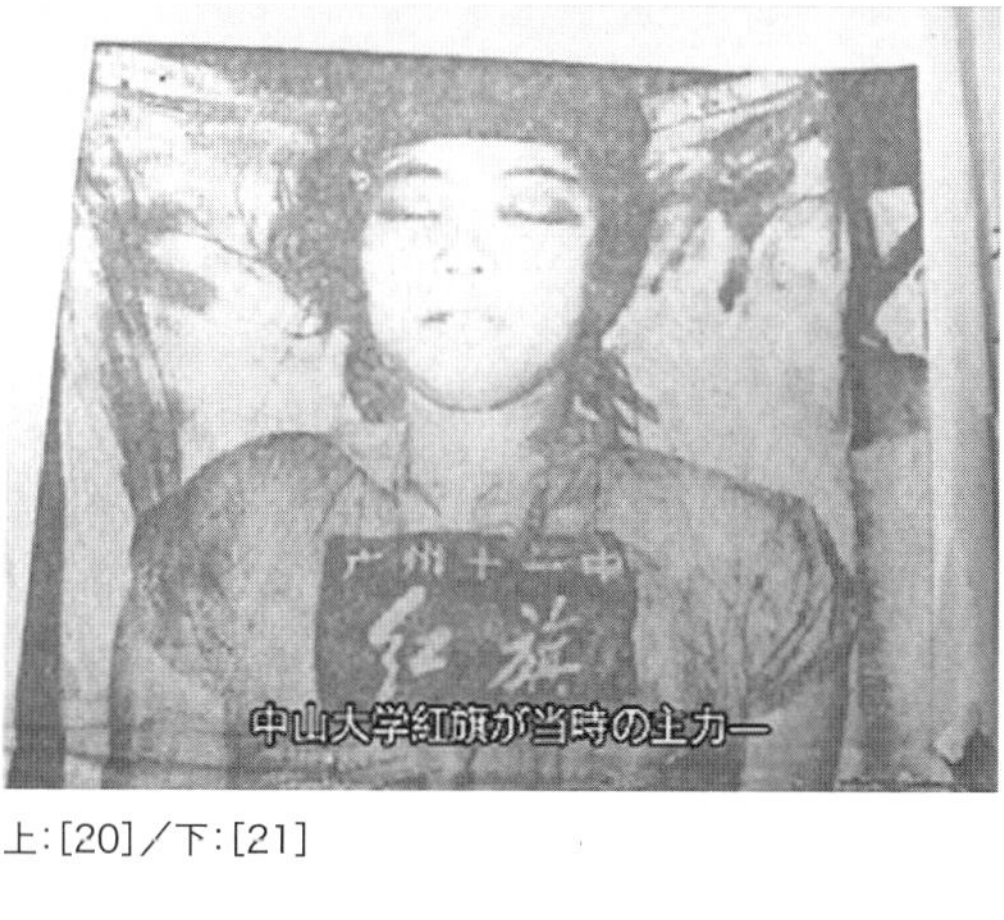
中山大学紅旗が当時の主力ー

上：[20]／下：[21]

ているようすがうかがえ、暴力をふるった心理についても吐露している。宣伝画を描いていた李醒韜が、現在では広州画壇の重鎮に成り上がり、あっけらかんと文革時期を懐かしみ、展覧会を開いて得意満面なのと対照的に、周継能は青春時代を懐かしみながらも、深刻な反省を加え、それゆえに文革を研究しようとしています。胡傑監督は、このふたりを対照させながら、広州で実際におこった文革の状況と、それに対する現在の人びとの見方を視覚化しているのだと思います。

◉芸術のなかの公と私

森　イギリスの『ガーディアン』誌の元記者であるジョン・ギッティングス（John Gittings）に、画面は飛びます。彼は、**【一九六八年から一九七〇年にかけて、英国と中国の外交関係は悪化していた。紅衛兵が北京の英国大使館を焼き払ったため、われわれは中国へ行ったり、取材したりすることができなくなった。それでどうやって中国を見るか、なにを見るかが問題だ。……壁には何があるか？　宣伝画があり、黒板に書かれた新聞があり、標語があった。こうしたものは新華書店で入手できた。宣伝画、切り絵、何でもあった】**。だからウエストミンスター大学には、ポスターやビラなどの宣伝資料が多い。ギッティングスの目線は人類学、中国を観察の対象としている。アクチュアルな自分たちの問題として捉えている感じがしない。

土屋　ギッティングスは、一九三八年生まれ。ウエストミンスター大学の教員を退職後、一九八三年から二〇〇三年まで『ガーディアン』に勤務しました。

森　あとのほうでは、ハリオット・エヴァンス（Harriet Evans）教授が**【（文革宣伝画は）まだ研究が足りない。文革はどのようにして始まったのか。研究者がその資料として重視するのは、中国にしろ、国外にしろ、往々にして文献的な資料、あるいはその場限りのオーラルの資料であって、視覚的なものではない】**と話す場面が出てきます。視覚的な資料を通しての文革プロパガンダの分析はこれからなんですね。

[22]

鈴木　このあたりから、劉少奇批判の映像が多く映されるようになります。『人民日報』が映り、「劉少奇の声」が**【どのようにプロレタリア階級の大革命を行うか。君たちは、われわれに問うた。革命**

をどのように行うのかと。正直に答えよう。本心を君たちに伝えよう。わたしもよくわからないのだ】と流れます［23］。

土屋　この劉少奇の講話は、一九六六年七月二九日、北京市委が人民大会堂で「各大学・専門学院の工作組を撤収することに関する決定」を宣布した時のもの。画面［23］では天安門広場にむかって話しているようですが、じつは会議の席での発言だった。工作組は劉少奇らが出していたもので、それを毛沢東が批判し、それで撤収した。そのときの劉少奇の発言が「わたしもよくわからないのだ」なのです。これを聞いた人々は、最高指導者のあいだで亀裂が生じていることを悟ったといいます。しかも、毛沢東はこの講話を聞き終わると突然、椅子から降りて、会場に手を振り始めた。その後、毛沢東はこの劉少奇の録音を全国の省・市・自治区レベルに配布して聴くように指示したというからすごい。

森　いまから考えても、毛沢東に対する正直な当惑であり率直な批判だと思います。率直すぎるきらいがあるくらい。文革は、革命の理由を強引に見つけてやっていたのだから。

土屋　だけど、六六年七月だから、文革がまだ始まったばかりなんです。

森　始まったばかりですが、敵を無理やり見つけなければならない構造はすでにあった。

土屋　本作の見解では、いまの劉少奇の話あたりまでは、とにかく文化大革命やりましょうと言っていたのだけど、誰が敵なのかはいまだ見えなかった。

鈴木　次の場面では、子どもたちが**【毛主席万歳！　劉少奇の馬鹿者め。ぼくらに読書無用論を押しつけた。役人勉強論を押しつけ、実権派を打倒せよ！　毛主席万歳！】**と叫んでいる。この時代、読書の位置付けはどうだったのでしょうか。このあとも、何回か読書の光景が出てきます。

土屋　「読書無用論」と「役人勉強論」は、ともに劉少奇の提示した考え方だとされていたわけです。このうち「役人勉強論」は、劉少奇の「入党役人論」に由来しているようです。劉少奇は、一九五一年四月、第一次全国組織工作会議で「ある種の人からすれば、現在、共産党に加入することは、何の苦労も背負わないだけでなく、しかも個人的な保証や名誉・地位などを多く獲得できるとみえる」と

[23]

述べた。劉少奇の主張は、こうした見方に反対することだったのに、この発言をねじ曲げて、劉少奇は入党役人論を語ったとこじつけられた。劉少奇は、一九三九年に延安で出した『共産党員の修養を論ず』で、『論語』の修養論をたびたび引用している。この本は一九六二年に修訂の上で再版され、非常に流通しました。そのなかで、党員があやまちや欠点を公開することを「日月の食」のごとし、と『論語』子張篇の子貢（孔子の弟子）のことばをふまえて言っている。しかし、同篇の同じ子貢のことばに「学んで優なれば則ち仕う」という語があり、これが「勉強は役人になるためだ」の意に解される。それで「役人のため」が劉少奇の上述の言葉と結びつけられたようです。『人民日報』一九六九年六月二八日の「劉少奇はなぜ孔子のために招魂（＝蘇らせる）をしてやるのか」という文では、劉少奇が『共産党員の修養を論ず』を再版したことを、「孔子のために招魂をしてやる」と決めつけ、『論語』の「学んで優なれば則ち仕う」と劉少奇の「役人勉強論」を並称しています。『人民日報』一九六九年五月一五日の「大いに革命のための学習という思想を立てる」では、中学生が「読書無用論」を議論したとして、「読書無用論は、実質的には劉少奇の読書役人論の翻案だ」と言っている。どうやら、このプロパガンダは一九六九年ころに盛んになったようです。たぶん、こうしたプロパガンダは、劉少奇のことにかこつけていますが、文革時期に学校の授業が停止して、学生・生徒を革命に参加させたため、若年層に知識を軽視する現象がはびこったのに対応したのだと思われます。一九六八年から、紅衛兵運動の収束と上山下郷運動が起こると、学生は卒業後に農村に行くことになったため、勉強しても仕様がないという厭学観がひろがったのです。こうなると、毛沢東著作すら読まなくなる（読めなくなる）危険があり、共産党はこの動向を警戒して、読書無用論に反対するプロパガンダを劉少奇批判にかこつけることによって、強化しようとしたのだと思われます。プロパガンダの表面的な狙いだけで判断していると、見誤ります。

森　読書は、共産党が発行する文書を読んで共産党の理想を吸収する手段であるべきだとされた。現実派の無用論は、実践を読書に対して対比させます。現実派の劉少奇は、現場の実体験から政策を見いだしていくべきだと考えた。劉少奇の方策が成功して、毛沢東の退場を後押しする結果になった。文革前のことですね。毛沢東としては、目先の現実よりも、共産主義の理想に向かっていくべきだという論点から、劉少奇に対抗しようとした。なのでたんなる知識人批判ではない。毛沢東にすれば、人民革命の理想を呼び覚まそうという原理主義であって、現実派を役人勉強論に言い換えて批判させている。

土屋　劉少奇が、人民には読書は無用で、勉強は役人のためだと言ったわけではないが、毛沢東サイドがそう強引に読み替えた。

森　劉春華が話します。劉少奇批判の文脈です。劉少奇が安源で多くの仕事をしたのは知られていた。しかし、**【もっとも早く安源に行って労働者の運動を発動し、大規模なストライキを組織したのは毛沢東だった】**と。

鈴木　安源の手柄を、劉少奇から毛沢東のほうに奪い返そうとする。その仕事が**【偶然にも、この創作の任務がわたしに与えられた】**と、劉春華は得意げです。それが「毛沢東安源へ行く」という作品になる[24]。

森　音楽が流れ、「劉少奇国家主席に対する批判闘争」のようすにつづいて、「死亡した劉少奇」の写真が映る。

土屋　劉少奇の死に顔と、劉少奇が監禁された部屋が映って、担架が置いてある[25]。まさに今、劉少奇が運びこまれた感じです。看板がありますから、ここは展示室なんですね。劉少奇が迫害されたというプロパガンダ映像を引用することで、この映画からの観客へのメタ・プロパガンダになっていますね。

鈴木　**【東の空が紅く染まり、太陽が昇る。中国に毛沢東が現われた】**という声が重なって、毛沢東たちが劉少奇を殺した印象になっている。劉少奇批判の場面がいろいろ出てきて、それがすべてまちがっていた雰囲気が伝わってきます。

土屋　劉春華みずから語るように、彼は劉少奇批判の動向に乗じた。**【劉少奇が、歴史的には、かつて安源で多くの仕事をした】**とは、安源路鉱の労働者の大ストライキのことで、これは中国共産党成立の初期に組織された大規模なストライキ運動です。会社側が、一九二二年九月に組合の解散を求めたため、大規模ストライキが挙行され、労働者側が勝利しまし

太陽が昇る

宣伝では江青の指示で創作したと

上:[24]／下:[25]

た。劉春華は、彼の絵が安源をめぐるプロパガンダに活用された経緯を率直に語っています。

森　劉春華は自分がまちがいに加担したとは、まったく思っていなさそうですね。

鈴木　侯一民《こういちみん》が描いた「劉少奇と安源の探鉱夫」と劉春華の「毛沢東安源へ行く」との、絵画どうしの闘争ですね。

土屋　劉春華ってイヤな感じだね。彼は話をつづけます。江青が「毛沢東安源へ行く」を一目見て、「すばらしい、印刷を許可する」と言ったと。さらに、**【江青について、個人的な感情を正直に言えば、わたしは彼女に感謝すべきだろう。なぜなら、彼女が当時の政治環境において、公に高く評価し、発表し、宣伝してくれたのだから。今風の言い方をすれば、ほとんどこれ以上ないパッケージだ。印刷量も多く、九億枚以上だった】**とも。

森　スクリーンには一転して、武漢の街並が映されます。文革関連物の収蔵者である沙雲楽《さうんらく》が話します。**【現在、われわれがこうした資料を収集するのは、記念に残すためなのだ。これは毛主席と林彪副統帥が、文革時期に北京の学生リーダーと接見したもの。北京の五大リーダーだ。聶元梓《じょうげんし》、蒯大富《かいたいふ》、韓愛《かんあい》晶《しょう》。蒯大富はいまもう六十四歳だ。中国が向かうべき方向は、文革が決めた。……今も国際的に大きな影響力をもっている】**[26]。

鈴木　文革における接見の意味は。

土屋　天安門広場に各地から紅衛兵が来た。毛沢東が天安門の上から紅衛兵に手を振る。北京の学生相手に接見したら、毛主席に会いに行こうと、各地からみんな勝手に北京へ来てしまった。彼らが北京に居座っていろんな問題が生じる。とにかく毛沢東が顔を出さないと収まりがつかない状況だった。しかたがなく、周恩来が順番を決めて、この地方は何月何日と決めた。こうして毛沢東の神格化が進んでいく。

鈴木　多木は『天皇の肖像』で、天皇陛下の言ってみれば接見である巡幸が明治の十年代で早くも終わったと指摘しています。生身の身体をさらすプロパガンダは早く終わり、身体なき王のほうへいく。

[26]

土屋　文革において、接見は一〇回以上、六七年ころまでつづいた。やはり文革初期ですね。

鈴木　それで、接見の代わりに写真やポスターになるのかな。

森　つぎに、北京の芸術家・厳正学が話します。**【わたしは文革初期に浙江美術学院から新疆へ行った。蘭州に着いたところで旅費がなくなった。そこで毛主席の像を描いて生活の足しにした。蘭州市民航局の要請で、八メートル×五メートルの巨大な絵を描いた】**［27］。

土屋　厳正学（一九四四〜）は北京の芸術家で、杭州出身です。画面うしろに見えるのは、林昭を主題にした彫刻です。林昭は、一九六〇年に反革命罪で逮捕されても自由と民主を求める信念を変えず、六八年に銃殺されました。獄中、血で一四万字の文章を書いた（本書、陳継東論文を参照）。彼女がテーマの彫刻を、厳正学は北京の自分のアトリエの前に据え置いていて、しばしば公安当局と問題になるらしい。

森　厳正学が話をつづけます。甘粛省の高官が、彼が描いた毛主席の像を見た。**【高官たちは、わたしが描いた毛主席像には耳が一つしかないと囁きあった】**。**【彼らはわたしに、耳が二つある標準的な毛主席の肖像を描け、と言った】**。

鈴木　なんで、耳が一つだとまずいんですか。

土屋　一つのことしか聞かない指導者だということになる。

鈴木　でも、斜めから描いている構図だから無理ですよね。

森　さらに、厳正学の受難はつづきます。**【彼らは、わたしが毛主席の肖像にバツをつけた、と言った。それは、絵を描く際の補助線だったが、彼らはそれを罪状として公安局に通報した】**。いろいろあって、**【大きな絵では対角線が必要なんだ、バツをつけたわけではない】**、と言って、ようやく銃殺を免れる。

鈴木　バツという形象には、ネガティブな絶対性がありますね。これまでの映像でも、吊るし上げでも名前にかならずバツを付けられる。

森　スクリーンには、広東美術館キュレーター・蔡涛《さいとう》が話している姿が見えます。**【現在、われわれの美術館に作品が収蔵されている大部分の芸術家は、体制内の受益者だ。そこでわれわれは別の存在にも目を向けている。彼らは、完全に脇へ押しやられ、体制の主流からも極度に隠蔽され、その生存状況にすら粗暴な干渉を**

蘭州市航空局が8m×5mの巨大画を描かせてくれた
［27］

受けてきた。現代の芸術家達が建国後にさらされた運命ということでは、もう一つの系譜を見ることができるわけである。主流の美術史の外側に、一群の現代芸術家達がいて、それぞれの個人のやり方で創作を堅持していた。趙獣の作品がその例だ。彼は、中国で初期に成立した前衛美術団体の重要な芸術家だった】［28］。

土屋　趙獣（一九一二～二〇〇三）は、一九三二年若いときに日本に留学していて、神田神保町の近くで展覧会をしたこともあったようです。彼と梁錫鴻《りょうせきこう》、李東平、曾鴻《そうこう》、ANDRE BESSINの五人で、一九三五年、東京で中華独立美術協会を設立した。彼らの周囲に三〇人ほどの画家がいて、中国にアバンギャルドを導入する活動をしていたという（蔡濤「中華独立美術協会の結成と挫折」（アジア遊学一四六号『民国期美術へのまなざし』勉誠出版、二〇一一年）を参照）。

森　「獣」という名前は画名ですね。語りは、**【新中国の期間全体、四〇年近くもの間、彼は一貫して現代主義の創作を堅持した。趙獣は晩年、陶永白《とうえいはく》氏の取材を受けたとき、自分はとっくにこの地球上に生存する資格を剥奪された、と語った。ここから、彼がどれほど拠り所のない、苦痛に満ちた人生を送ってきたか、わかる】**とつづきます［29］。

鈴木　趙獣らを再評価しようと、蔡涛が企画した展覧会は「浮遊する前衛」展です。「浮遊」は、拠り所もない生命体が宇宙空間に漂っている状況を表わしていると解説される。宣伝画を語るなかで、監督はあえて、趙獣のような反主流の画家を紹介している。

土屋　文革を中心に考えると、光のほうが宣伝画で、影のほうが趙獣たちの作品だと。

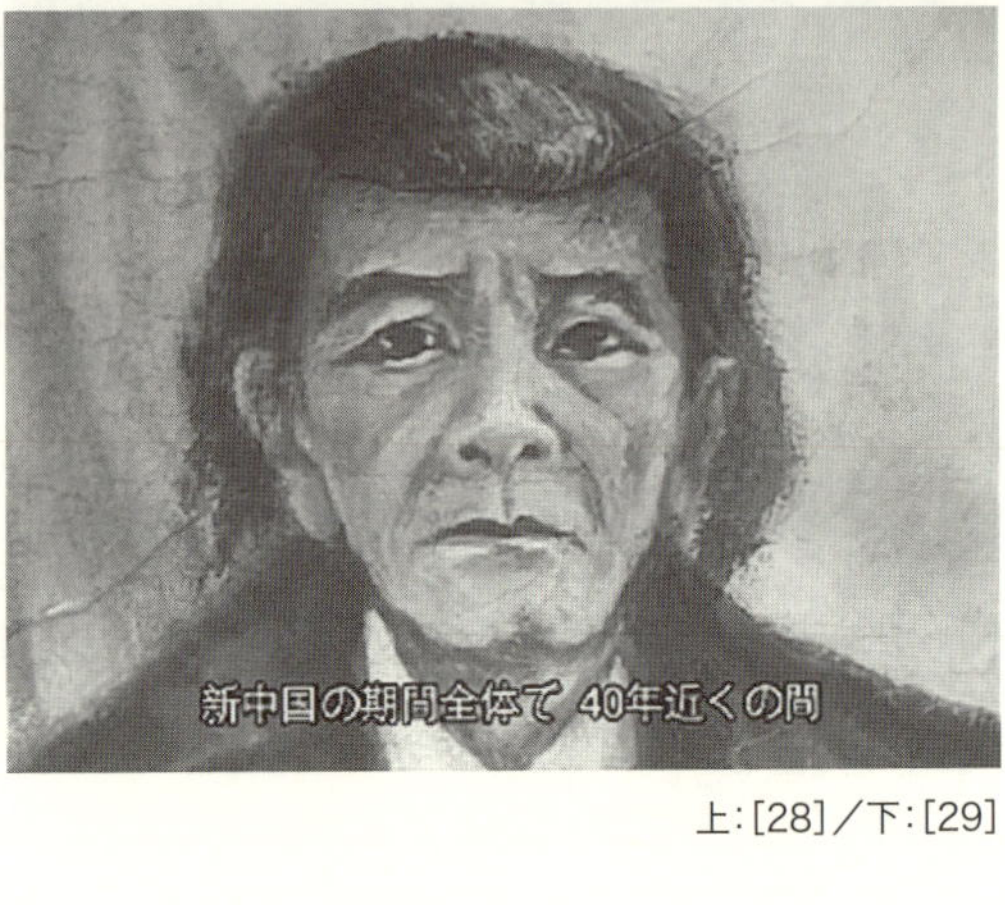

上：[28]／下：[29]

鈴木　実用性があった芸術のほうがメインストリームだった。人間の内面を描くのは、メインストリームとは関係がなかった。

土屋　趙獣は、農村へ追いやられて孤独でした。社会との関わりがないからこそ、自分の内部を見つめることができた、そういう逆説でもある。

鈴木　裏返せば、プロパガンダ芸術には、はたして個があったか。個の内面と向きあわないで芸術が存立するのか、と問うている。この絵は農場を出てから描かれたんですか。

土屋　農場で描いたらしい。監獄とちがい、強制労働の農場で描くだけの自由があったのでしょう。毎日働きながら、夜に描いていたのだと思います。

フロアB　絵の具をどう入手し、キャンパスの布をどうしたかなどと、考えてしまいます。

森　浮遊する前衛が、文革一色のなかにもあった。芸術的な昇華もあったのだと。体制に対して反体制、革命に対して反革命という二者択一ではないあり方があった。

フロアB　二者択一ではないこと自体が浮遊的なのですね。

森　当時のドキュメンタリー「合唱と舞踏」が映り、毛沢東の詩「七律、人民解放軍の南京占領」が流れます。**【鍾山に風雨たちまち起こり、百万の雄師は長江を渡る。急峻な地勢も今は昔、天地は覆って敵は悲しみ嘆く】**。

土屋　「百万の雄師は長江を渡る」のくだりは、蒋介石の南京政府を陥落させたときの戦いです。徹底的にやる、同情する必要はない、という内容ですね。本作で映されるポスターでは、とくに女の子がかわいらしく描かれている[30]。あれを当時、日本で見た人はドキッとしたん

上：[30]／下：[31]

じゃないかな。若いときに、これにコロッといった経験がある人もいると思います。

フロアA　外国人から見たらかわいい。

フロアB　わたしも、小学校と中学校で外国人を出迎えるために、化粧して頭を花で飾って、空港に行った。アメリカの大統領が来たときも、踊りました［31］。

鈴木　少女が、**【今の世界で、いったい誰が誰を恐れているのか。人民がアメリカ帝国主義を恐れているのではない。アメリカ帝国主義が人民を恐れているのだ。道義あれば助けあり、道義なければ助けなし。歴史の必然には逆らえない】**と読みあげますが、その声の調子がスローガン的というか、パキパキ切れて不思議な感じです。自分で論理を辿っているのではなく、暗記された単文の羅列みたいに聞こえる。

フロアA　少女の言葉はたぶん広東語でしょう。当時は、標準語はそれほど普及していない。さきほど子どもたちが演じた芝居もすべてが方言で、ぼくらも当時、小学校の授業では、国語だけが標準語で、それ以外は算数とか物理とか化学、全部方言でした。

フロアB　暗記も方言でした。

鈴木　土屋さんがミケランジェロ・アントニオーニ監督『中国』(一九七二年)論で書いていたように、国土が劇場空間になったとき、人びとの身体も政治的になる。

土屋　本作は、宣伝画に描かれた身体と当時の中国人の生身の身体とが、たがいに相似してしまうのを指摘しているのではないでしょうか。栗憲庭がこのあとで指摘しますが、宣伝画の身体表現は、伝統的な舞台における身体表現およびその伝統を承けた模範劇に由来している。つまり、生身の身体が、宣伝画の身体と同一化されていく。規律化された身体は、精神の規律化をもたらします。この映画が考えようとしているのは、視覚をとおして進められる、権力による規律化のメカニズムなのではないでしょうか。

鈴木　情報を注ぎこむ、白い紙を染める結果が、少女の朗読に及んでいる。

森　つぎは英語の授業風景ですね。**【Read after me. Lesson 9. A long long life for chairman Mao.（第九課。毛主席万万歳、偉大なる導き手、偉大なる領袖、偉大なる統帥、偉大なる舵手、毛主席万歳！-）】**［32］。

土屋　それにしても、第九課まで行かないと「毛主席万歳」ができませんかね。

［32］

フロアA　ぼくはこの授業を覚えています。小学校に入ったのが七一年で、英語ではかならず「毛主席万万歳、偉大なる導き手……」を学ばなければならなかった。ぼくの英語の先生は、アメリカ留学帰りだった。だから、彼は苦労した。反動分子として、安徽省の片隅で生涯を送ったのです。

森　ということは、画面の子どもと同世代ですね。自分の小学校時代を見ている気分でしょう。外国のドキュメンタリー映像に、つぎのナレーションがかぶさります。**【全人口の六〇パーセントの人には教養がない】**。そのあと、毛沢東の文章が紹介されます。**【中国の六億の人口の特徴は、経済的に貧しく、文化的に立ち後れていることだ。だが、それはよいことである。真っ白の紙には抵抗がない。真新しい美しい文字を簡単に書くことができる。空白を埋める任務は、永遠に終わらない】**。

フロアB　わたしたちは、みんな白い紙だったんです。

森　周継能が、問題分子の摘発の仕方を話します。軍事訓練部隊の担当者が**【まじめで素直な態度なら寛大に扱う。何か問題はないか？　問題ある人は立ちなさい。今からでも遅くないぞ。立たないなら、こちらから探すぞ。よし、〇〇を引っ張り出せ！】**。彼のうしろには積極分子が何人も配置されていて、その人間を冷酷に引きずり出す。**【たくさんの人が拘留され、すぐに車で留置所に連行した】**と[33]。

土屋　彼は、傍観者のように語っていますが、積極分子でやっていた当事者の方じゃないでしょうか。

◉どの位相での反省か

森　つぎの栗憲庭の言葉は、聞き応えがあります。**【古典主義の核心的な部分は、現実に注目するということだ。これこそ、近代の思想家たちが追い求めたものだった。その後、こうした芸術が発展して毛沢東へと到って、芸術を完全に政治の従属物としてしまった。これは、五四運動時代のある種の思想家たちにつながるのであって、毛沢東が独自に発展させたものではない。これを、より大きな芸術の伝統全体から見れば、じつは宋代以前の「文は道を載せる」という載道思想がまためぐりめぐってきたものだ。そこでは、やはり芸術が「理を説く」ことを求めた。文人あるいは芸術**

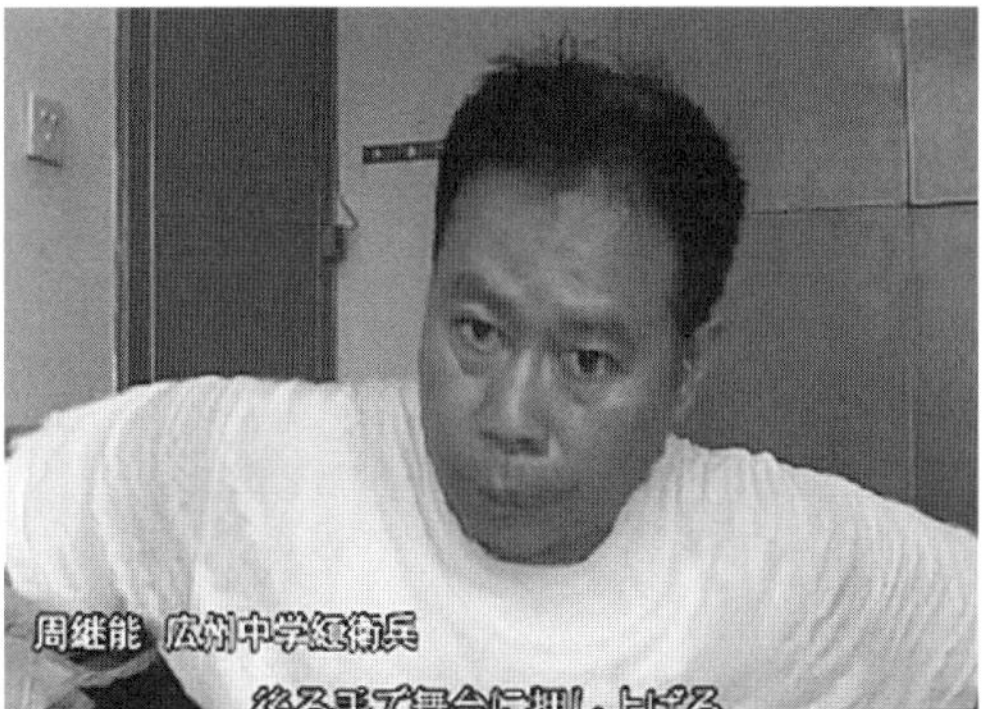

[33]

家は、単に文字を弄ぶだけの者ではない、芸術の技巧を凝らすだけでもない、おもしろくて趣があるというだけでもダメだと。五四運動の思想家はわれわれに、民族精神を奮いたたせ、国家の大事に関心をもつよう求めた。もちろん五四運動の当時は、国家存亡の危機という状況で、そうしたスローガンが叫ばれたのだ。それが延安における「文芸座談会」に到って、毛沢東は芸術が政治に奉仕することを徹底的に強調した。こうして、芸術はしだいに政治の宣伝品へと変わっていったのだ】[1]。

土屋　戦前の五四運動（一九一九年におこった反帝国主義学生運動、広義には知識人による文化運動も含む）のときに、国を救済するために、民衆を奮いおこそうと、芸術作品に民族主義を注ぎこんだ。一九一〇年後半から二〇年ころにかけてです。中国の伝統には、芸術至上主義と道徳主義のふたつがあったが、道徳主義が民族主義に代わった。毛沢東も五四運動を経ているので、民族精神を奮いたたせ、芸術が政治に奉仕することを徹底的に強調した。このように栗憲庭は、美術思想史にプロパガンダを位置づける。

鈴木　道徳という個人や社会にとって内面的なものが、民族主義へと、外化された。

土屋　その民族主義が、プロパガンダ芸術によって無意識化され、また内面化していく。

森　つぎに、中国人民大学教授で前副校長・謝韜が話します。**【自分が「ボルシェヴィキ」であるとは、つまり自分が誰よりも革命的であり、誰よりも共産党を守る者であり、中国に民主的な政権を打ち立てるということだ。とはいえ、民主とはどんなものなのか、まったく知らなかった。……とても抽象的だったのだ】**。

土屋　こういう意見は、共産党に協力した知識人に多かった。それが裏切られて、一九五〇年代末の反右派闘争で打撃を受けたのは、こういう人たちだった。彼らは、五四運動の精神を引き継いでいるという自覚があった、と監督は提示しているのです。この謝韜さんの経歴もすごいです。彼は一九五〇年代、胡風という作家が批判されたときに擁護して、十年も牢屋に入れられたあと、出獄して一年で文革にあい、さんざんいじめられた。この映像の後、八〇歳代で社会民主主義に関する論文を発表して物議をかもし、今はもう亡くなりました。顔つきからして、清廉潔白とわかりますね。

森　周継能の話です。彼は、何人もの教師の自殺を目撃した。ある教師は、毒薬を飲み干したが、病院で命を取り留めた。すぐに批判闘争にかけられ、ガラスの破片を使って、腹を切り裂き、腸を引きずりだした。それでも死ななかった。「牛鬼蛇神」（階級の敵）どもを写真に撮る必要があるとなって、写真が撮れるクラスメートを連れて病院に行った。寝ている彼にまたがるようにして上から、カメラを構えて写真を撮った。教師に対する敬意はもちろん、仁愛なんてどこにもなくなっている事態ですね。

土屋　階級の敵は「人民」ではない。「人民」でなければ、人間としての資格もない。そういう存在に情けをかけたら、自分も階級の敵の側になってしまう。だから彼は、ベッドに横たわる先生を「モノ」、単なる被写体として扱ったわけです。

森　蔡涛が、曾奕《そうえき》という革命前から有名な女性画家について語ります。【黄花崗（地名）のようなひどい環境の豚小屋で、豚にやる草を刈っていた】。【とは言え、当時とても厳しい政治的状況の下で、ひとりの芸術家が自分の芸術を追い求めつづけたのを想像することはできる。自分の芸術的創作の権利を保とうとしたのだ】［34］。

土屋　曾奕は一九一二年生、やはり日本に留学し、趙獣らとともに同じ日本大学で絵画の勉強をした。革命後に批判されて、農村に行った。その渦中でも絵を描きつづけた。

森　革命聖地である延安を描いていますが［35］、画風は山水画です。革命聖地を自主的に描いたんですか。

土屋　自主的に描いた。自分をブルジョアからプロレタリアートに変えようとした。

鈴木　画面では、写真機を持っていました。戦前にカメラを持って撮ったりしているのは、ブルジョアですね。

土屋　写真と絵画の関係は、二〇世紀を考えるうえでおもしろい。

森　また、栗憲庭です。【江青が上海に赴いたあの当時は、彼女が毛沢東の提起した「三つの突出」を代弁していた。芸術品には、突出した主要な人物がいなければならない。主要な人物の中に、突出した英雄的人物がいなければならない。英雄的人物のなかに、突出した主要な英雄的人物がいなければならない、と】。

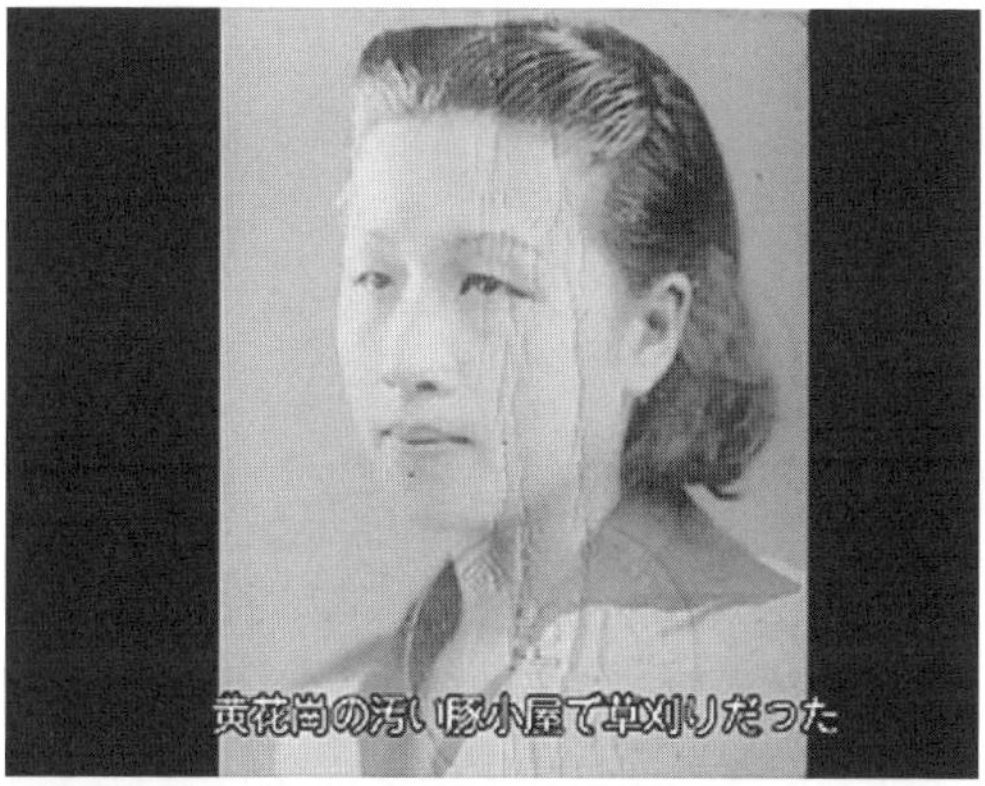

上:［34］／下:［35］

土屋　栗憲庭は、プロパガンダ媒体のあり方は江青の「突出論」に沿っている、と指摘しています。プロパガンダの絵は突出したものを見せる。もともとは、江青が舞台劇でやっていたことなんです。宣伝画の身体表現が、伝統的な舞台およびその伝統を承けた模範劇に由来しているという視点です。

鈴木　描く人が突出していてもいいんじゃないかと、映画は言いたそうです。趙獣と曾奕という、ふたりの才能のある人が描かれる。模範劇的な突出に対して、個性が対比させられている。

土屋　結局、江青は自分を突出させた。このあと、「江青同志に学ぼう、江青同志に敬意を表わそう」という標語が映ります[36]。江青のおかげで出世した劉春華も、一九七二年に江青の不興を買います。彼は、**【それから丸四年干された。一九七六年に四人組が失脚するまで、じわじわと真綿で首を絞められるようだった。何度も自殺しようと思った】**と述懐します。

森　ハリエット・エヴァンス教授が話す。**【それぞれの物語や、言葉や、美術の形式や、美術の方法等は、みな大きく相違しているが、煎じ詰めれば、これらにはもう一つの作用があると言える。社会上の権力関係を強固にすること。こうした関係はまさに、労働者と農民の間の、また女性と男性のあいだの関係にほかならない】**。

土屋　単に政治的な先導とかプロパガンダだけじゃなくて、社会の中の人間の在り方もプロパガンダされている。たとえば女性がどう描かれたのか。プロパガンダに乗って、あるべき女性のあり方が人民に注ぎこまれたと。ジェンダーの観点からも、プロパガンダのポスターは研究に値する。そういう意見です。

鈴木　「白毛女」は本来、地主の息子と農民の娘のあいだの、ジェンダー的な抑圧ドラマだったのが、模範劇では、地主対農民の階級的な闘争に替えられたのですね。

森　読み替えられた。地主階級の国民党が貧農を抑圧し、共産党に解放されてともに闘い勝利する。画面は、周継能の回想に戻ります。学校の友人の父親が大反逆者とされた。批判闘争が終わって家で気を失っ

[36]

て倒れてしまった彼に対して、近所の子どもが、煉瓦を投げつけた。友人が、煉瓦の山のなかから父親を引っ張りだした。周は、【当時こうした子供たちを、誰もとがめなかった。当時の子どもは、現在五〇歳くらいになっているはずだ。こうした暴力の遺伝子が、彼らに植えつけられた。もし彼らが自分を反省しないなら、多かれ少なかれ、暴力の遺伝子はつぎの世代に受け継がれるだろう】[37]。

土屋　反省なき現在の中国の問題です。自分たちの世代が反省しなかったならば、子どもの世代も反省せず、暴力の遺伝子がずっとつづいていってしまう。反省をもって、断ち切らないといけないと。

森　暴力の遺伝子が文革で注ぎこまれた。謝韜も、こう話します。【精神や道徳における破壊は、何世代にもわたってつづく。だから、中華民族に対するこのような毛沢東の破壊行為は、美しく、善良で、勤勉で、人道主義的で、人として人を愛するという、そんな中国の文化的な伝統を、徹底的に破壊し尽くした】。

鈴木　紅衛兵の音楽と「殺せ！　殺せ！　殺せ！」なる叫びが画面に重なります。大英博物館研究員のマリー・ギンズバーグ（Mary Ginsberg）の話を聞きましょう。【この国（中国）の多くの人は教養がなかった。そんな中で理解できる唯一の情報は、簡単な言葉で表現された、まさにこのようなプロパガンダ芸術だったのだ】と。

森　【中国の芸術は、教育のために使われてきた。漢の時代から、すでに人びとを諫めるような絵巻物があった。いずれも芸術でプロパガンダを行なったものだ】と時代をさかのぼってプロパガンダ芸術を位置づけます。

土屋　栗憲庭も、【プロパガンダ絵画というものは、実際には上意下達の統治方式そのものだ】と指摘します。【毛沢東がもっとも重視したのは大衆運動で、それが極限にまで達した。たとえば、延安の文芸座談会だ。そこでは、以下の二点が非常に重要だった。第一に、芸術は政治に奉仕すること。第二に、芸術は労働者・農民・兵士に歓迎されること。歓迎されるとはどういうことか。それは、そのスタイルで描かれたものが庶民に受け入れられ、色彩や造形が庶民によく馴染むものだ、ということだ。よく馴染むことで、自分たちの思想を、

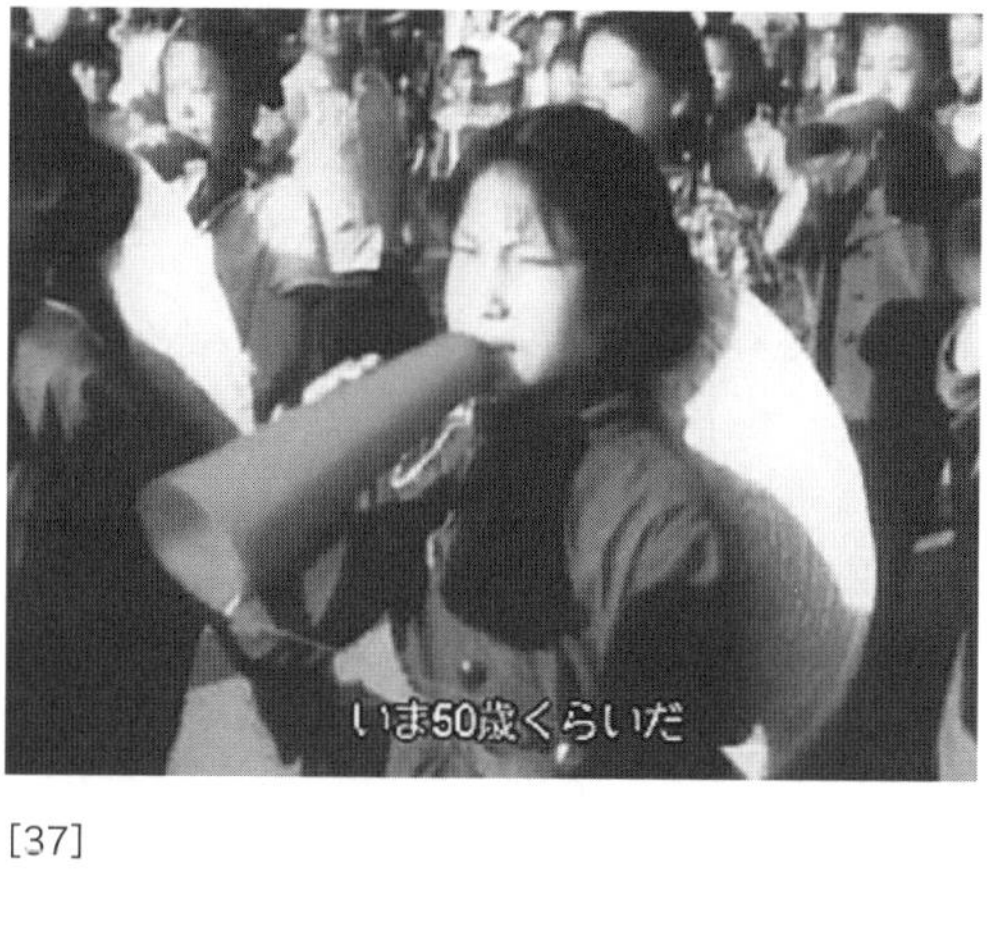

[37]

芸術を通して庶民に注入できる】。

鈴木　いささか唐突な感じで、四人組の末路が映されます。最高人民法院特別法廷で判決が下されるようすです。**【本法廷は、中華人民共和国刑法と中華人民共和国刑事訴訟法に基づき、被告人江青を、死刑に処する】**［38］。判決文に対して、江青が**【革命万歳！】**と叫び、廷吏によって法廷外に連れ出されます。

土屋　いまの四人組裁判、私は大学生のときテレビで見て、覚えている。江青が死刑と言われて何か叫んだ。

フロアA　この映画では「革命万歳！」と吹き替えていますが、じつは「革命無罪」と言った。

土屋　プロパガンダをやっていた側が、同じようにプロパガンダでやられる逆転した状態になる歴史の逆説ですね。四人組打倒のプロパガンダは、四人組がやっていたプロパガンダと同じなんです［39］。

森　逆説がつづきます。劉春華は、四人組失脚後、自分の描いた絵『毛沢東安源へ行く』の行く末を心配する。用心のため、同じ絵を二枚描いておき、一枚は、安源記念館に送ったが、破壊されたのを一九九五年に知る。彼のもとにあったもう一枚をオークションにかけたら、**【六〇五万元**（時価約**六〇〇〇万円）の値がついた】**。

土屋　広州の銀行が買ったらしい。**【中国大陸の市場では、この記録はその後、数十年間破られなかった】**と自慢げに言います。彼の「自作の運命の検証」は、文革に立ち戻るようでいて、じつは反省とはほど遠い。

森　潘堯伊と胡傑監督が対話します。胡傑が**【あなたが描いた毛主席の像は中国の記号、文革の記号になった】**と問いかけると、潘堯伊が**【その通り！　その多**

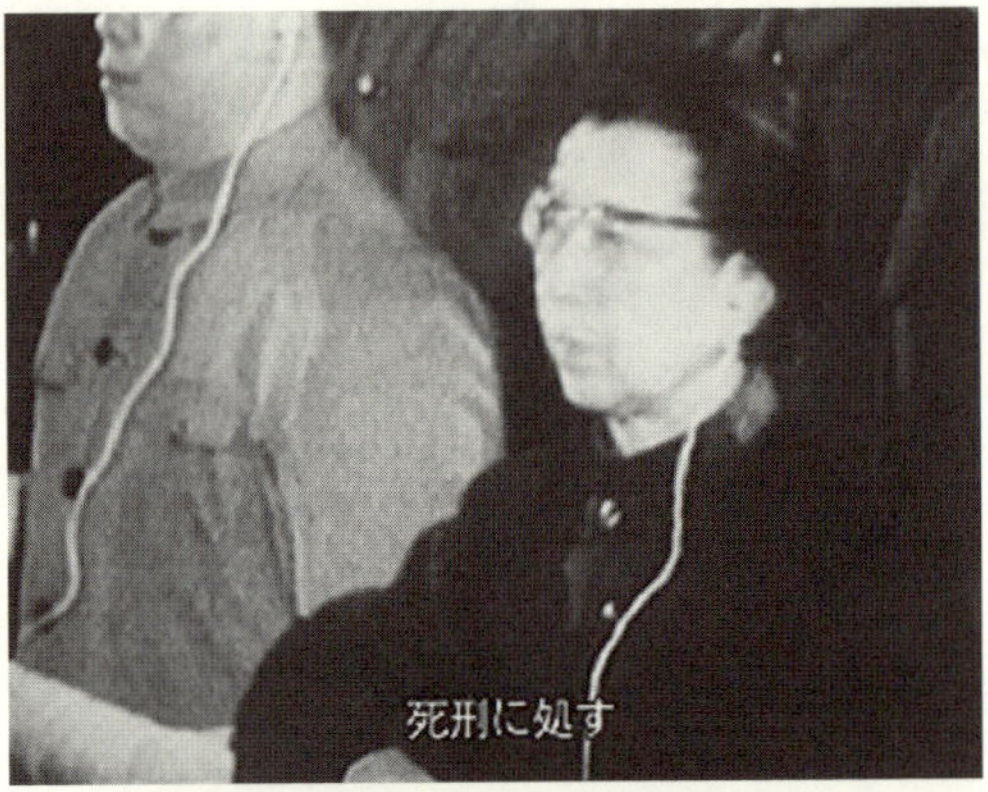

上：[38]／下：[39]

くが歴史の選択だ。わたしは多くの歴史画を描いたが、最後にはやはり歴史の承認を得たい】と答えます。さらには、文革画そのものも、グローバル資本主義のプロパガンダになりかわる。文革のばあい、ことに中国で市場価値を過剰にもってしまっている。文革画に対する歴史の承認とは、グローバル資本主義の網の目に埋めこまれることなのか？**【中国の一九六〇～七〇年代の文化財は、世界文化の一部分として、とても重要なのであり、重大な価値がある。わたしはそれを強く感じている】**。イギリスの作家・収集家であるロジャー・ハワード（Roger Howard）の見解です。

鈴木　そこに、栗憲庭の見解をつづけてみましょう。**【こうした絵に、かくも高い価格がつくことと、中国人がこの歴史を反省しないことは関係している。ヒトラーの時代のこうした絵が、現在ドイツの市場で高値だというようなことがあるだろうか？あり得ない。ソ連のこうした絵も、ソ連でこれほどまでに高値ということはないだろう。中国人は、いまも決してあの歴史を反省していないのだ】**。

土屋　これに対して、周継能は**【後悔の意識はある。わたしの学校の友人は、先生に土下座して「申し訳ありませんでした」と言った】**と。中国人は反省しないのか、反省しているのか、どう捉えるのか。二通りですね。映画でも、現在では広州画壇の重鎮に成り上がり、あっけらかんと文革時期を懐かしむ李醒韜と、深刻な反省ゆえに文革を研究しようとする周継能とが対比されています。はじめに登場するのが李醒韜ですし、結末が周継能であるのも、意図的な構成でしょう。

◉どう記憶し、いかに想起するか

鈴木　多木が「民衆はそれを拘束として知りつつそれに支えを求めていくような仕組みができあがった」と書いている（『天皇の肖像』）。上から下に押しつけられたと同時に、下から上に求めた動きが天皇制にはあった。文革ではどうなのか。

森　偉大な中国でありたいとの欲望が、下からの欲望を押しあげた。製作者にも自分の欲望があり、自分が時代を動かしているとの錯覚をもった。中国のプロパガンダと、ナチスやソ連や日本、あとはキューバなど各国それぞれの様相がどのくらい重なっていて、どうちがうか、を考えるべきです。倫理と民族主義の相克もふくめてですね。

鈴木　文革は、ナチズムや天皇制ほど批判できるところまでは、評価が定まっていない。

森　否定的な部分はもちろん否定しなければなりませんが、評価をされている一面もある。いまだに文革の評価はむずかしい。

土屋　栗憲庭は、高く売れるのは中国人が反省していないからだと。

森　反省するか、しないかの二者択一ですまないところがある。

土屋　そのうえで、外国で評価されていることが中国人にブーメランのように戻ってきて、外国で面白がっているんだから、中国でも見直そうとなっていく。

森　文革に対してネガティブな評価が決していれば、文革グッズブームにはならない。どんなに珍しく、歴史資料的に価値があっても、ナチスの絵画に法外な値段は付けない。文革のもっていた資本主義批判という文脈を、文革の暴力から受け取る余地があるんじゃないかと考える潮流もある。たとえばスラヴォイ・ジジェクは、毛沢東は、ほかのマルクス主義者が手を付けようとしなかった上部構造の変革を目ざした、と指摘をしています（長原豊・松本潤一郎訳『ロベスピエール／毛沢東――革命とテロル』河出文庫、二〇〇八年、一九頁）。上部構造、つまり文化の変革ですね。

鈴木　たしかにナチス芸術にも見るべきものがあるけれども、表立って認めないことになっている。オークションでも高値をつけない暗黙の了解がある。ハーケンクロイツの表象だって、二度と表現としては使えない。ホロコーストには、弁解の余地がいっさいないとされています。文革は、消費への欲望を変革しようとし、資本主義批判のベクトルをもっていた、と受けとることも可能ですね。

森　消費社会批判であったはずの文革の遺物が、高値を引き連れてきているという、逆説的な構図になっている。

土屋　七〇年代末から八〇年代初頭にかけて、Maoist Artとして出てきたころは、共産党が文革は終わったと言っておきながら、民主化を認めずに弾圧をして、文革と同じではないか、という時代だった。政府に対しての風刺として、毛沢東イメージを使った。それがいちばん適切な表現方法だった。

森　それが逆に、外国で受けちゃった。ポスト政治の時代になって、脱政治化が進んで商品になっていった。文革の反省にどういう意味があるのかは誰も考えなかった。この映画の視点は、いつのまにか反転している。上からの操作だけでなく、下からの欲望こそが問題だと示している。

土屋　本映画の製作過程では、監督は、プロパガンダのもつ上意下達の力を考えなければならないと思っていたが、それだけではなかった。いまになってみると、習近平が出てきて、プロパガンダを利用して、自分の立場を強化しようとしている。習近平を支える下からの欲望も、同時に見ないとダメだと。

森　オークションの価格には、批判とか倫理があるとは思えず、投資としての価格が付けられる。日本のアーティストに比べても、中国のアーティストにはとんでもない価格が付く。あくまでも投資目的で、コレクターの倫理基準もまだ育っている途中です。

鈴木　反省がねじれている。プロパガンダに乗ったことを反省しなければならない。そのいっぽうで、資本主義に浸かりきったいまの自分を反省するために、文革が本来もっていた批判力を考え直してもよいのではないか、というねじれた反省もあり得る。文革を否定しつつ肯定する。では反省は、二者択一でないその中間地帯にはあり得ないのか。

土屋　最後のほうで、周継能はみずからの暴力を悔いて泣きます。プロパガンダは、単なる表現ではなく、暴力と一体化していたのです。被害者であり加害者である。周継能は深刻に自覚している。

鈴木　革命のためには暴力は許されるとされ、正しい暴力が措定されていく。それこそがプロパガンダなんですね。謝韜の、**【美しく、善良で、勤勉で、人道主義的で、人として人を愛するという、そんな中国の文化的な伝統を、徹底的に破壊し尽くした】**という言葉が重く感じられます。

土屋　彼は、階級闘争を否定しようとしている。正しい暴力などという概念は中国文化にはなかったはずだ、と言いたいのではないか。中国の文化はもっと人間的だったと。

鈴木　「正しい暴力」も、反省の対象だとすると、さらにねじれざるを得ない。

森　文革の宣伝画、毛沢東の肖像画は、個人崇拝のアイコンに他なりません。しかし、個人崇拝を超える普遍性も内包していた。なぜというと、毛沢東はたんなる自分たち中国人民の父であるだけでなく、人類の領袖だから。中国人にとっては、文革は世界に大影響を及ぼした「偉大な」できごと、毛沢東は世界スケールということ。毛沢東の指導する革命の暴力は、人類の平等のために不可欠な暴力となる。文化の対極にあった暴力が、文化としての暴力に反転し、文化から疎外されていた人民に開放された。毛沢東は「正しい暴力」のアイコン。だからあれだけ広まったし、持続した。

土屋　その点では、文革宣伝画は現在の習近平プロパガンダとつながりつつも、習近平プロパガンダは個人崇拝の側面しか見てない、ということになる。

鈴木　芸術における個と公の問題で言えば、じゃあ芸術表現をあくまでも個に収斂させて、作家性を出していくのが正しいのか。作家性の追求が商品価値の上昇につながり、グローバル資本主義に接続となると、芸術のなかでの私性の追求に展望はあるのかどうか。

土屋　芸術における公私は大問題です。とりあえずこの映画にそって述べるしかないでしょう。文革美術を、プロパガンダとして置かれていたところから、展示室なり市場なりに移動させると、もと公の美術性を帯びたものによって、芸術の公私の感覚が攪乱されるおもしろさがある。そのプロセスで公的だったものに私的な作家性が付加され、芸術作品になる。この作品は、大量に複製され消費されたイコンに頼っており、個人の内面とは関係ない点でポップアートにつながる。この点をめぐって、いくつかの観点が本作では示されています。

海外の評価によって、中国の美術家は、宣伝画としてではなく、芸術作品として展示したり保存したりできる。文革に対するタブーをすりぬけて、巴金が言った「文革博物館」のように、文革時期の歴史的証拠を残すことができる。それは、自分たちの青春の鎮魂という動機も含んでいる。

一方、栗憲庭がいう「道を載せる」は、魯迅の弟の周作人が中国文学史を説明した理論を応用している。つまり、主流の文学史を「道を載せる」文学と「志を言う」文学の弁証法で説明した。例えば、六朝文学は後者だが、唐になると韓愈のような前者の詩人が出て、唐も滅亡に近づくと李商隠が出た。宋代には禅味の持った後者の詩人、その後には理を説いた朱子学となる。文革宣伝画は、「道を載せる」美術で、それがすたれて「志を言う」美術、つまり道徳性や政治性ではない方向、美を追求する方向に変わるプロセスだと言いたいのではないか。

監督の考えはちょっと違う。海外の評価現象が中国にフィードバックされると、中国人は価値判断だけを受け取り、資本主義社会でのポップアートとのつながりは理解できない。中国で「道を載せる」のりものは、そこにのる「主」を欲するようになる。つまり、「道」があるからのりものを作るが、「道」が無くなった現在、その代わりの「主」を載せてひっぱりたくなる。それは危険だ。問題はどんな「道」を載せるかにある。自由と民主という「道」を載せるべきで、プロパガンダはその点で有用だ。でなければ、将来にわたって、私的な作家性も個人の内面を描く芸術も発展が期待できない。

フロアA　芸術性なのか、メッセージ性なのか。藤田嗣治の戦争画の例などはどうでしょう。彼の『アッツ島玉砕』は、とても芸術的かもしれない。でも、日本では芸術的評価を抑制しています。戦後、戦争協力したとの批判にさらされ、フランスに戻ってしまい、死ぬまで日本に帰らなかった。渡仏後、藤田は「私が日本を捨てたのではない。日本に捨てられたのだ」と語ったらしい。メッセージ性を無化して、芸術性だけを抽出してよいのか。

鈴木　芸術をどう定義するか。ふつうは作家性やオリジナリティーが重視される。メッセージは平凡な戦争礼賛だが、表現において、それを超えたオリジナリティーがあるばあいもある。日常を描いた絵画でも、メッセージは平凡だが、芸術表現は立派に成立する。

土屋　表現のさまざまな分野でも、モチーフとテーマの分裂と共存の問題はある。映画でも、ストーリーとテーマは分けて考えろ、と言われたりします。

鈴木　草森紳一が「中国人は引用の民族である」と書いています（草森、前掲書）。表現を引用に託して具体化するというところが文化的にあるのではないか。純朴なオリジナリティーの追求ではない。文化大革命での壁新聞でも、古典の詩を換骨奪胎して批判し、相手もまた引用して返して、言葉の応酬によって運動が激化していく。日本にも、本歌取りや返歌というスタイルがある。

森　引用表現におけるメッセージ性と芸

術性の関係と言ってもよいですね。

鈴木　移動ということを考えてみたい。写真をシルクスクリーンにして色を変えただけでウォーホールの作品になってしまう。いままで骨董屋か古道具屋で一束いくらだったものが、美術館に展示された瞬間に美術になる。芸術のかなりの部分は移動の問題でしょう。

森　グローバルにモノが移動し、地球規模の資本主義の網目に折りこまれていくなかでは、オリジナリティーは二次的な関心になっています。九〇年代以降、中国の宣伝画がポップアートに変換されていくというのも、引用、移動ですね。それまで無意識だった引用や移動を、中国が意識し始めて、中国現代アートが売れるようになった。ファインアートに対してアンチだったはずのプロパガンダが芸術になり、市場価値をもつ。

土屋　歴史の「苦い」資料であったはずのものに、メタな価値づけをして、苦さそのものを超えてしまう。

森　無邪気なまでの作者の反応は、はじめて自分を作家として自己認定できた感じでしたね。自分はこれだけのことをやったんだという気持ちになった。宣伝部のプランに添って描いた巨大絵画のなかに埋没していた個人名が、一気に浮上した。

フロアA　戦略は政策から生まれるものです。中国では、文革博物館は作らせないが、文革関連の文学や美術を展示する美術館や博物館はいくつもつくっています。これも、政策と関連している。中国が体験した事実を大事にして、世界的における普遍的な意味を見いだせればよい、と思います。その点、まだ入口のところで止まっている。

鈴木　草森は、中国人にとって詩という表現が重要視されている、とも記しています。詩は、書・画と一体となっている。詩は、比喩や暗喩さらに象徴性をもつ。引用行為がすでに、重層した比喩の構造に包まれており、それゆえ平面的なデザインになり切れず、立体的な物語を引きずっている。大ざっぱな構図として言えば、ですが。

森　記号表現のあり方が、中国とキューバではちがっていましたね。

鈴木　パースは記号表現を、アイコン、インデックス、シンボルの三つに分けています。アイコンが対象との類似性、インデックスが事実上の接続、シンボルはその対象を参照する解釈上の習慣や規範を通して伝わる、とします。中国的な記号は、シンボル的で、キューバはデザインされたアイコン的なのかもしれない。

森　中国では、工芸とよく言います。この映画に登場した人の技術力は高いし、模範劇も、内容は陳腐かもしれないが、技術としては高かった。この技術の高さをどう考えるか。技術の高さとデザインの成熟とは関係あるのかとか、考えるとおもしろいですね。

鈴木　日本が明治期に、西洋からデザインを導入するとき、工芸と美術どちらにそれを接続するのかで迷った。結局、デザインは日本語に翻訳されずに、「デザイン」のままになった。「和魂洋才」はいまだ成らず、工芸と美術の中間地帯で、日本のデザインも浮遊している。その事情は、中国にも共通するのではないでしょうか。

土屋　「中体西用」ですね。文革画に反省が必要だとしても、何層になるのかわからない混沌とした反省とならざるをえない。江青の評価にしても、『東京新聞』（二〇一六年六月一日夕刊）によれば、「文革の間違った部分について毛沢東の分まで批判を背負わされている」と同情する中国人もいる。同紙は「文革に問題があったのは事実だが、現在の政府に比べれば腐敗も少なかった」という中国人の声も伝えています。

鈴木　反省や想起においては、過去のできごとの引用と移動とがなされている。引用の文化が、引用の重層した表現をどのように記憶し、思いだすべきなのか。

森　文革プロパガンダを文革画の「現世」とすれば、そこには政治と文化をめぐる中国の「過去世」が埋め込まれている。さらに、宣伝画が国家資本主義を展開するツールと化した今現在、つまり文革当時からした「未来世」、中国人は文革をも資本として生かし、文革は「活用」されてしまう。三世の欲望が渦巻いている。『紅色宣伝画』は、その構図を見事に浮上させた映画といえるでしょう。

（終）

◆対立する二つの〝民主〟と壁新聞革命

紅衛兵運動の後期に、後の「改革・開放」に繋がる李一哲らの思潮が生まれた。李一哲という筆名は、李正天、陳一陽、王希哲という三人の名から一字ずつとったものである。彼らは一九七四年一一月、「社会主義の民主と法制」と題した新聞紙六十七枚の壁新聞を広州市内で貼り出した。中国の現状を、特権階層が人民の上に君臨する封建的ファシズム専制として批判、民主と法制の確立を要求したものだった。

「批林批孔」運動のさなかに出されたこの文書をただ、鄧小平派による江青や四人組に対する反撃と見るだけでは政治主義的に過ぎよう。プロレタリア文化大革命（以下、文革と略す）は、街をメディアと化した壁新聞革命の側面を持つ。ここには明確に二つの〝民主〟が対立と闘争を繰り広げていた。文革憲法とも呼ばれた一九七〇年および七五年中華人民共和国憲法第一三条は、壁新聞（大字報）を、人民の政治的な自由と権利としてうたいあげたが、八〇年改正で削除された。七六年毛沢東死後の党の変質の結果である。

文革を否定した鄧小平以後の「改革・開放」が、その言葉の意味するところとは裏腹に壁新聞という〈印刷する権利〉の否定者として立ちふさがった、この事実をどう見るか。

七〇年から八〇年まで存在した中国の憲法の意義は六六年から六九年

の文革の精髄というのにとどまらない。ソ連式社会主義のニセ〝民主〟をも批判する人類史的な意義を持つものだった。文革は、北京大や清華大出身の、エリート党官僚による支配に対する不満の、大衆的な噴出としてあった。この社会的側面から見るとき、文革で〝民主と自由〟を享受した人びとと後の「改革・開放」で〝民主と人権〟を主張した人びととは、同じ〝民主〟を掲げながらも、実は非和解的に対立する階級だったのである。李一哲らの〝民主〟は、自分たちの主張を壁新聞で出しながらも、本源的権利としての壁新聞の権利を否定した階級の側に立つものである。李一哲は、欧米式の〝民主と人権〟の軍門に降る転向者ではなかったか。

映画『星火』に、星火事件で青年たちと共に闘った杜映華の子息が、父の大切にしていた本がこれだと示す場面がある。それはスターリンの著作であった。また、星火グループのなかではハンガリーの動きについても研究されていたという。文革を前にした六〇年代前半は、共産主義運動が人びとを惹きつけていた時代であり、今後共産主義運動がどの方向へ進むべきか、真剣に問われ論議された時代であった。論議の頂点に中ソ論争があった。それゆえに文革は、ソ連式社会主義を批判した中国の、社会主義とは何かへの回答であり、実験だったのである。

反右派運動で批判された人びとと紅衛兵運動（保皇派ではなく造反派の）との連携は、〝官僚主義国家打倒〟としてしばしば内外の共産主義運動のなかでも主張されてきた。共産主義運動における官僚主義の発生を思想的歴史的に総括することなしには、論理不在の空想でしかない。杜映華のような誠実な党員がなぜ右派とレッテルを貼られ弾圧されねばならなかったのか。本源的権利としての印刷の権利を守って血統論批判をした遇羅克がなぜ極左派とレッテルを貼られ死刑に処されねばならなかったのか。〝官〟に反対といえば俗耳に入り易いが、現在の日本の貧困化を激化させた小泉政権の主張が「反官僚、民営化」の旗を振っての「改革・開放」だったことを、決して忘れてはならない。

思想史の研究とは、後知恵で「もし……だったら」を空想することではない。自らの現在の立場、方法、観点を問い返す自省がなければ、学問として無価値である。

「革命する者は反革命の者に殺される。反革命の者は革命する者に殺される。不革命の者は、あるいは革命する者と見なされて反革命の者に殺され、あるいは反革命の者と見なされて革命する者に殺され、あるいは何でもない者と見なされて革命する者もしくは反革命の者に殺される。」（魯迅『小雑感』一九二七年）

（前田年昭）

下放の思想史——大飢饉・文革・上山下郷の農村と知識青年

土屋昌明

本書一三頁参照。

下放によって農村に遣られた知識青年たちのなかから、中国共産党の主流イデオロギーに疑念ないし反対する思想を持つ者が現れた。その際、農民と接触し、農村の現実を認識する契機が重要だった。農村の現実と下放が青年に与えた思想的影響を、大飢饉時期、文革初期、六八年以後の上山下郷の時期の事例によって考えたい。

「下放」とは、通常、一九六八年から進められた知識青年の移住政策をいう。都市の青年一〇〇〇万以上が農村に送り込まれたとされる。その目的は、毛沢東の理想——都市と農村、労働者と農民、知的労働と肉体労働の格差の撤廃（三大差異の撤廃）にあると宣伝された。その一方で、六七年に学生の経験大交流が中止されて、それまで文革に励んでいた三年分の学生（六六・六七・六八年）の卒業生が出現するため、彼らの行き先を考えなければ、再び混乱が発生するという事情もあった。

彼らの下放生活は、都市・家族から引き離され、貧困な農村で慣れない農作業を強いられる悲惨なものであった。娯楽もなく、唯一の読み物はマルクス・エンゲルス・毛沢東などに関連する書籍だけで、知的欲求を満足させる書籍はない。農作業では自活することができず、重労働の末に命を落としたり、精神に異常をきたしたり、現地の幹部の屈辱的な要求に屈してやっと食糧を得たりした、など悲惨な話が伝えられている。農民は、知識青年の移住を歓迎しないばかりか、面倒をみる余裕もなく、都市の住人に対する嫌悪感も強かった。青年たちは、農民の消極的で保守的で向上心の無い性質に嫌悪感を持つばかりか、下放の理念上、彼らの教育を受けるのであって、自分の考えを発揮することはできず、自分がみずからの嫌悪の対象より賤しい社会的位置にあるという卑屈な思いに苛まれた。(1)

下放がこのようなものだったので、その意義も消極的に考えられてきた。八〇年代初頭に同時代的に中国を観察した**Whyte Martin**らは、「現代化」の下で知識青年は過去の努力と特権をないがしろにされ、自分の生活の意味を失っている、と結論している。(2) **Michel Bonnin**も、みずからのインタビューにもとづいて、農民に対する知識青年の影響を精査しつつ、この結論を基本的には追認している。(3) 逆にみれば、現代化や政治問題について農村・農民が知識青年に与えた影響も大きくないのであって、問題は主に精神的なトラウマの側面にあり、彼らは「ロスト・ジェネレーション」とされることが多い。その意義は、下放から都市に戻り、下放経験のトラウマを文芸に昇華させた点であった。八〇年代の文化状況とされる「傷痕文学」や、陳凱歌監督など「第五世代」の映画作家たちの諸作品がそれだとされる。

これに対して、下放生活における青年の思想動向を精細に検討したのが印紅標である。(4) 彼によれば、下放生活では思索の糧となる書籍は少なからず存在し、青年たちは農村で社会・政治・科学などの学術的な討論をするサロンを形成し、文革や政策・経済体制に対する批判的な思索をおこなった。彼らの思索と行動が、文革終結後の民主運動を育む土壌となった。(5) こうした動向は一部ではあったが、思想史的には重要なのである。

ところで、「下放」は六八年に初めておこなわれたわけではなく、延安時代、そして五〇年代から六〇年代に恒常的におこなわれた。便宜的に二つに分けて考えることができる。

第一に、延安時代に始まり、五〇年代におこなわれた、幹部や知識人に対する再教育としての下放。基本的には、幹部や知識人の思考や生活観が農民から遊離することを避けるという理念を持っていた。個人の生活や人生観に関わる問題とみなされ、「自分で自分を教育する」「泳ぎの中で泳ぎを覚える」「農村から都市を囲む」といった毛沢東思想とあいまって、実践的な意味を持った。

第二に、第一の意味を持ちながらの大衆運動としての下放、六〇年代前半および六八年以後の大量の青年たちの下放である。とくに六八年以降の下放を「上山下郷」と称することがある。上山下郷における青年たちの思想史的な側面が、印紅標の研究によって明らかにされたわけである。彼らは、社会の底辺にいて悲惨な生活を送ってはいたが、共産党の思想・文化的なコントロールから比較的はずれることができ、その結果、農村の現実を認識し、自己省察と独自の読書によって思想的探求をした者が出た。彼らの思想は次第に変化をとげ、主流イデオロギーを批判する観点へと方向転換したのだった。

本稿は、第二の側面をふまえつつ、第一の側面から着手して、「下放」が個人の思想や人生観に与えた影響とその意義をとらえなおしてみたい。経済面のみならず文化面において も存在する都市と農村の大きな相違は、現在の中国に短期間滞在した者ですら容易に感得できるものであり、まさに文革のテーマの一つであった。つまり下放は、知識青年と農民との接触でもあり、個人の思想や人生観の変化をもたらし、それが行動となって社会の変化をもたらすべきものであった。これは、延安時代から八〇年代までの中国思想史あるいは社会史の一部として考えることができる。本稿では三年文革をはさんだ三つの事例に検討を加えてみたい。

反右派運動による下放と農村

五七年の鳴放運動で知識人に共産党への批判を出させたあと、反右派運動で五十五万人以上の知識人が右派に認定された。彼らの再教育のために下放政策がとられ、多くの知識青年が農村に移住した。この下放で知識青年が直面したのは、農村の大飢饉であった。

各地の党委員会は、総路線・大躍進・人民公社のいわゆる三面紅旗を強引に進めていた。このために生産性が下がり、糧食不足がはびこったにも関わらず、幹部たちはその対策より上層部からの糧食生産量の評価を重視した。こうした幹部たちへの農民の反感はおのずと高まった。幹部たちはこれを抑えこみ、外部への連絡も厳重に管制した。こうした専制的な統治下では、人々の生存を考慮した行動は、三面紅旗に反対するものであり、右派日和見主義とみなされた。

このような状況を語ってくれる同時代資料は多くない。その中で、一九六〇年の甘粛省における「星火事件」をめぐる言説は貴重である。この事件は、当時の人民公社・大飢饉の状況を告発・批判した論文を印刷した結果、四十数名が逮捕・懲役になったものである。[6] この関連では、同時代の政治・社会状況を論じた文字テキストだけでなく、当時を回想した資料も参考にすることができる。文字テキストとは、当時の地下出版物である『星火』に載る複数の論文であり、これを転載した譚蝉雪編著『求索』である。[7] 回想資料とは、『求索』に掲載されている、この事件の当事者である譚蝉雪と向承鑑の回想録、およびこの事件を扱った胡傑監督のドキュメンタリー『星火』にみえる口述（以下、「口述」）である。

これらによると、少なからぬ基層幹部が、大飢饉において主体的な農民救済行為をしていたようである。六〇年頃の大飢饉をめぐる甘粛のある村の医者の「口述」には次のようにある。

地方幹部が出世欲にとりつかれ、幹部がやり手だと餓死は余計に多い。幹部が保守的だと、公社員に少しでも食べさせた。こういう人は文革で打倒されたが、公社員は餓死しなかった。

ここでいう幹部は、人民公社の行政を担当する党員幹部のことである。彼らが上級の幹部に昇格するためには、上層部から提示された目標生産値に答えなければならない。だから、あの手この手で農民の糧食を収奪し、その糧食を都市や他地域に送ることで、上層部から共産主義的に優れた幹部とされる。つまり「幹部がやり手だと餓死は余計に多い」。それに対して、農民の糧食を考慮した幹部は、共産主義に反対した者とされ、批判の対象とされる。地方の基層幹部の農民救済行為について、向承鑑の「口述」は次のように言う。

六〇年四月か五月に杜映華（当地の村の基層幹部）の家に行った。彼は飢餓をどうするかを強調していた。他所では自分は無力だが、可能な限り努力して、管轄内では餓死の悲劇を起こさせないと。（餓死者のことを）彼は私よりよく知っていた。彼から色々教わったくらいだ。私は（右派とされたため）外へ出る機会が少なかったから。彼は武山だけでなく、甘谷・通渭・隴西・定西・漳県、泯県（いずれも甘粛省）まで知っていた。春先にある県で一万人余り餓死した。もっとひどい所がいくらでもある。これは杜映華が教えてくれた。それが武山県だ。彼は各管理区や生産隊に連絡した。食糧不足でどうしようもなければ、すぐに人々を自宅待機にして、家で寝かせて休ませ、なるべく体力の消耗をなくすようにと。

この証言によれば、杜映華は単独ではなく、甘粛省内の各地の基層幹部と協力しあおうとしていたことが推測される。しかし、こうした農村の基層幹部は、大飢饉と同時に、農村の反右傾運動ですでに批判されていた。そのことを『星火』で張春元がとりあげている。(8)

いま農村で反右傾運動が進んでいる。それは農民に同情した者を痛めつけることだ。やられるのは現場の幹部である。なぜなら彼らは農民出身で、農民と親和的な関係にあり、農村の党員だからだ。

反右傾運動は、五九年の廬山会議で彭徳懐が大躍進政策を批判したのをうけて、三面紅旗に対する態度を検査するものである。張春元の言説から、反右傾運動で実際には、三面紅旗が招いた農村の危機状況に何らかの対策を講じた基層幹部が批判されたことがわかる。(9) おそらく彼が言う「農民に同情した者」の一人が杜映華だったのであろう。

ここで注目したいのは、こうした基層幹部には、危機的状況を緩和・打開する方策を、農村に下放していた知識青年と共同して思案した者もいたことである。反右傾運動時期の『星火』の場合は、真剣に社会主義を考えていた張春元ら知識青年たちが、農民の立場に立った基層幹部である杜映華と共同した。知識青年らは、鳴放運動で共産党を支持する立場から意見を出したのであって、反右派運動で右派とされたのは不本意であり、冤罪だと感じていた。ところが、農村の現実、大飢饉や党幹部の苛斂誅求を目睹して、自分たちの思想を転回させた。『星火』のメンバーの譚蝉雪は、「農村で本物の右派になった」と言っている。(10) つまり、地方の党委員会に反対する立場になった。『星火』のメンバーの向承鑑や顧雁に至っては、共産党を「打倒」「徹底的に戦う」とまで主張していた。

こうした行動は権力からは鎮圧されたが、農村の大衆からは支持されていた。その証拠に、この事件には二〇〇人にのぼる農民が関わっていたとされるし、譚蝉雪が十三年の懲役を終えて八〇年代に現地を再訪したときには、現地の農民は彼女のことを記憶しており、彼女の来訪を歓迎したという。(11)

星火事件は、六〇年ころの農村における基層幹部および農民と知識青年が、主流イデオロギーに反対する点で共同した事例を伝えている。知識青年が農民や基層幹部と直接接触し、悲惨な経験を共有し、基層幹部の努力に共鳴したことが重要であり、下放生活が彼らに思想的な転回をもたらしたと言えるだろう。

文革造反派と農村

大飢饉の原因の一つが、農民の生命より自分たちの官界における成績を優先するような官僚主義にあることを、当時の農村の基層幹部や下放知識青年は認識していた。星火事件は、そのことを具体的に伝えている。こうした文革以前の農村で生じていた反主流イデオロギー的な動向は、その数年後、文革における造反派の反官僚主義と結びつかなかったのだろうか。ある造反派紅衛兵の発言に、その端緒がうかがえる。

六六年に四川省塩亭県の中学生だった劉衛東が、自分の経験を語っている。(12) 塩亭中学に党委員会から派遣された工作組が進駐し、出身のよい学生がそれに協力して、多くの学生や教師を弾圧した。彼によれば、工作組は学校の生徒一人ひとりを取り調べ、「規律を守らない、教師や親にたてをつく、家庭の成り立ちがよくない女性と一線を画さないなど、今からみればどうでもいいこと」を審査した。工作組は特命全権大使であり、抹殺しようと思ったら、だれでもすぐに消し去ることができる。それを出身のよい学生が支援していた。劉衛東本人は、こうした学生から「血統論」で罵倒され（つまり彼自身は出身が悪い）、工作組から弾圧を受けた。「どんなに大きな不満があっても呑み下すしかない」。このとき毛沢東が工作組を批判し、造反を呼びかけた。「毛主席の「司令部を砲撃せよ」の言葉は、排除され、抑圧され、甚だしくは独裁下に置かれた学生たちの心をつかんだ」。劉衛東はこう叫ぶ。

> 毛主席の後押しがあるからには、あん畜生に造反だ。工作組、党、団の指導者はみんなを責め立てて官僚主義にならせ、こいつら基層官僚が、いつも上をだまし下をあざむき、何ごとにつけても些細なことで騒ぎ立てて政治化する。一九六一年、六二年には、あたり一面の餓死者だったのは明らかなのに、それでも上にはウソの成績を報告し、情勢はすべて大いによいと称していた。ああ、きみは若いから、あのころみんなが工作組に対して、官僚主義に対して、腹の底から怒りで燃えていたんだというのはわからないな。毛主席は文革発動前に各地を調査して、党の改造は焦眉の急だと意識したのだろう。

こうして劉衛東は、県の造反派として造反に走る。ここで、工作組・出身のよい学生と彼との関係は、典型的に保守派と造反派の関係としてとらえられる(13)。つまり、エリート中学の幹部子女は学業の機会に恵まれていたが、中間層子女はその機会に恵まれていなかった。それゆえ、幹部子女は保守派に、中間層は造反派になった。あるいは出身階級において、赤五類（労働者、貧農下層中農、革命幹部、革命軍人、革命烈士）家庭の学生のみが紅衛兵に参加する資格があり、黒五類家庭（出身が悪い）の学生は参加できないばかりか、社会的に差別を受けていた。それゆえ、前者は後者を侮蔑し、後者はこれに造反した(14)。

このように、劉衛東の造反は、従来の保守派と造反派の枠組みで説明することができる。ところが、彼の次の一言は興味深い。「一九六一年、六二年には、あたり一面の餓死者だったのは明らかなのに、それでも上にはウソの成績を報告し、情勢はすべて大いによいと称していた」。彼が工作組、党、団の指導者に造反するのは、彼らが官僚主義者であり、上をだまし下をあざむいたこと、特に大飢饉時期にみずからの昇進のために悲惨な餓死者を出したことをとりあげているのである。これは、六〇年前後の大飢饉で大量の餓死者が出たという認識のもとで、その状況においても官界での出世ばかり考える官僚主義者を非難したものである。「あたり一面の餓死者」と彼が言うのは、おそらく彼自身がそれを目睹したからであろう。六六年時点で十六歳だったから、大飢饉時期には小学生高学年で、餓死者をじゅうぶん認識できたはずだ。

四川省塩亭県の文革

前述のように、大飢饉のときに農民の救済を企図した基層幹部は、毛沢東の三面紅旗に反対しているとみなされたわけだが、同様な論理が、文革のときに紅衛兵によっておこなわれた。これを劉衛東のいた四川省塩亭県の事例でみることができる。

塩亭県では、県の書記が紅衛兵に打倒された。[15] 六六年十月十八日、天安門における毛沢東の第五回紅衛兵接見に際して、王廷瑞という者を書記とする塩亭県共産党委員会は、上級組織からの割り当てにそって、塩亭中学を主とした複数の中学から三〇〇人の紅衛兵代表団を作って北京へ送り込んだ。毛沢東の接見を終えた紅衛兵たちは、帰りの列車の中で合議し、党委員会への認識を変えることにした。つまり、自分たちを北京へ派遣した県の党委員会を造反の対象にしたのである。そうと知らず王廷瑞ら県委のメンバーは、十月二十五日午後六時に駅で紅衛兵代表団の帰郷を出迎えた。紅衛兵らはその場で王廷瑞に大字報を手渡し、「王廷瑞はなぜ資産階級反動路線を執行しようとするのか！」「王廷瑞を打倒せよ！」とシュプレヒコールをおこなった。[16] かくて六六年十二月二十日を皮切りに、王廷瑞の批判大会がおこなわれ、次第にエスカレートしていき、六九年秋までに三二八回もおこなわれたという。[17]

塩亭の「紅二四闘私批修戦闘団」が六八年三月に出した「打倒王廷瑞」という文には、八項目にわたって王廷瑞の罪状が記されている。その中で王廷瑞が三面紅旗に反対したことを指摘している。いわく「六〇年十月に王廷瑞は拡大会議の席で「塩亭の農業が減産し、生活が困窮したのは、土法炉の製鉄作業によって、農業が元気を失わされたからだ」と言った」、「一九六一年、王廷瑞は「五八・五九年の大躍進は、指標が高すぎ、買い取り量も高すぎ、形式主義であり、ホラを吹いたもので、豚は肥えなくなり、グループ生産の悪い結果をもたらした」と言った」。

ところが、王廷瑞は六〇年に塩亭県委書記となったときに飢餓の救済をしていた。五八年に塩亭では十三万人が製鉄作業のために塩亭から離れ、広元や旺蒼といった地域に動員された。このため収穫をする人員が不足し、天候不順もあって、糧食の欠乏をきたした。王廷瑞はまさにそうした状況下で、塩亭県委書記となったのである。彼は、就任早々の民情調査で、至る所に流民や行き倒れの死体が溢れていることを知った。このため、別の県から糧食を搬送して配布するとともに、人民公社の公共食堂を解散させ、農民の自留地での生産を認めるなどの対策をとった。[18]つまり、彼は三面紅旗の結果に対して現実的な施策をしたのであり、それを劉少奇の代理人とされて批判されたわけである。

塩亭県には、ほかにも大飢饉で農民を救済した幹部の例がある。巨龍鎮五里村の党支部書記だった顧発清である。当地は人民公社が十二カ所、一二〇〇人の村だった。五八年秋、大躍進の製鉄のために各戸の鉄鍋が徴収されたが、顧発清は割れた鍋だけを徴収させ、良い鍋は保管室に一時保管しておくように指示した。その冬になって、お湯を沸かして足や顔を洗うためとして、鍋を各戸に還付したのである。さらに五九年春には、糧食の欠乏を前に、わずかながら自留地の耕作を全村で認めた。鍋と自留地のおかげで、この村では餓死者は一人も出なかったという。[19]

顧発清は、星火事件の主要人物の一人である杜映華と似た基層幹部であることがわかる。顧発清の場合は批判されなかったために、のちには美談として伝えられた。実際には、このような行動をとった幹部が、上記のように三面紅旗（毛沢東思想）に反対した者として批判されたのである。

ところで、紅衛兵の劉衛東が打倒対象としていた幹部は、顧発清のような農村の基層幹部ではなく、都市にいるもっと上級の幹部だった。じつは、劉衛東が所属していた「三二四造反軍」こそ、王廷瑞を打倒対象としたグループだった。王廷瑞に対する批判は、学校に工作組を進駐させ、文革に賛同した学生を弾圧したことにあった。「三二四造反軍」の暴力は、まず学校内の党幹部に向かい、その後に党書記の王廷瑞へと上昇していったのであった。劉衛東が直接関わった造反として、塩亭中学の「白校長」への暴行事件がある。劉衛東は廖亦武のインタビューで次のように語っている。[20]

あの時、わたしは壇上に立って、白校長の責任追及をする闘争の担当だった。みんなが大声でスローガンを叫ぶと、わたしはもう一人の紅衛兵といっしょに校長の白髪まじりの頭を下に押さえつけた。白校長にかぶせられた高い帽子には、針金と鉛のかたまりが入れられていて、帽子のふちが頭皮に食いこんでいたが、それでも気は収まらなかった。……ある日の夜中に、彼は縛られていた手を解かれて便所に行き、わたしは外で見張っていた。二十分以上たっても動きがなかったので、中に入って調べると、だれもいない。……井戸の中がおかしいという報告があった。……わたしは井戸の壁をつたって十数メートル降り、懐中電灯で照らすと、死人が顔を下にして水中に沈んでいた。……白校長はとうとう顔面をさらした。体中青かったり紫だったりして、首にベルトがまきついていた。

「白校長」とは、『中国低層訪談録』の原著でも日本語版でも説明されていないが、塩亭中学校長の白大科である。彼は革命時代の地下党員であり、五二年八月から塩亭中学校長の任にあり、教職員や学生からも尊敬されていた。その彼の「責任」とは、文革が始まって全校に貼られていた壁新聞を、すべて撤去させて体育館の専用壁面に移させたことであった。この件は、六六年六月二十七日に四川の綿陽地区共産党委員会によって問題視され、白大科は停職の上で反省することになった。(21) 彼に対する暴行は、六六年九月四日からすでに始まっている。(22) そして、彼が井戸で死体となって発見されたのは、六七年三月二十一日朝であるから、(23) 劉衛東の話はそのときのことだ。

このように、劉衛東がはじめ打倒したのは中学の校長と県の書記だったが、「六一年、六二年には、あたり一面の餓死者だったのは明らかなのに、それでも上にはウソの成績を報告し、情勢はすべて大いによいと称していた」と語った打倒すべき幹部は、さらに上層の、省の党委員会レベルである。劉衛東は言う。

わたしが参加したのは「二・四革命造反軍」だ。きみ(廖亦武、塩亭出身)は知らないかもしれない。県レベルの造反組織だ。政治的立場は、四川大学の「八・二六」と一致している。

劉衛東のグループと政治的立場が一致していた四川大学のグループとは、「東方紅八・二六戦闘団」である。彼らが打倒したのは、四川省第一書記の李井泉であった。(24) これについて、著名な作家である白樺は次のように述べている。

李井泉は(大飢饉の中)情け容赦もなく、極左方針を厳しく進めた。このため天府の国といわれた四川は、飢餓の里となりはてた。四川ではみな彼のことを罵倒すること、ものすごいものがある。多くの四川人が「文革」中に李井泉に対してひどいことをやったが、今に至るまで後悔する者はいない。それは、彼が極左路線によって逆に上の寵愛を得たいわゆる「封疆の大官吏」の一人だったからである。(25)

李井泉への暴力を大衆が後悔しないのは、彼の政策によって、四川で大量の餓死者や冤罪被害者が出たからだという。李井泉は、四川の糧食が不足しているにもかかわらず、糧食を上海などに供出して、地元の農民の大量餓死を招いた。(26) 驚くべきことに、糧食を減少させないために、農民の糧票を廃止することとさえしたのである。

四川の餓死者の悲惨さと、その情報の管制については、向承鑑の「口述」も参考になる。

一九六〇年二月、鄧得銀は四川から里帰りで蘭州大に戻り、武山で途中下車して私に会いに来た。彼は四川の状況を語った。ああ、四川の状況は恐ろしいものだった！　甘粛よりもっとひどいんだ。彼は一晩中話しながら泣いていたよ。ああ、四川はひどい、ある県では半数が死んだという。幾つも県名を挙げていた。ところが、私は四川の状況をまったく知らなかったのだ。他の省はだいたい知っていたのに。

向承鑑は各地の状況を知っていたが、四川だけは知らなかったと強調している。それだけ、情報が管制されていたのだろう。

では、その李井泉を実際に打倒する行動に出た紅衛兵たちは、李井泉に不満を持つ大衆を代表していたのだろうか。じつは、そうではなかったようだ。造反派は、当初、李井泉ら党委員会と共同で大規模な批判大会を開催する予定だった。それが、各種の謡言に動かされて、批判大会当日に攻撃対象を変更し、李井泉を拿捕する行動に出た。造反派が当初と異なる行動に出たのは、それまで彼らが批判の対象を明確には持っていなかったことを意味する。

結局、李井泉は紅衛兵の包囲を脱出して上海に逃亡した。しかし造反派は、彼を上海まで追いかけて行って探し出し、四川に連れ戻し、苛酷な批判闘争にかけた。李井泉の妻は監禁された上で自殺したという。(27)

大衆は李井泉への暴行を後悔しないという。このような造反派の行動に対して、大飢饉で恨みを蓄積していた民衆や基層幹部は、喝采を送ったということだろう。また、それが彼ら造反派の行為を後押ししたのだと思われる。

劉衛東が実際に李井泉の打倒に参加したかは不明だが、彼がいう大飢饉時期の幹部とは、塩亭の造反派と四川大学「八・二六」との関係からすると、李井泉のこととみてよい。大飢饉時代の李井泉の官僚主義が、文革における劉衛東の造反の動機の一部だったのである。だからこそ劉衛東は大飢饉のことに言及したのだ。このことから、造反派には、農村での大飢饉の悲惨な被害を知っており、それを「人災」と考えて、餓死者を踏み台にして出世する官僚主義を憎む人々がいたと想定できる。

しかし残念ながら、それは一部であった。塩亭県の文革中の紅衛兵新聞である『弥江驚雷』に載る「二四革命造反軍闘争史」、二四革命造反軍の敵手である「東方紅戦団」の「塩亭県東方紅革命造反司令部闘争簡況」など、(28)いずれの紅衛兵の総括文にも大飢饉のことは言及されていない。星火事件で基層幹部と共同した知識青年と違って、造反派の大部分は、自分たちと同じ被抑圧の位相にいた農村基層幹部や農民の気持ちを代弁する思想を持てなかったようである。

歴史的に考えた場合、文革初期に、大飢饉で人命救助の施策をして反右傾運動や社会主義教育運動で批判された農村の基層幹部と、工作組に批判されたのちに造反派になった知識青年の間に通路が作られるべきだった。彼らはともに、いったんは党権力から批判された者として、政治的には相互に同じ位相にあった。しかし、造反派学生は農村の農民や基層幹部を認識することがほとんどできなかった。それは、造反派が基層幹部の行為を、農民の生命を救うという点からではなく、毛沢東の政策を防衛するか否かという点からしかみていなかったからであろう。その点で彼らは、官僚主義を批判しながら、官僚主義と同様な農民観に止まっていたと言えるのではなかろうか。

この点、星火事件の知識青年たちは、農民の立場から官僚主義と政策を批判した。ただし、このとき一触即発で造反・暴動の状態にあったのは、農民の方だった。向承鑑の「口述」によれば、大飢饉のときには、甘粛省だけでも少なからぬ農民暴動が発生している。

武山県から西へ行くと、隴西と武山の間に鴛鴦鎮という所がある。ここでいわゆる農民暴動が起こった。何の暴動かというと、倉庫を襲って食糧を盗ったんだ。ドヤドヤドヤと捕まった後、パンパンパンと何人も撃ち殺された。

未確認ではあるが、四川省や安徽省・河南省などでも同様な農民暴動が発生したらしい。向承鑑や顧雁は、共産党を「打倒」「徹底的に戦う」と『星火』で書いていたが、農民の暴動とともに共闘して造反する方向性を持っていたのだろうか。星火事件について、裁判では武装闘争を用意していたように認定しているが、譚蟬雪や林昭はそれを否定している。(29)当時の農村に武装闘争の動向があったかどうか明らかではない。(30)現在のところ、当時の農民の暴動がどの程度のものだったのか、農民の心理や行動をより具体的に認識できる資料すら乏しい。(31)

要するに、造反派が文革の理想を実行しようとした流れと、農村の基層で蓄積していた党・政策に対する怨念とは、文革の開始とともに接触し融合する可能性があったが、その接触と融合が深化するためには、少なくとも知識青年が農村の現実に接近している必要があったのである。[32]

上山下郷の青年と農村

六九年以降の下放（上山下郷）では、『星火』のメンバーの経験を反復するかのような、農村の現実と知識青年の接触がおこった。そのような事例はもちろん多くないが、印紅標の研究はいくつかの例をあげており、そのうち河南省駐馬店の農村の事例をみてみたい。

北京大学の卒業生の陳一諮[33]を中心とする数名の知識青年たちが、六九年に河南に下放し、農村における思考と実践から、堅実な農村の体制改革を打ち立てた。陳一諮の下放生活の特徴を略述すると次のようになる。

第一に、中国内外の書籍を読むことができたこと。彼は、六九年に農村に行く直前に、古紙回収の袋から古本を大量に入手したのである。

当時、燕京製紙工場には毎日、古本を入れた麻袋が何百個も持ち込まれていた。それらはすべてあちこちの家宅捜査で送られてきたもので、工場の裏に山と積まれていた。古今東西のどんな本でもあり、毎日それを少しずつ炉に入れてパルプにしていた。知り合いを通すと、人民元三毛四分で一キロ買えた。私はこれを聞いて、母親から送られたばかりの二〇〇元を使って、すぐに四〇〇キロ以上購入した。その中から三分の一を選んだが、多くは内部出版の書籍だった。[34]

その中には、シドニー・フック（Sidney Hook）『マルクスとマルクス主義者たち――曖昧な遺産』、ポール・サミュエルソン（Paul A. Samuelson）『経済学』など、同時代的な西側の書籍も存在した。[35]下放先の農村では、こうした読書は野放し状態だった。

第二に、農村の底辺で働きながら調査研究をおこない、その成果を使って仕事の方法を調整したこと。その経験を次のように書いている。

まず村の中に砂利の南北路を作り、雨のあとに泥濘で歩きにくくならないようにし、同時に、部屋の前後に木を植えるよう勧めた。次に、村の入口に大きな肥だめを七つ作り、毎日、草を一層、糞便を一層、土を一層で堆肥をためさせ、糞便をためない習慣を変えさせた。第三に、生産隊の用事で現金がないのを解決するのに、生産隊のロバ三頭をラバに交配させた。当時、ロバ一頭はたった七元だったが、ラバ一頭は四〇〇〇元もした。これで肥料と資金を解決させ、土地の肥えに準じて各種の作物をかわるがわる植えるようにし、生産は次第によくなった。(36)

こうして生産が向上し、当地の幹部と農民の信用を勝ち得て、人民公社書記に任命された。農民学校を開き、農民に教育を施したり、農村と国家の形勢について討論したりしたとともに、広く青年たちと交流した。

第三に、農民たちが彼に心を開いて接したこと。彼は言う、「農民たちは合作化以来、いつも「ひどい目に遭った」満腔の憤りを私に話しはじめた。しかし私は、町での生活が長かったので、農民がこんな困難な条件下で日々を過ごしていたとは思いもしなかった」。そして彼は、当地の農民から大飢饉のひどさを教えられ、農村の立て直しの重要性を再認識した。彼の農村研究の出発点には、農民と話し合って相互に気持ちを許し合い、農民の現実と気持ちをうけとめた経験がある。

河南省内黄県のある老支部書記で、抗日戦争の英雄は、涙を流しながら我々にこう述べた。「社会（主義）を想い、社会（主義）を待望したのに、社会からこんな罰を受けようとは誰が思っただろう」。

陳一諮はつづけて、こうした禍いの根源は、奴隷労働と平均主義の人民公社制度にあるとして、次のように言う。

（人民公社の）一種の集団労働に「工分」を加える方式は、じつは、とりもなおさず、奴隷労働と平均主義の分配方式だった。なぜ、人民公社制度のもとで農民は奴隷のように労働したのか？　その理由は、農民はほとんど一切の自由権を喪失していたからである。毎日集団で労働する、時間で働き時間で休む、隊長が一喝するとすぐ畑に入る、遅刻も早退も許さない。何かの集まり、親戚訪問などは、みな休暇届けを出さなければならない。男女同じ仕事、同じ耕作、一日中暗くなるまで働き、一年中忙しく、子供を教育するものは誰もいず、家で料理する人もいない。農業生産隊を通じて農業生産をコントロールし、食糧や綿実の生産任務を生産隊に割り当てる。しかし中国農村は広く、土地土質は同様ではなく、気候も同様ではない。各種の具体的条件は異なっている。したがって同様な指標で硬直化した規定を実行することは、根本的に不可能なことなのである。(37)

この意見を星火事件の張春元「人民公社を論ず」（『星火』第二号）と比較すると、彼らが農村での下放生活から同様な結論に至っていることがみてとれる。

人民公社が広範な農村と農民に及ぼした最も直接的で

残酷な破壊作用の一つは、いわゆる「全民所有制」という美名で覆い隠しつつ、土地・耕作畜産・農具・種子といった生産財の使用権を徹底的に剥奪し、生産品に対する農民の最低限の食用と需要をも剥奪し、農民を経済的に徹底的に無産化させたことだ。しかも農民は、経済状態の変化につれて、政治的には国家の奴隷・農奴の地位に置かれたのだ。……（人民公社によって）農民を軍事組織の形で組織すれば、統制し駆使するのに便利だ。農民たちに行動の自由や、就業・転居・居住・移動など最低限の生活権を失わせ、土地の上に固く縛り付ける。しかも、農民を搾取し統治するための政社合一の人民公社が、大きな山のようにずしりと農民を押しつぶし、みえない足枷をはかせる。例えば公共食堂は、飢えの恐怖によって強制的に労役させる道具であり、戸籍手続きは、形を変えた農奴売買の契約書にほかならない。(38)

張春元は「人民公社を論ず」を各地の上層幹部に配布しようとし、北京に上訴に行こうとした。陳一諮は、北京に赴いて胡耀邦に農村の現実を話し、その解決の処方を提供した。この点でも陳一諮は張春元の考えに近く、共産党の打倒を叫んだ向承鑑や顧雁とは相違している。(39)

結　語

陳一諮のような知識青年が、下放生活によって農村問題を思想と行動の核心に置くようになるには、農村での生活と農民との相互理解という経験だけでなく、文革に対する失望ないし幻滅があった。彼は下放した青年たちについて、次のように述べている。

文化大革命が開始されたとき、多くの純真な青年は、「資本主義批判」、「修正主義批判」に熱情を抱いていたので、あの運動に身を投じた。その背景には、当時の中国社会に対する不満が隠されていた。なぜなら、彼らは、共産党の党政官僚の行為のなかに、当時の社会の不合理を見てとったからである。文化大革命が毛沢東に利用されて、異端粛清に変わり、権力闘争の一種の道具となったとき、非常に多くの人々が失望しはじめた。(40)

これは、鳴放運動で共産党に意見を言った者が、反右派運動で右派にされたときに失望した事情に似ている。右派青年も、こうした失望ののちに農村に下放して、共産党の政策に疑問を持つようになった。これを文革の造反派が農村や農民を認識できなかったのと対照させると、主流イデオロギーからの離脱が、農民との接触の思想的な準備となったと言えるだろう。
以上にみてきたように、下放による農村と知識青年の接触は、主流イデオロギーと異なる思想と行動を育んだ。それらは、そののちに政治的には挫折したとはいえ、被抑圧者や弱者と立場を同じくするような思想や行動の実例として、中国思想史において特異な光彩を放つだけでなく、現代の私たちに対しても、普遍的な参照価値を持つのではないかと思われるのである。

注

(1) 潘鳴嘯『失落的一代』(中国大百科全書出版社、二〇一〇年)。本書は、下放政策と下放先における青年の生活の困難について、文献とインタビューを駆使して詳細に論じている。原書：Michel Bonnin, *Génération perdue : le mouvement d'envoi des jeunes instruits à la campagne en Chine, 1968-1980*, Paris : Éditions de l'École des hautes études en sciences sociales, 2004. 著者によれば、中文版は著者の修訂を経ているよし。

(2) Martin King Whyte, William L. Parish, *Urban life in contemporary China*, Chicago : University of Chicago Press, 1984, pp.329-330.

(3) 潘鳴嘯『失落的一代』二七五頁。

(4) 印紅標『失蹤者的足迹——文化大革命期間的青年思潮』(香港：中文大学出版社、二〇〇九年)。

(5) 印紅標の研究については、土屋昌明「書評：印紅標著『失蹤者的足跡——文化大革命期間的青年思潮』」(『専修大学人文科学研究所月報』第二四四号、二〇一〇年三月)。

(6) 詳しくは本書の土屋昌明「小説「星火事件」」を参照。

(7) 譚蝉雪編著『求索——蘭州大学『右派反革命集団案』記実』(香港、天馬出版公司、二〇一二年)。

(8)『星火』第1号、張春元「農民と農奴と奴隷」、『求索』による。

(9) この状況は文革時期まで継続したようである。谷川氏の研究によると、文革初期の学校内の工作組と学生の対立に似て、農村でも工作組との関係が造反派を形成する契機となったようである。農村や工場では、社会主義教育運動(社教)が六二年冬から六六年にかけて文革時期に食い込む形でおこなわれていた。この際、社教工作団が文革を主導し、貧農出身の基層幹部を批判した。谷川真一「政治的アイデンティティとしての「造反派」」(岩波『思想』№一一〇一、二〇一六年一月号、一六五頁)。

(10) 胡傑監督『林昭の魂を探して』にみえる譚蝉雪の口述。

(11)『求索』一二六頁。「(天水に行くと) 知っている者も知らない者も、私があの結審会のときの女性だと聞いて、すぐに集まってきて私の両手をかたく握り、愛撫するようなまなざしで頭の先から足下までみながら、「ご苦労様！　ご苦労様！」と言った。」)

(12) 老威(廖亦武)『中国低層訪談録』(長江文芸出版社、二〇〇一年、一二二頁)。以下、日本語版を参考にして訳出した。劉燕子訳『中国低層訪談録：「インタビュー」どん底の世界』(集広舎、二〇〇八年)。劉衛東の例は、前田年昭氏の教示による。前田年昭「下放は、労働を権利とみなし教育と結びつける歴史的実験だった」本書所収。

(13) 既存の体制によって恩恵を受けていた者は、文革が始まると、体制を擁護する保守派となり、体制から排除・冷遇されていた者は、それに異議を唱える造反派になったと考えられてきた。Hong yung Lee, *The Politics of the Chinese Cultural Revolution: A Case Study*. Berkeley : University of California Press , 1978. この問題の研究史と注14のWalderの新しい研究については、谷川真一、前掲論文を参照。

(14) 加々美光行『歴史のなかの中国文化大革命』（岩波現代文庫、二〇〇一年）。最近の研究によると、北京の大学における派閥形成は、社会における格差に起因しているのではなく、学生と工作組との相互行為に規定されていたことがわかってきた。つまり、工作組が大学に進駐し、大学指導部の頭越しに学生を弾圧するようになると、工作組のやり方に反対する学生（少数派）と工作組に協力する学生（多数派）に派閥が分かれたという。Andrew G. Walder, *Fractured Rebellion: The Beijing Red Guard Movement*. Cambridge, Mass.: Harvard University Press, 2009.

(15) 「簡述塩亭〝文革〟」（何希明主編『塩亭文革史料集』中共塩亭県委党史研究室編、二〇〇二年、一頁）。

(16) 同上、六頁。

(17) 王廷瑞「〝文革〟片段回憶」同上、四一頁。王廷瑞は批判会の記録をとっていた。

(18) 「簡述塩亭〝文革〟」（『塩亭文革史料集』一頁）。これは当地の党側の資料ではあるが、ひとまず事実を伝えているとみておく。

(19) 何希明「一位没有受到衝撃的老支書」（『塩亭文革史料集』二〇一頁）。

(20) 老威（廖亦武）『中国低層訪談録』二二四頁。

(21) 「簡述塩亭〝文革〟」（『塩亭文革史料集』三頁）。

(22) 王天縦「驚心動魄的塩亭〝文革〟一幕」（『塩亭文革史料集』六五頁）。

(23) 「簡述塩亭〝文革〟」（『塩亭文革史料集』三頁）。

(24) 大飢饉で悪辣な行政をした省第一書記が、文革で紅衛兵に打倒された例は、星火事件のあった甘粛省の張仲良にもみられる。この人物については向承鑑「口述」、楊継縄『墓碑』も参照、日本語版『毛沢東大躍進秘録』（伊藤正ほか訳、文藝春秋、二〇一二年）。

(25) 『白樺文集』巻三（上海文芸出版社、二〇一〇年）。

(26) 李井泉のやり口と四川の飢饉の惨状は、楊継縄『墓碑』第七章に詳しい。前掲、日本語版『毛沢東大躍進秘録』伊藤正ほか訳。

(27) 何蜀「〝紅衛兵綁架李井泉〟始末」に詳しい。香港中文大学中国研究服務中心HP『民間歴史』、http://mjlsh.usc.cuhk.edu.hk/Book.aspx?cid=4&tid=305

(28) いずれも『塩亭文革史料集』所収。

(29) 「甘粛省公安庁は大型展覧会を開催し、写真や実物で『星火』は断章取義されて、共産党を転覆するものと説明された」（『求索』一一五頁）。当時の写真によると、農家の鎌や斧が暴動の証拠として展示されたらしい。林昭については陳継東「林昭の思想変遷」本書所収。

(30) 庄暁斌の自伝的長編小説『赤裸人生』では、六〇年代初頭、自分のもとに武器を引き入れるために台湾に手紙を出した者が主人公の一人である。この主人公は、これが原因で反革命とされて死刑になるが、その弟は逃亡し、その過程で遊民の助けを得たのち、投獄され、最後に脱獄して国外に亡命する。庄暁斌『赤裸人生』（ケベック・中文国際出版社、二〇一〇年）。庄暁斌は二〇〇八年にフランスに亡命。二〇一〇年に私がパリでおこなったインタビューによれば、この弟は作者の分身であり、庄暁斌は実際に兄を死刑で失い、自分も懲役十六年となり、獄中でこの小説を書いたという。この小説は、獄中で各種の懲役囚から聞いた話が素材となっている。六〇年代にも武装闘争を考えた者や、警察や行政の統制から離れた遊民が存在したことがわかる。
(31) 高王凌は、五八年からの数年、農民と政府の矛盾は最も先鋭化したとしつつ、しかし農民の「反行為」は反抗に至らなかったとみている。「[反抗]の出現には、思想の交流、意見の交換、組織の準備、具体的な方策など、必須の「プロセス」があって、一歩一歩進むものだ。しかし当時は、最も基本的な一点、つまり思想的な交流においてすら、農民は高度に制御されていた。私は湖南の調査で知ったのだが、(当時の)会議では彼らはみな頭を垂れて話をしなかったのであり、これでは何ら話は進まない。」(高王凌『中国農民反行為研究』香港:中文大学出版、二〇一三年、一五二頁)。
(32) この点、文革発動まで半農半読だった学生の方が、農民に接近しており、農村の状況を認識していたと思われるが、やはり彼らも農民との通路を持っていなかった。文革中、血統論を批判して処刑された遇羅克の事例にそれが窺えるように思われるが、これについては改めて考えたい。
(33) 陳一諮は一九四〇年生まれ、五九年に北京大学入学、六五年に毛沢東に対して「党と政府の仕事に対する若干の意見」という論文を送りつけ、文革が始まると、この件で批判された。六九年から下放、七九年に胡耀邦に招かれて北京に戻る。中共中央の農村発展研究組の組長・中国経済体制改革研究所所長・中国政治改革研究会副会長に就任、趙紫陽のブレーンの一人、六四天安門事件直後にフランスへ亡命、アメリカで研究者として活躍、二〇一四年アメリカで死去。
(34) 陳一諮『陳一諮回憶録』(香港:新世紀出版社、二〇一三年、一二四頁)。
(35) 印紅標「文革後期における青年たちの読書と思想的探求」(土屋昌明訳『専修大学社会科学研究所月報』No.五八五、二〇一二年三月二十日)。
(36) 陳一諮『陳一諮回憶録』一二六頁。
(37) 陳一諮『中国で何が起こったか』(末吉作訳、学生社、一九九三年、四六頁)。
(38) 『求索』による。
(39) 陳一諮は陝西省の名族出身で、一族からは呉宓のように戦前にアメリカに留学して戦後に北京の最高学府の建設に貢献した学者が出ている。陳一諮本人も北京大学物理学系という、当時、中国で最高峰の大学学部で学び、早くも若き胡耀邦と知り合っていた。このような彼の生活背景が結論的行動に反映しているであろう。ただし、『星火』で共産党と徹底的に闘うと宣言した顧雁も同じ北京大学物理学系の出身であることに留意すべきである。
(40) 陳一諮『中国で何が起こったか』三二頁。

日本における文革と下放から私は何を学んだのか

前田年昭

本書九四頁参照。

紅衛兵運動の日本におけるひとりと自認する私は一九七一年、高校を中途退学し働き始めた。私にとっての下放であり、日本における文化大革命のひとつの実践と位置づけての行動だった。下放は私の意識を変え得たのだろうか。読み継いできた魯迅邦訳の比較検討と竹内好批判をつうじて、私の意識変革を検討してみたい。

一九七一年春、私は下放を始めた

中国プロレタリア文化大革命の一九六六年から六九年までは、私にとって中学の三年間と重なった。高校に進んだ私は、友人たちと創刊したガリ版雑誌『現代史研究』創刊号（一九七〇年五月）に、「四・一三テーゼ　現代史研究会運動は偉大な日本文化大革命の灘高における一形態である」と記す。三大差別（都市と農村、労働者と農民、精神労働と肉体労働）の撤廃を三大実践（自然改造、社会改造、思想改造）を通してやりとげるという毛沢東のプロレタリア文化大革命の呼びかけは魅力的だった。欧米式近代化の道でもなく、欧米式近代化の亜流のようなソ連型社会主義の道でもない社会を実現することはすぐにとは思わなかったが、確かなものとして可能だと信じた。一九七一年六月、高校三年生の私は中途退学し、働き始めた。私の下放の始まりだった。

ある哲学者は「失敗をしない人は何も仕事をしていない人である」と言っている。歴史は先人たちの試行錯誤の連続、

「失敗」の積み重ねである。では、敗北したプロレタリア文化大革命は歴史に何を残したのか。中国ではどうか。大学教授や知識人の下放は、大学を離れて農民や労働者と接する初めての機会であったろうし、肉体労働の経験は得がたいものをいくらかでも残したはずだ。また、都市の学生や文化人の辺境への下放は、少数民族への認識を改める契機になったに違いない。日本ではどうか。同時期の全共闘運動のなかに中国プロレタリア文化大革命の影響は深く刻まれている。猫も杓子も東大をはじめとする有名大学への進学をめざして受験勉強に精を出すという生き方だけではない生き方をする若者が少なくなく現れてきたことがその証である。社会の深層からの変化は現在なお進行中である。

下放で〈労働と所有の対立〉を知る

私の下放は今も途上である。十一年前の二〇〇五年に、下放三十四年の中間総括として書いた文章から引用する。

　大学へ進んで歴史学をやりたかったぼくの敬してやまない先生方は全共闘運動のなかで造反教官となり、大学を去っていた。いかに生きるべきか、学問をやるなら教授に頼るべきではないと思っていたにしろ自問の日々。「基礎としての学問」をやるために大学へ進み、しかるのちに社会運動をやるとか、「学生運動をやるために大学へ」とか、いずれも二股主義に思えた。そんなとき目にした、下放せよ、下放とは親兄弟妻子になげかれるような生活に「身をおとす」ことだ、という呼びかけは心にふれた。「こちら側」で死んだような時間を過ごすぐらいなら「あちら側」へ一歩を踏み出してみようと思った。見る眼、感じる心をなくしていたときには見えなかった／見ようとしなかった〝存在しない者ども〟と生きることで眼と心を取りもどそうと思った。背中を押したのは、文化大革命の「下放」と全共闘運動の「造反有理」と、野坂〔昭如〕の小説だった。

　七一年春、ぼくは灘高校を中途退学。暮れには大阪の日雇労務者の街・釜ヶ崎にたどりつく。

〔拙稿「死者は生者を捉え、妄想は遅れてきた全共闘を走らせた」（『ユリイカ』二〇〇五年一二月号、http://www.linelabo.com/nosaka0512.htm）〕

はじめの十数年は肉体労働だった。卸売市場雑役、山林伐採、農業、土工、建築雑役、左官手元、ペンキ屋見習い、石工手元、玉掛け、鉄筋工、船内荷役、チンドン、窓ガラス拭き、工員（鍍金）、牛丼屋店員、工員（金属刃物加工）などさまざまな仕事を経験した。挙げればまだあるはずだ。その後は写植、組版、組版用業務ソフトウェア開発販売サポート、校正・校閲、編集など、本づくりに関わるこれまたさまざまな仕事を経験した。印刷の分野ではちょうど、活版から写植、そしてコンピュータ処理と結びついて電算写植からＤＴＰへ、ウェブへと激変の時期でもあった。基本単位は倍、号、ポイントからミルス、歯、級、そしてポイントへと転変した。何から何まで覚えたと思ったとたんに廃れて、次の技術に取って代わるという案配だった。

スーパーでは卵のパックから傷んだ卵を抜き捨てて組み替え、弁当屋では練り物も野菜も魚も傷んできたらみな揚げてしまうと知った。鳶、土工の現場では「命綱なんか付けてられるか」という強がりがハバをきかせ、辛い落下事故を目撃した。私自身も夜間の堀方仕事で地中に生き埋めになる事故に遭った。鋼管工場では流れ作業を止めずに配られた昼飯を立ったまま食べた。金属刃物工場では毎月のように繰り返される労災事故で指の欠けた労働者が珍しくなかった。私もまた右手薬指の骨を砕いた。現場の先輩は、月二〇〇時間を超える残業の後、ウィスキーとビールをちゃんぽんにして酒を流し込んでいた。

生産力と生産関係の矛盾とは労働と所有との矛盾である。生産力とは真っ正直に働く人間（労働者）のことであり、生産関係とは、労働対象と労働手段とを所有し、ワークフローを支配しながらも、仕事を知らず仕事をしない非人間（資本家とその犬）のことである。仕事を知っている者には権限がなく、権限を握っている者は仕事を分かっていないというどこにでもある現実はここから来ていると知った。この実践的な資本論学習をきっかけに技術の歴史と哲学へ関心が向いた。

労働と印刷は権利であり、人と人が組むことは言葉と文字を組むことである

どの仕事でも、たいていの労働者は「単調な反復労働」のリズムを工夫して作っていた。ズルする奴、ゴマすりもいたが、鼻つまみ者にされていた。いろんなことを学ぶうちに、現場現場でいちばん手間のかかる難儀な作業をやっている人が誰なのかに目が向くようになった。それは同時に、日雇い労働の時は、失業認定のはんこをついてもらうための〆切、零細自営の時は、振り出した手形が不渡りにならぬよう金策して駆け込む銀行の〆切など、すべてが時に追い立てられる日々でもあった。

編集と組版への探究は、日本における言文一致運動と句読点の考案、中国における白話運動と標点符号の考案への関心に向かった。一九九六年から始めた「日本語の文字と組版を考える会」は、二〇〇一年からの「句読点研究会」へと繋が

る。発会の呼びかけで「句読点・約物・符号・記号こそ、音声言語と文字言語をつなぎ、テクストとテクストならざるものを弁別し、読むこと／書くこと、文字／図像、行為／表象の境界にあって、ことばの歴史と現在を照らし出しているのではないでしょうか」と書いた。自己と社会の変革をなしとげるためには言葉への探究が必須だと考えたからである。人と人が徒党を組むためには、言葉と文字を組むこと、つまり組版と文学が必要である。歴史への視座を欠いた技術は、技術決定論という「精神なき専門人」に絡め取られてしまう。技術決定論という「精神なき専門人」に絡め取られてしまう。けっしてそうであってはならず、内省を契機にした自己変革の闘いというスタイルを貫く必要があった。二〇〇八年に、「自身の頭の中を革命すること」「論争の場としてのメディアの制作」をめざして、雑誌『悍《はん》』を創刊した。発刊宣言で「旧来の左派は〝社会正義〟や〝ボランティア〟の名の下に、原稿料を払わず、印刷や製本などの制作費を叩き、デザインや校正をタダ働きにしてしまった。これは資本主義との対決を放棄する退却である」と書いた。

六〇年代末に澎湃として日本や世界でわき起こったベトナム反戦運動の背景には自らの生活と存在が侵略者アメリカに加担してはいないかどうかという自省があった。自分自身を一方的に被害者とするだけにとどまらず、自らの内に入り込んだ加害者＝侵略者のありようを直視し、変革しようという志向があったのだ。「大東亜戦争」における侵略者日本の思想を洗い流すことなしには、抵抗者アジアの力は視えなかったという反省が、戦後日本社会の良心を形づくっていた。軍国主義に「だまされた」とする被害者意識にとどまることなく、そこからさらに、なぜ軍国主義に染まってしまったかという反省＝闘争が始まろうとしていた。人びとはアメリカのベトナムへの侵略前線基地としての日本という存在を直視し、反省＝闘争へ立ち上がっていった。侵略に加担する自国の支配階級を批判しようとするならば、その支配階級を打倒・転覆し得ぬ人民運動自身の責任を問わねばならない。

改良や格差縮小などではなく、支配権力を倒し、転覆しなければならない。そのためには、自らのなかに入り込んだ支配階級の思想を改めなければならない。内省を契機にした自己変革の闘いというスタイルは、以後、私のスタイルとなった。これは全共闘と文革から学んだ私の財産である。

振り返ってみて、私自身は変わったのだろうか。変わっていないともいえるし、しかし、確実に変わったこともある。

その一例として、この半世紀（とくに下放後の四十五年）、折に触れて読み継いできた魯迅の読み方が変わったことを紹介したい。

深まる竹内魯迅への疑問

魯迅に「一件小事（小さな事件）」という掌編がある。一九二〇年七月に書かれ、『吶喊』（一九二三年）に収められた。初出は一九一九年十二月一日北京『晨报・周年纪念增刊』である。『晨报』は一九一六年に李大釗が創刊、自ら編集長に就いた新聞だ。同紙は、魯迅も『阿Q正伝』や『故郷』を発表し、現代中国文学で大きな役割を果たした。「一件小事（小さな事件）」は、回想である。私は人力車を雇う。前を横切ろうとした老女の着物が人力車の梶棒に引っかかり、彼女は地面に倒れてしまう。私は車夫に「何でもない、行け」と言うが、車夫は彼女を助け起こし、具合を訊ねる。彼女は「ころんで怪我をした」と答え、車夫は彼女を支えて派出所に向かう。私は突然、車夫が大きく見え、自身の「卑小さ」に気づかされる。派出所から来た巡査に私は、車夫に渡して欲しいとお金を渡す一方でお金の意味を自問自答するが答えられない。この出来事をしばしば思い起こして、私は自分自身を見つめ直す。――そういうあらすじである。その結びの一文が「独有这一件小事，却总是浮在我眼前，有时反更分明，教我惭愧，催我自新，并且增长我的勇气和希望。」である。ここで比較検討する五つの邦訳は次のとおり。

①たった一つこの小さな事件だけは、いつもいつも私の眼の前に浮んで、時に依るとかえっていっそう明かになり、わたしをして慚愧せしめ、わたしをして日々に新たならしめ、同時にまたわたしの勇気と希望を増進する。――井上紅梅訳「些細な事件」（『魯迅全集』改造社、一九三二年）

②ただこの小さな出来事だけが、いつも私の眼底を去りやらず、時には前にもまして鮮明にあらわれ、私を恥じさせ、私を奮い立たせ、さらにまた、私の勇気と希望を増してくれるのである。――竹内好訳「小さな出来事」（『魯迅選集　第一巻』岩波書店、一九五六年）

③しかし、この小さい事件だけはいつも私の目の前から消えることがない。いや、時には、更に一層、鮮明な記憶となって私を恥じいらせ、私の更新をうながし、同時に、私の勇気と希望とに、更に力を与えてくれるのである。――田中清一郎訳「一件小事」（『魯迅選集第1巻　阿Q正伝・狂人日記・他』青木文庫、青木書店、一九六三年）

④ただこの小さな事件だけが、どうしても私の眼前に浮び、時には以前にもまして鮮明になり、私を恥じ入らせ、自己変革をうながし、且つ私の勇気と希望とを増してくれるのである。――高橋和巳訳「小さな事件」（『吶喊』中公文庫、中央公論社、一九七三年）

⑤ただ、この小さな事件だけが、どうしてもわたしの眼前に浮び、時には以前よりも鮮明になり、わたしを恥じ入らせ、わたしに自ら革新することを促し、そしてまたわたしの勇気と希望とを増大してくれるのである。——駒田信二訳「小さな事件」（『阿Q正伝・藤野先生』講談社文芸文庫、講談社、一九九八年）

中国語は辞書がようやく引ける程度、初学者とさえいえぬレベルの私には、邦訳の比較検討など本来出来ない。しかし、無為より無謀、ここでは邦訳の日本語としての検討という「無謀」をお許し願う。また、より重要なことであるが、魯迅邦訳史の研究という立場からすれば歴史性の検討が前提的になされるべきで、時系列を捨象しての比較検討はいささか乱暴で酷であることもまたお許し願う。私は「催我自新」の翻訳の違いに注目した。直前は「私を恥じ入らせ」、結びは「同時に私の勇気と希望とを増してくれる」と、どの訳もあまり変わらない。なのにここはかなり違う。わたしをして日々に新たならしめ（井上紅梅訳）私を奮い立たせ（竹内好訳）私の更新をうながし（田中清一郎訳）自己変革をうながし（高橋和巳訳）わたしに自ら革新することを促し（駒田信二訳）①③では「私」は受け身であり、いかにもな直訳であろう。④⑤では「私」は変革や革新の主体であり、能動性が明確で①③と対照的である。②（竹内訳）はどうであろうか。結論から言えば、②はとくに、前の「私を恥じ入らせ」と切断されてしまっている。「恥じ入らせ」た過去を繰り返し思い起こすのはなぜ、何のためか。それは、他の訳が共通して浮かび上がらせているとおり、自らを振り返って反省の糧とするためではないのか。しかも「私を奮い立たせ」では、後の「私の勇気と希望を増してくれる」とほとんど同義となり、「さらにまた」（他の訳では、「そしてまた」「同時に」）と繋ぐ意味が弱くなってしまうではないか。

明快な高橋和巳訳に息づく文革精神

明快な高橋和巳訳と対照すると分かりやすい。「私を恥じ入らせ、（ここに他の訳と違って「私」を繰り返していないことも明快）自己変革をうながし、且つ私の勇気と希望とを増してくれるのである。」

——恥ずかしい思いをした出来事を反省の契機とすることによって前へ進む意欲がわいてくるというのだ。これを図解すると次のようになる。

且つ（同時に／そしてまた）

《「私を恥じ入らせ」＋「自己変革をうながし」》

《私の勇気と希望とを増してくれるのである。》

魯迅の原作が含意する反省の契機を欠落させた竹内好訳は日本語として適切ではない。中国や魯迅の研究においても日中関係史においても大きな仕事をした竹内好の評価を――翻訳のこの部分のみを取りあげて――云々するつもりはない。だが、明らかに竹内訳のこの部分は、反省＝闘争という契機を欠いており、それゆえ原作を伝え得ていない。事あるごとに李長之《りちょうし》を援用する竹内好は、魯迅作品について「農村ものにくらべると、彼の都会ものは、数も少なく、すべて成功していない。小市民の、殻のなかでの不平や自己満足の生活を、風刺的に、あるいは曝露的に、描こうと意図したらしいが、それが作品的に再現されずに、半透明な虚像になって、現実味を帯びてこない。その原因は、李長之によれば、彼の環境憎悪が激しいからだという。そうかもしれない。現実に密着しすぎて、ながめる目の余裕がないせいだろう。」（『魯迅入門』講談社文芸文庫、一九九六年）と断じるが、果たして「すべて成功していない」のか。高橋和巳は「自立の精神　竹内好における魯迅精神」を書いて、竹内への強い敬愛を前提に「竹内好の魯迅研究はさまざまの問題性をはらんでおり」として再検討している。その血の出るような文を、モンテスキュー『法の精神』序文を引きつつ次のように結んでいる。

『日本プロレタリア文学全集』の編集にも参加している竹内好が、戦後もなお魯迅のこの領域〔引用者註――『中国小説史略』を中心とする魯迅の考証学的作業〕にふれないのは何故であろうか。しかし、こうした部分的疑義は、どうしても揚足とりになりがちであるし、発憤してなされた著述に対して、部分的批判は所詮無意味である。いずれ、それら、私の内部にある魯迅像は、自己の未来への責任においてみずから構築し、そしてそれを竹内好の魯迅と対峙させればよいのであり、そしておそらくは、それが最高の批判形態でもあるだろう。

魯迅の日本における受容の多くは（李長之を援用する）竹内好に負ってきた。しかし、瞿秋白に導かれて魯迅を読んできた私はかねてからざらざらとした違和感を竹内訳に感じ続けてきた。なぜか。理由は引き続き考えていきたいが、竹内の中国革命への理解が反帝国主義を掲げた民族主義にとどまり、プロレタリア文化大革命として理解できなかったことの反映がここにあるのではないか、というのが、私の現時点での仮説である。

ほかの魯迅作品でも竹内好訳には疑問がある。たとえば、「わたしの節烈観」（一九一八年）で、魯迅は、節烈によって犠牲になった女たちに対して「節烈の女は、むだな苦しみを味わったのではないか」と問い、「なお哀悼するだけの価値はある、と。かの女たちは憐れむべきひとであって、不幸にも、歴史と数の無意識のわなにかかり、主犯のいない犠牲となったのだ。追悼大会くらいは催すべきであろう。」と書いた〔傍点は引用者〕。この翻訳は片山智行『魯迅雑文集 I』（龍渓書舎、一九七六年）のものだが、この部分の邦訳が竹内好の手にかかると「まだ哀悼する価値は残されている、と。かの女たちは気の毒なのだ。不幸にも時間と数との不作為の罠にはめられて、無名集団の犠牲にされたのだ。追悼のための大集会を開いて然るべきである。」となる〔傍点は引用者〕（『魯迅文集　第三巻』筑摩書房、一九七七年）。ここでも、内省を契機にした自己変革という、プロレタリア文化大革命と全共闘運動が私たちに残した糧という基本的立場から見た翻訳の違いが歴然としてあると思える。その他もいずれ紹介していきたいと考えているが、竹内好の「国士」然とした、マッチョな翻訳は魯迅の思想を曖昧にしてしまっている。もしくは一知半解といえるのではないか。

　検討過程で再読した高橋和巳は私の背骨を伸ばさせる。私は確かな魯迅精神を高橋和巳のなかに見いだすとともに、高橋和巳はプロレタリア文化大革命という新生事物に正面から向き合い格闘し続けたのだと改めて思う。

自省（反省＝闘争）の力を

魯迅作品の基底に貫かれる自省は、現状に不満を抱き変革をめざす立場からは希望の糧となる。魯迅を暗いと感じる感性の大半は、事実を直視する苦痛を避け、現状維持の立場から来るものではないか。名作『鋳剣』（一九二六年）の激しさのなかに中国の階級闘争の激しさを読み取ることはできても、「黒い男」のなかに「内省を契機にした自己変革」を読み取り得ない読解は、魯迅精神を掲げていてもニセモノだと思う。

　一九四九年の中国革命と新中国建国は、呻吟していた下層民衆に息のできる生活をもたらした。しかし早くも六〇年代前半には、革命の初心が忘れられ、党組織が腐臭を放ち始めていた。親の出身階級にもとづく差別（血統論）は社会を閉塞させ、民衆の怨嗟は高まっていた。唯物論は簒奪され、現状変革ではなく現状維持の手段に転じた。胡傑『星火』が伝えるように抵抗は「右派」とレッテルを貼られ、反右派闘争とは権力による抑圧という側面にも転じた。かつての弱者は特権階級に成り上がり、現状変革のエネルギーを封じたのだ。機械的唯物論は人びとを醜悪にし、政治を腐敗させる。

　強い危機感を抱いた毛沢東は「人間の正しい思想はどこからくるのか」という短い哲学論文を書き、人間の主観的能動性の役割を唯物論の核心に位置づけた。文革発動二年前の一九六四年五月だった。毛沢東は、自然と社会と自己の変革を三大実践として強調した。北京・外文出版社による「人間の正しい思想はどこからくるのか？」日本語版は三大実践を生産闘争、階級闘争、科学実験と訳した（私の理解では、自然の変革、社会の変革、自己の変革と訳したほうがより適切だと思う）。

近年の日本の「反原発」運動の一部に見られる傾向には、「反原発」を錦の御旗として絶対化し、階級対立と階級闘争を覆い隠す「全国民的運動」（レーニン）の誤りに陥ってしまっていないだろうか。東京から関西へ、西日本へと避難していく人びともいる。しかし、私は山谷や釜ヶ崎から福島へ流れていく人びとと生きていきたい。原発を地方に、被曝労働を下層・下請けに、押しつけ、その犠牲の上で、「都市の消費者、生活者」として権利主張する被害者運動は結局のところ、エゴと利権の醜い争いに行きつくしかない。たとえば、吉本隆明や大西巨人とは私はかなり立場も考えも違うが、彼らの原発容認と取れる発言を「老醜」と切って捨てるのはとてもよくないことだと思う。異論反論があれば、公開して、論じ合えばいいではないか。そんなに「反原発」が絶対正義というなら、それがなぜ実現できないのか、自らの反原発運動のあり方を振り返ってみる必要があるのではないか。社会運動がただ運動することのみを自己目的化するなら、そして、異論を「非国民」と排除し、小馬鹿にするなら、そのような反省の契機を欠いた社会運動は人びとの心に触れ得ず、それゆえに、変革の世論を作り出すことはできないだろう。政治なき文学は閉じた自慰でしかなく、文学なき政治は硬直、腐敗する。

プロレタリア文化大革命は敗北した。しかし、自然改造、社会改造とともに、人の意識改造を掲げたプロレタリア文化大革命の精神はいまなお私のなかに、そして、半世紀前に私と同じように心を躍らせた人びとのなかに生き続けている。

参考文献

前田年昭「千年王国の夢、いまだ覚めず　日大全共闘に憧れた高校生のその後」（『日大闘争の記録』第六号、日大闘争を記録する会、二〇一五年）
前田年昭「歴史をつくるのは誰か　下放、すなわちスタイルの根底的転換＝文体革命を！」（今福龍太・鵜飼哲編『津波の後の第一講』岩波書店、二〇一二年）
前田年昭「教育革命いまだ成らず」（土屋昌明編著『目撃！　文化大革命』太田出版、二〇〇八年）
前田年昭「死者は生者を捉え、妄想は遅れてきた全共闘を走らせた」（『ユリイカ』二〇〇五年十二月号、青土社）

私にとっての文革――七〇年前後の学生運動を契機として

朝　浩之

本書一三頁参照。

ニクソン大統領の訪中、日中国交正常化の前年、全共闘と呼ばれた学生運動の勢いも沈静化しつつあった一九七一年に大学生となり、中国研究会に所属することで文革に魅せられていったのは何故か。その後、仕事を介していかに中国と関わり続けてきたのか。個人的体験を振り返りながら自らの文革観を語る。

文革に出会うまで

一九六九年

私にとっての文革、そして中国との出会いは、一九七一年に大学へ入学し中国研究会（以下「中研」）に所属することから始まる。だが、その前に高校時代のことを語っておきたい。

三年生の六九年十月のことだ。同期生一人と他校生三人に図書館が封鎖され、機動隊によって排除・逮捕、さらに抗議する生徒四人も逮捕されるという事件が起こる。機動隊が大学を含む校内に入ったのは県下で初めてのことだった。翌日からは封鎖には関わらなかったものの抗議行動によって逮捕者を出した高校生解放戦線（共産主義者同盟〔ブンド〕から分派した毛沢東思想を掲げるML派の高校生組織）が主軸となって、連日、中庭において機動隊を導入したとして学校当局を糾弾する集会が続いた。約三五〇名（三年生は半数以上が参加）による街頭デモも行われ、ほぼ十日間にわたって授業ができない状況になった。以降も余燼はくすぶり続け、翌年三月の卒業式は、二年生主体のヘルメット姿の約十名が「卒業式粉砕」を唱えて会場突入をはかる、開式まもなくから多数の卒業生が演壇に背を向けたままになる、校歌斉唱時には歌う者はわずか、「インターナショナル」を歌う者もいる、といった騒然たるものになった。

一九六九年は、中国では文革が頂点に達したことを象徴する中国共産党第九回全国大会（九全大会。四月）が開催された年だが、日本では六八～六九年の全共闘運動真っ盛りの時期に重なる。『昭和四八年 警察白書』によれば六九年時の大学の「紛争校」は東京五十一校・地方一二二校、「うち封鎖・占拠校」は東京十校・地方一〇九校にのぼり、小林哲夫『高校紛争』（中公新書）によれば高校では六九年秋～翌年春の間、三十六都道府県の一七六校で封鎖や授業ボイコットが発生している。

何をなすか

封鎖以前から行われていた県教育長通達（高校生の政治活動禁止を目途とする）反対、学外講師を招いての自主講座など一連の運動に私自身は積極的に参加したわけではない。ただ、図書館封鎖後は闘争を主導したメンバーから発せられる政治的アピールに敏感になり、中学時代に『ベトナム戦記』（開高健著、朝日新聞社）を読んだときの衝撃が呼び起こされ、自分も行動しなければならないという切迫感が強くなっていった。

卒業式当日、ヘルメット姿のひとりが中学時代に私の後を継いだ生徒会長だったのを見て、その気持ちは頂点に達した。

浪人時代、同期の六人と学習グループを立ち上げる。学習会は特に中国をテーマとして行われたわけではないが、一九七〇年五月二十日の毛沢東の声明（「全世界の人民は団結してアメリカ侵略者とそのすべての手先を打ち破ろう！」）を教材にしたことを覚えている。日本語にして一五〇〇字ほどの短い文であり、米帝国主義を打倒するための国際連帯を訴えるものだ。スローガンを並べたような文だったが、ベトナム戦争の兵站となっている米軍基地の存在が重くのしかかるようになり、べ平連（ベトナムに平和を！ 市民連合。小田実、開高健、鶴見俊輔らが結成した反戦運動市民団体）のデモに参加するようになるのは自然の成り行きだった。

中国、毛沢東、そして文革

大学生活の開始は中研とクラス活動

学習グループのうち四人が同じ大学に入り、社会科学系のサークルを探した。学生運動に関わろうとする意志が旺盛で、サークルを目的達成のための足がかりにしようとしたのだ。ただ、大学内に勢力をもつ二つの党派についてはみなに強い拒否感があり、この党派の影響下にないサークルを懸命になって探す。そこでたどり着いたのが中研だった。

中研に入るのは入学から一カ月前後のことだ。それまでは学習グループの仲間とは情報交換に努める一方、同級生と交流を深めた。私たちが入った大学では第二外国語の選択に基づいてクラスが編制されていた。その授業後には毎回、二人一組で党派の活動家がやってきて政治討論を主導し、自派の集会やデモへの参加を呼びかけた。授業後も教室にとどまって彼らの話を聞く者は半数ぐらいはいただろうか。そんなことを繰り返すうちに、十人くらいが授業後に自分たちだけで意見交換するようになり、四月二十八日の沖縄デー（サンフランシスコ講和条約により米国統治下に置かれた日）にはクラス旗を用意して党派色の薄い集会・デモに参加する。

私たちのクラス、大学が特殊だったとは思わない。当時、何かしらの政治的行動を起こさなければいけないと思っていた者は決して少数派ではなかったのだ。

中国革命史に衝かれて

中研に入ると中国革命史に関する書を何冊も読むことになる。わけても『毛沢東選集』は必読文献となり何度も読み返す。その中で繰り広げられる抗日戦争に、祖父が満鉄（南満州鉄道）の職員だった、父が哈爾浜《ハルビン》学院在籍時に学徒召集された、母が華北交通（満鉄のグループ会社）に単身赴任し敗戦による北京からの引揚者だったという家族史が重なった。たかだか二、三十年前の日本軍の中国侵略、対する中国共産党の抗日に、「歴史」というくくりでは捉えきれないリアリティを感じるようになっていく。

中国とは偶然の出会いではあったが、日本をはじめとする列強に抗して革命を成就し、建国十数年にして再び文化大革命を叫ぶ中国の底知れぬエネルギーといったものに感情が高ぶる。時代に突き動かされて求めた政治行動へと接いでいく回路を、今もなおダイナミックに動いている中国を知ることから手繰り寄せようと考えた。

文革認識の原点

私が中研に入った一九七一年は、大学の「紛争校」が東京三十三校・地方一〇三校、「うち封鎖・占拠校」が東京一二校・地方四十三校（『昭和四八年 警察白書』）と、学生運動は収束に向かいつつも影響は残るという状況にあった。

では、中国は、文革は、どうなっていたのか。中研は研究活動が盛んで、そのレベルは中国に関する予備知識があまりなかった私には相当に高いものだった。毛選を読む、中国文学、中国語などの任意参加のグループもあったが、活動の中心は年間研究テーマ「文化大革命史」に置かれていた。その提案書には次のような言葉がある。「三年間に及ぶ中国を嵐の渦にまきこんだプロレタリア文化大革命は、九全大会によってしめくくられた」と。

終わってしまっている文革を研究する意味は何か。同じく提案書はいう。

毛沢東はこの大会を称して、「団結の大会、勝利の大会」とも名付けている。〔中略〕しかし、注目すべきことは、文革の当初において毛沢東の徹底した革命主義を最も代弁してきた紅衛兵、造反派の姿が組み入れられていないで、現在では農村、辺境へ進出しているのはなぜか。〔中略〕毛沢東の提起したこの新しさなるものが単に実権派に対する奪取闘争の戦術としてのみ利用されただけにとどまって思想の次元にまで定着化され得ないならば、文革の結末は劉少奇路線の矛盾の再生産におちいるだろう。／我々は〔中略〕この種の雑多な文革論を批判的に検討することによって、〔中略〕文革、さらには毛沢東思想なるものの本質に接近していく必要があろう。

提案書はついで「Ⅰ革命委員会とは何か？」「Ⅱ『極左派』の問題」「Ⅲ造反外交の問題」「Ⅳ一国社会主義の限界と世界革命」と研究の課題を四点挙げる。私の文革認識も否応なしにここから始まるのである。

始まりは中ソ論争から

年間研究は三つのパートに分かれ、パートごとに学習・討論を進め、その成果を全体でまとめていく形で進められた。学習文献の選択は各パートに任されたが、必読となっていたのは、一九六〇～六四年にかけての中国・ソ連両共産党間の論争における中共（中国共産党）の重要論文などからなる『国際共産主義運動の総路線についての論戦』（北京・外文出版社）だった。

必読とされた理由は別にして、私自身への影響ということで言えば、中ソ論争は中共のソ共への修正主義批判から始まるが、私は、その争点の一つである過渡期論——資本主義社会から社会主義社会へ、さらに共産主義社会への移行期の在り方に注目する。毛沢東の『新民主主義論』—社会主義教育運動とつげば中国革命史も過渡期論に揺れ動いてきたと言える。それでは、資本主義の日本が社会主義を目指すとき、その過渡期はどのようなものになるのか。中ソ論争は日本の進路に関わる問題だと、強い関心をもつようになる。

そこまで行き着くと、週に少なくとも三日はあった中研の活動のため、学習しなければならない課題はいっそう膨大なものとなり、授業は二の次になっていった。

省無聯とコミューン志向

文革とは何だったのか。中研の活動を重ねるうちに、なぜ上海コミューンは挫折したのか（一九六七年二月三日に成立するも二十日後に革命委員会に改称）、なぜ革命委員会に取って替わられたのか。私の問題意識はそこに集中するようになる。コミューンの挫折から二カ月後には「毛主席はまた、全人類を解放してのみ、プロレタリア階級は自己を解放することができるのだ、というマルクスのことばをかならず実行しなければならない、と強調してきた」（『人民日報』一九六七年四月三十日社説）と半ば矛盾した論調も見られるが、一国社会主義の限界に無自覚だったということか。それから二年後にして「レーニン主義の観点に立てば、一つの社会主義国の最終的勝利は、自国のプロレタリア階級と広範な人民大衆の努力が必要であるばかりでなく、世界革命の勝利に帰すべきであり、人が人を搾取する制度が全地球上から消滅され、全人類が解放されるのに期すべきである」（九全大会における林彪の政治報告）と一国社会主義の限界を認識したということなのか。私にはコミューンをめぐる揺らぎは、過渡期論を蔑ろにする、文革を途上半ばにして投げ出そうとするものにしか見えなかった。

そんなときに中研の先輩から一冊の新書を奨められる。省無聯（湖南省無産階級革命派大聯合委員会）の手になる文献を紹介し、その組織を分析する『北京と新左翼』（クラウス・メーネルト著、時事通信社、一九七〇年）だ。省無聯の存在は首都紅衛兵五・一六兵団（文革初期に周恩来を攻撃）とともに中研の提案書「『極左派』の問題」に触れられていたが、同書から伝わる強いコミューン志向と激しい特権階層・官僚批判に、『北京週報』（中国の対外広報誌）掲載の文書などとは違ったラジカルさを感じとった。「改革ではない。革命をやるのだ。革命委員会という国家機関を粉砕せよ」という言葉は、文革の核心を衝いていると。「司令部を砲撃せよ」（一九六六年八月の毛沢東による大字報）とは、国家の、党の中枢を撃てということだが、国家の、党の解体に繋がる主張は許されようもなかったのだ。上海コミューンの挫折と、「極左」と指弾されての省無聯の解体（一九六八年一月）には同質の力学が働いたと考えた。

国内外の情勢から国家の、党の防衛を優先することは理解できなくもなかったが、省無聯に強く同調した私は、革命委員会は新たな実権派としか捉えられず、人民大衆への抑圧という形で決着したことに大いなる不満を抱いた。

中研から得た文革観

かくして私にとっての文革は、九全大会までの歴史考察の対象としてあったと振り返ることができる。ただし五年遅れの追体験として、十分に臨場感あふれるものであった。当時の心境を中研時代の私のノートによって整理してみる。文革は途上半ばにして潰えたということを現実として受け入れつつ、潰えるまでの「魂に触れる大革命」に惹きつけられていた。

まず紅衛兵が先鞭をつけた大衆運動――権力をもたない非党員を含む大衆が、権力をもつ党・政府の官僚に対して行動を起こすことへの共感。この大衆運動は、コミューン志向を強めたとき、党と国家の解体を回避すべく毛沢東によって文革の表舞台から排除されたが、私の大衆運動への共感は揺らぐことはなかった。

大衆運動がその矛先を党・政府の官僚に向けることは、資本主義復活の危険性がどこから生じるかという見方に関わる問題意識だ。そうであるなら、四清《スーチン》（政治・経済・組織・思想を清める）運動と呼ばれもした、一九六三年から始められた社会主義教育運動は文革へ至る地ならしとして捉えなければならない。中研に入ってすぐに与えられた課題・中ソ論争は国際情勢から文革の淵源を探ったが、研究活動を進めて国内情勢からも探らねばということになる。

毛沢東思想という視点からも一言述べておきたい。「主観能動性」（毛沢東「実践論」中の言葉。主観の能動的作用、即ち人の要素を強調）、これを大衆運動の意義を基礎づけた思想だと評価する。同時に、学生―小ブルジョワである自分も主観を発揮すればそれを乗り越え、進むべき道が拓けると思い込めたという意味で鼓舞されもしたのだ。

実践の場

学内の抑圧に闘う

中研の活動が大部分を占め、機会あるごとに中研やクラスの仲間とデモに参加し、授業も受けるというのが入学半年間の日常だった。やがて中研の研究活動を深めるにつれ毛沢東の『実践論』にも刺激され、デモに参加するだけでは駄目だと、日常的な実践の場を求めるようになる。そこで桎梏として浮かび上がったのは、他党派はもちろんべ平連の活動も許さず、学内を制圧する党派の存在である。そうした状況を打開しようと、クラスを超えて学外で意見交換する場がもたれるようになる。

しかし、何回と場を重ねても状況は打開されるはずはない。秋になって、主張が通じ合う十名ほどで政治グループを組織した。政治課題にも合意形成がなされたが、重要な一致点は、某党派によるクラス・サークル活動の圧殺―学内制圧に対して行動をもって闘う、ノンセクト・ラジカルとして組織を志向する、ということだった。全国組織の党派に対抗するなど無茶なことだったが、自分たちの場を作り、地に足が着いた活動をしなければならないという切羽詰まった思いだった。一方、某党派と対抗することを自己目的化してはならないと、解体状態にあった複数の党派系列のグループ、ノンセクト・ラジカルとして活動していた複数の大学組織からなる共闘組織に合流した。

〝政治的な死〟

一九七二年秋、私たち政治グループが初めて具体的行動をとった直後、某党派によって校内で一人の学生が虐殺される。彼はノンポリではなかったが反対党派の活動家として殺される謂われはなかった。虐殺に対する怒りはたちどころに沸点に達し、連日数千人規模の学内糾弾デモが続く。党派に牛耳られていた自治会は彼らを排除して刷新される。私たち政治グループは、この事態に各自が所属する学部・サークルで闘うということになり、活動は停止してしまう。

遡って七二年二月、私たち政治グループは学内では公然活動ができず、ある大学の学生会館の一室を借りて会議やビラの印刷などを行う拠点としていたが、同じ階に赤軍派系グループの部屋もあった。あさま山荘における連合赤軍と警官隊による銃撃戦後、山荘に立てこもるまでに内部粛清により十二名が殺害された事実が明らかになる。このとき、死者が増えるたびに増えていく部屋の壁に掲げられる遺影に惨憺たる思いで黙祷を献げた。

大学同期の学友の死は、彼とは何回か会ったことがある、彼ではなく自分だった可能性もゼロではないと思うと、連合赤軍による死とは比べようもなく重いものであった。その後の経緯は省略するが、中研の主要メンバーは学内にとどまることができなくなり、中研も消滅してしまう。

それから三年数カ月経た一九七六年三月、中研の先輩が内ゲバによって亡くなる。彼は所属党派に殉じたわけではない。職場の反戦青年委員会（青年労働者による大衆団体）に活動の場を求め、指導的立場に推された結果、内ゲバに巻き込まれたのである。

ロシア革命、中国革命、そして日本においても、革命党の党内闘争によって多くの死者が生み出されてきたことは知識としてあったが、私には彼ら彼女らの〝政治的死〟は受け入れがたかった。

改革開放政策とは

中国に関わる仕事に従事

学内・学外の運動に関わり、学内にとどまるという選択肢は客観的にも気持ち的にもなくなった。あれだけ熱を入れた中国革命史、文革に対しては思考停止状態となった。それでも中国から離れることができなくなっていて、中研時代にはまったく興味がなかった中国語を習うために中国語研修学校の夜間コースへ通い始める。そのクラスメートに社員がいたという偶然から、一九七五年四月、私は中国語圏を取引先として書籍の輸出入を行うことを主業務とし、出版もするという会社に入社する。

仕事を通して中国と関わることになって、経営陣と軋轢が生じることを危惧したこともあり、中国に対する私の立ち位置は封印される。これが結果的に私の転機ともなる。革命史から近・現代史さらに古代史へ、中研時代にはまったく興味がなかった魯迅を初めとする文学へ、思想・文化・芸術へと中国に対する関心領域を広げていった。政治に関係なく中国が好きになってしまうのだ。

思考の回路が再接続したのは華国鋒と鄧小平との確執が鄧小平の勝利に決着しそうな気配が醸成されだしたころだ。親しい社員に「鄧小平打倒！　華国鋒断固支持！」と発したことを覚えている。

反発と動揺

私にとって文革以降最大の〝事件〟は一九七八年末の中共十一期三中全会で改革開放政策が表明されたことである。その時点では事の重大性を理解できなかったのだが、華国鋒の国務院総理辞任、党主席辞任（それぞれ一九八〇年九月、八一年六月）と事態が進むと大きなショックを受けた。思考停止していた私は一皮剥けば依然として中研時代の文革観を引きずっていたのだと思う。そのショックは中研時代から十年近く経過していたことを考えれば文革幻想に拠るものと言ってよいものだった。

改革開放政策という響きは政策転換のように聞こえる。しかし「特色ある社会主義」の下に市場経済を導入することは党にとっても国家にとっても体制変換ではないか。「三つの代表」論により私営企業の経営者・資本家が党に取り込まれたことを見ても、「社会主義市場経済」が市場経済とどう異なるのか皆目見当がつかない。改革開放は、一九八一年六月の歴史決議（文革を否定し毛沢東の功罪を評価する）が現状の追認でしかなかったのに比し、文革を言葉でなく実質において積極的に否定したのだ。

この大転換に私の文革観も大きく変化する。

乱暴な言い方になるが、片や国家は権力機構、片やコミューンは相互扶助機構。原理的に異なるにもかかわらず、前者の内に後者を包摂することはどだい無理な話でないか。

大衆路線とは「大衆に自分で自分を教育させ、自分で自分を解放させる路線であり」、下から民衆自らが作り上げていくべきものであるはずが、民衆は「大胆に大衆を信頼し、大胆に大衆に依拠し、大胆に思いきって大衆を立ち上がらせる路線」(直前の引用とも「全国各地から上京した革命的教員・学生と会見するための大会における林彪同志の演説」一九六六年十一月三日)に利用されただけに終わってしまった。「司令部を砲撃せよ」に象徴されるごとく、上から組織された大衆運動は上からの圧力によって解体された。国外情勢も影響して建国期から党の厳しい統制下にあった民衆、とりわけ青年たちは開放感と使命感にあふれ、まっしぐらに文革へと突き進んだのだと思う。しかし彼らにとって文革は裏切られた革命になってしまった。

文革幻想から脱け出し、文革が頓挫した理由を、文革に魅せられた者として詳らかにしなければならない。そう思いながらも、徐々に私の関心は改革開放の評価に傾いた。

改革開放政策の受容

「白猫黒猫論」(教条的イデオロギーにとらわれず生産向上政策をとる)、「先富論」(豊かになれる者は先に豊かになれ、そして落伍した者を助けよ)は鄧の実利主義を遺憾なく発揮する言葉として知れわたっているが、私にはどうしても馴染めない。

しかし、抗日戦争、国共内戦の時代はともかく、建国後も幾度となく激しい政治闘争が繰り広げられ、絶えず緊張を強いられてきた民衆が豊かさとともに社会の安定を求めることに不思議はない。豊かさは、その中身については議論しなければならないが、社会主義、資本主義に関係なく目指すべきものとしてあるはずだ。鄧への抵抗感は拭えなかったが、改革開放への抵抗感は薄らいでいった。最後に残ったのは「中国的特色をもつ社会主義とは何たるものなのか」ということだ。『中国的特色を持つ社会主義』とは、われわれの常識的表現を用いるならば『中国的特色をもつ資本主義』に他ならない」(矢吹晋『鄧小平なき中国経済』蒼蒼社、一九九五年)ではないか。では、「中国的特色」とは何か。社会主義であれ資本主義であれ、一党独裁を維持する、であろう。この頸木《くびき》から脱すれば、独自の社会主義=独自の資本主義という新たな制度を実現できたかもしれない。

暴力について再考

改革開放が進むにつれ、九〇年代になると当事者による証言記録が続々と出てくる。文革がおびただしい暴力――その極致といえる累々たる死者を生み出していたことが明るみに出てくると、絶望感が私に重くのしかかる。

私の脳裏には、文革による何百万人もの死者に、七〇年代の私の周囲の死者が重なった。革命には暴力が必要である。反革命的な人間に対する暴力の行使は正義の暴力である。だとしても、私の周囲の死者たちが反革命とは無縁であったと同様、それらの証言から出てくる暴力は、とても革命的暴力と言えるものではなかった。それは中研時代に知った文革の暴力とは明らかに位相が異なるものだった。主義主張の異なる者から自由を奪い、暴力を振るい、あろうことか殺害するに至る行為を果たして革命と言えるのか。そのような行為が日常茶飯の社会が持続的に存在していけるはずはない。

生活者にとっての文革

文革の正負を問題にするのであれば、その理念がどこからもたらされたかを問わねばならない。そもそも理念は硬直化すれば独善に陥る。また革命は正義を所与のものとするが、正義もまた独善に陥りやすい。最初は交錯していた毛沢東と大衆の理念は次第に乖離していく。文革の実態が次第に明らかになるにつれ、そうした思いが募っていった。理念が権力からもたらされるなら、それは理念ではなくなる。理念は大衆—庶民、生活者の実相において意味をもつであろう。

文革の大衆運動は生活者の理念に繋がる思いが表出されたことで〝動員〟されたのである。その思いは政治的に簒奪されたが、五十年経ても現在の生活者の深層心理に受け継がれているように見える。酷いことをされた、した、という観点から、また文革を受けとめた私たちにとっては酷いことがあった、という観点から、文革を振り返ったのでは文革の全体像を見失ってしまう。それは政治的な決着でしかない「歴史決議」を敷衍するものでしかない。

暴力を否定することは簡単だが、問題は暴力を生み出す構造にある。あるがままに文革との関わりから逃げずに、内省的に正面から向き合うことから生活者にとっての文革が何たるか、その答えを得られるかもしれない。

結び

ここまで文革を自身の体験を基調にして語ってきた。紙幅も尽きてしまうが、文革幻想——即ち終わったと認識する文革を時として未完の文革として浮上させる情念を断ち切るためにも私の現在の文革観、翻って文革の意義について手短に述べてみたい。

文革は徹底した大衆路線の作風と階級闘争をめぐる壮大な実験であったことは間違いない。人々の魂を揺さぶろうとした人間革命でもあったと思う。ただ実験は失敗に終わったのである。

では、文革で何が変わって何が変わらなかったのか。変わったのは文革否定と表裏一体をなす改革開放政策によって未曾有の経済成長を遂げ、GDP世界第二位、外貨準備高第一位の経済大国になったこと。変わらないのは一党独裁と、大衆間では減少したように見えるが、より強化された感のある国家（＝党）による政治的暴力の横行である。社会矛盾、社会問題が起こったとき抑圧で対処する、また大衆の自発的運動を一部の跳ね返り分子に拠るものとして弾圧するのは、なにも中国に限ったことではなく為政者の常套手段だが、中国で政権を批判する人々がより厳しい状況にあることは疑いない。

革命に権力の集中が伴うことは必然だが、革命成功（＝建国）から十数年にして起こった文革の大衆運動には権力の集中による腐敗を根底から批判する意識が内包されていた。コミューンとは別の機序が創出される可能性があったかもしれない。そこには社会主義、資本主義を超えて、権力の腐敗を打つ抑止・監視制度の在り方を考える上で示唆されるものがあるのではないか。

資本主義は、そして社会主義もまた豊かになること＝経済成長を要件としてきた。そこには富の源泉をどこに求めるかという問題が付いてまわる。しかし今、グローバリゼーションと言われる富を求める新たな帝国主義間争奪が始まっている。言い換えれば、国内はもちろん二国間関係からも収奪の手立てを失い、あらゆる領域に争奪戦が拡大しているということだ。各国における格差拡大、民族間や宗教間抗争の激化は収奪対象の消失が大きな要因になっていると考えられる。

文革を通して社会主義の壁にぶつかり、「社会主義市場経済」という資本主義の道を歩むことで高度経済成長を成し遂げたが、資本主義が行きづまる中、新たな壁にぶち当たっているというのが中国の実状ではないか。この状況を前にして、文革を考察するには別の視点――社会主義、共産主義の枠組みから脱して、文革の理念を見直してみることに意味があるのではないか。

毛沢東の思惑は違ったかもしれないが、今から見れば、文革は西欧マルクス主義とは異なる道、経済成長を所与の条件としない豊かな社会への可能性を切り開く道であったのかもしれない。社会主義を押しやって、資本主義を試してみた結果、中国で起こっている事態は、これからの世界の混沌を先取りする先駆的な現象と言えないか。そうであれば、今後の私たちの問題でもあると思う。

共和制のリミット——文革、ルソーの徴の下に(1)

松本潤一郎

まつもと・じゅんいちろう——就実大学人文科学部表現文化学科教員。主な論文に、「過去への前進という未来への逆進——労働賃金と所有の批判哲学」（立教大学ランゲージセンター紀要、二〇一六年）、「矛盾は失効したのか——思考の政治的時効」（市田良彦・王寺賢太編『現代思想と政治——資本主義・精神分析・哲学』平凡社、二〇一六年）、「また消えるために」（宇野邦一編『ドゥルーズ・知覚・イメージ——映像生態学の生成』せりか書房、二〇一五年）などがある。

本稿はフランスにおける文革受容の一側面を扱う。一七八九年革命以後、フランスは共和制を布いてきた。同革命から約一八〇年後に起きた一九六八年五月蜂起の中に、文革に触発された人びとがいた。〈六八年五月〉には第五共和制（ド・ゴール政権）への異議申し立てという面がある。その意味で文革は、フランス共和制のリミットを露出させる触媒だった。

本稿の構成

行論にあたり二冊のテキストをとりあげる。リチャード・ウォーリン『一九六八　パリに吹いた「東風」——フランス知識人と文化大革命』(2)（以下『東風』）と、クリスティン・ロス『六八年五月とその後——反乱の記憶・表象・現在』(3)（以下『その後』）である。本稿の構成を示しておく。先ず『東風』を、寸評を交えて概観する。次に『その後』を、『東風』と対照をなす論点に的を絞って紹介する。そのうえで、フランス共和制のリミットを露出させた契機としての文革という側面を論じる。

一、『東風』概観

『東風』の歴史記述原則

〈六八年五月〉とは、〈東〉から吹いた風にあおられて、〈西〉が人権と民主主義の価値を再発見する機会であった。これが『東風』の主張である。〈六八年五月〉蜂起の主体は未熟な若者（学生）であり、青年たち（特に毛派の）は当時の自分の〈やりすぎ〉を反省することで大人へと成長または成熟し、フランス共和制の〈遺産〉とされる人権と民主主義の価値を再発見し、そこへ回帰していったという物語である。「序――マオイストへの誘惑」に明白である。「最終的にゴシスト〔左翼急進派――引用者〕はいくつもの横断的な目的で活動するよりも、人権と、自由意思による社会主義の価値とが、補完的な関係にあることを悟るようになった。結局、一七八九年に人と市民 man and citizen の人権を発明したのはフランス人だった。人権のより現代的な装いのもとで、彼らはこの遺産へと回帰しようとしたのだった」(『東風』五頁)。

このような物語化は〈六八年五月〉以後にマルクス主義が辿った歴史的経緯を、それもわかりやすいネガティヴな面のみを強調するかたちで事後的・遡及的に過去を再構成する操作によって可能となる。特にソルジェニーツィンが告発したとされるソ連〈全体主義〉やポル・ポト政権下の虐殺などの歩みを経てきた〈現在〉を設定したうえで、それらへの反省に立った〈現在〉から、「時代や出来事を、その事実性あるいは現在との妥当な関連性を目指して「現実化」す」る(『東風』viii頁)操作である。このような見解は、現在・現状を肯定・正当化し、それゆえ現状を変革する志向を過去・歴史から消去しており、したがって現状を弄るな、何もするなと述べるに等しい。過去・歴史を学ぶ意義が、現在のようにしか歴史はならないということの確認・補強以上のものではなくなっているゆえに、実質的に消されている。どの歴史記述も遡及的再構成という面を免れない。だが『東風』が現在・現状を肯定・正当化するためにのみ過去を動員している点を看過することはできない。

『東風』の構成

いずれにせよ、この視角から『東風』は一九六〇年代後半から一九八〇年代前半までのフランス知識人の挙措を、当時のフランスにおける歴史的・政治的・社会的・経済的背景を紹介しつつ、彼らにとっての文化大革命がどういうものであったかに注目しながら追ってゆく。毛沢東主義諸派〔主にUJCMLとGP〕およびジャン‐ポール・サルトル、ミシェル・フーコー、いわゆるテル・ケル派に属すフィリップ・ソレルスとジュリア・クリステヴァ、アラン・バディウ、新哲学派〔ヌーヴォ・フィロゾーフ〕らがとりあげられる。同書の構成を示しておく。二部構成の同書では、第一部「造反の時」でフランスにおける毛沢東主義の動向が四つの章〔その成立経緯・経過および一九六〇年代フランスの概況と〈六八年五月〉の梗概〕で辿られた後、末尾「余談――アラン・バディウのセクト的マオイズムについて」でバディウの政治的立場が批判的に論じられる。「余談」とされ、批判されもするのは、バディウが『東風』の物語に収まらないからである。第二部「知識人の時」では五章から七章で各々サルトル、テル・ケル派、フーコーがとりあげられ、八章「文化大革命からアソシエイションのデモクラシー」において、先述した民主主義・人権の擁護への転回に六八年五月の意義はあるという結論が述べられる。

『東風』第一部一章～四章

『東風』の議論を簡潔に紹介してゆく。一章「ブリュエ＝アン＝ナルトワの決戦」では一九七二年四月六日、ノルマンディ地方の鉱山町ブリュエ＝アン＝ナルトワで起きた殺人事件への毛派の介入が紹介される。殺害されたのは労働者階級の女性ブリジット・ドゥワヴル。容疑をかけられたのは地元の名士ピエール・ルロワで、犯罪が行われた当日朝、現場近くで彼の乗用車が目撃されたことがその根拠となった。しかし裁判では証拠不十分でルロワは釈放される。この事件を「ブルジョアが労働者階級の一員を殺す、責めを負わされることはない、犯人は刑罰を免除されて釈放される」（『東風』二八頁）というパターンの踏襲と見た親中派プロレタリア左派（GP）の活動家たちにとって、ルロワが犯行を起こしたことは明白であり、彼らは司法をも含めたブルジョアジーの自己免罪とこの事件を捉え、もはや司法に裁きを委ねるのではなく、人民自身によってこの事件を裁くべきであると主張した。いわゆる人民裁判の要求である。この要求はかなえられておらず、また今も犯人は捕まっていない。この逸話をとりあげたウォーリンの意図は明白である。毛派は正義の実現と称して法治国家に侵犯する〈いきすぎ〉を犯したと言いたいのである（『東風』三九―四一頁参照）。この見解の背後には労働者階級／ブルジョア階級というマルクス主義の対立図式が一九六八年前後には失効していたという認識があり、ひいては、だから〈六八年五月〉に労働者の運動を含めてはならない、それはあくまで「若者」または「学生」の運動であったという主張が控えている。この自説を補強するのが二章「六〇年代のフランス」である。彼はそこで次のように述べている。一九六〇年代以後、「労働の構造的変化と豊かな社会の魅力とが相まって、伝統的なマルクス主義の階級闘争観が古くさくなった。『さらば労働者階級』とは、一九八二年にアンドレ・ゴルツが行った研究のタイトルだが、フランス左翼の退場を適確に要約したものである。プロレタリアートがもはや革命的変革の主体として現実味のないものになったとすれば、マルクス主義は意味を失ったのだ」(『東風』五二頁)。この「構造的変化」と旧体質のフランス行政制度(『東風』五七頁)の併存という矛盾に、ウォーリンは〈六八年五月〉が起きた主要因を見る。したがって〈六八年五月〉は旧来の階級闘争図式では捉えられず、むしろ日常生活に浸透してくる行政権力による抑圧および権威に抗うライフスタイルおよび文化の変革であるということになる。文化の革命——ここに中国文化大革命がフランスに流れ込む素地が形成されたと彼は考える(『東風』六二頁)。この観点から三章「六八年五月——リビドーの政治の勝利」で〈六八年五月〉の具体的経緯が記述される。とりわけ同月十三日のデモンストレーション(旧左派とは異なる複数の小集団の大規模な結集という逆説的事態)にウォーリンは〈六八年五月〉を象徴させ(『東風』一〇〇頁)、そこにおいて「意図されたのは、「革命的」というより、むしろ「改革派」的なものだったのだ」(『東風』九一頁)と総括する。以上をふまえ四章では「六八年五月」に乗り遅れたとウォーリンが捉えるフランス毛沢東主義が本格的に考察される。先ず当の中国文化大革命の特徴としてソ連との対立(中ソ論争)が挙げられ(『東風』一一八頁)、また革命の主体を労働者のみならず貧農にも担わせた点を挙げている(『東風』一二二頁)。なお後者の帰結として、学生は農村で実地に学ぶことを強制され、その過程で知識人・党幹部が紅衛兵に激しく批判・攻撃されたとも述べている(『東風』一一九頁)。この「階級意識」による〈いきすぎ〉をウォーリンはジャコバン派とレーニンに共通する「主意主義」と見做したうえで、この「大衆路線」と「革命的前衛主義」の間の動揺を文革のダイナミズムと捉え、このダイナミズムが他国のマルクス主義者に世界的にもたらした衝撃が「第三世界主義」であったとする(『東風』一二二頁)。ロベスピエールとレーニンと毛沢東を同一視する前提として〈暴力=悪〉という図式があり、ひいては先述した〈現在が最良〉という御用学者的史観が控えているが、この点については、今は措く。注目したいのは、当時の西欧では、この革命を担う政治的主体(化)が、経済的下部構造からではなく、むしろ下部構造から相対的に自律した上部構造(いわゆる「文化」)の水準において出現しうるというふうに文化大革命が捉え返されたというウォーリンの理解である(『東風』一二一頁、一三〇頁)。フランスでは高等師範学校の学生の一部が第三世界論に触発されて毛沢東主義を自認して組織をつくり(UJCML)、一九六〇年代半ばから活動を開始する。活動の一つに、文化大革命における農村への学生の下放に想を得たと思しい工場潜入経験があるが、ウォーリンは〈六八年五月〉を階級闘争と捉えないため、学生と労働者を連結させようとするこのような試みを軽蔑する（特に『東風』一三七―一五〇頁）。UJCMLから分派したのがGP（一九六八年九月）であり（『東風』一四六頁）、GP幹部ピエール・ヴィクトールは後にサルトルに接近する。この点は二部五章「ジャン＝ポール・サルトルが完璧なマオイストだった瞬間」で論じられる。ともあれウォーリンにとって毛派が〈六八年五月〉に果たした意義はネガティヴなものであり、これと対照させるように、四章の終わりで彼はフェミニストや同性愛者の運動に言及するように労働者を考慮する「旧い」立場よりも、むしろこちら（『東風』一五〇―一六四頁）。〈六八年五月〉の意義は、毛派のにあったのだと強調するためにこれらの運動を引き合いにだしている。

以上で一部は終わるが、二部に入る前に「余談――アラン・バディウのセクト的マオイズムについて」がある。既述したように文革を現在なお擁護するバディウの立場は『東風』の組み立てた物語には回収不可能であるため「余談」となっている。バディウはUJCMLでもGPでもPCF内毛派でもなくUCF－MLという組織で活動していた（『東風』一六八頁）。ウォーリンはバディウをアルチュセールの影響を受けた理論偏重者と見做している（『東風』一六九頁）が、これはむしろ、ウォーリン自身示唆するように（『東風』一六八―一六九頁）、バディウの思考がつねに、自然発生する運動に分け入りつつ、その只中で当の運動を批判し、鍛錬し、ときに分岐させる（バディウにとって「一を分けて二と為す」というスタイルで為されることの一面へ毛沢東の言葉はこれを指す）の形容以上ではない。

『東風』第二部五章〜八章

二部では〈六八年五月〉のフランス知識人への衝撃が論じられる。既述のように五章ではサルトルがとりあげられる。ウォーリンによると一九六〇年代、構造主義の席巻によってサルトルの実存主義も彼が思考の糧としていた現象学も過去の遺物と化した（『東風』一八三頁）。「実存主義をマルクス主義と融合させよう」（『東風』一八八頁）としていたサルトルの構造主義による失権という見立ても、階級闘争を遠ざけようとするウォーリンからすれば当然である。だがウォーリンはそのサルトルの〈六八年五月〉以後の復権を論じていく。復権の契機の一つが毛沢東主義だからである。一九七〇年三月、GP機関紙『人民の大義』が警察に任意押収され、編集者二名が逮捕される。弾圧に抗すべくGPはサルトルに『人民の大義』の名義上の編集発行人となるよう依頼し、サルトルはこれを引き受ける（『東風』二〇五―二〇六頁）。これにより『人民の大義』は存亡の危機を免れた。GP活動家アラン・ジェスマールが逮捕された際にも（同年秋）サルトルは毛派機関紙『すべて！』の名義上の責任者を引き受ける（『東風』二〇七頁。なおサルトルはさらにもう一つの毛派機関紙『私は告発する』の編集責任者も引き受けている）。これらの出来事によってサルトルは学生たちの圧倒的支持を得たという（異なる逸話だが『東風』一九八頁を参照）。サルトルは毛沢東主義を経て復活した。だが彼は毛沢東思想を支持していたわけではなかったとウォーリンは言う（『東風』二〇九頁）。そうではなく、「彼は何よりも、マオイストの革命的熱情を讃えた。ヨーロッパの労働者階級が自己満足と無気力にとどまっている時代に、GPの活動家たちは、そうでもなければ消え失せたであろう反乱の気概を、保つことができたのだ」（『東風』二〇九頁）。「革命的熱情」と「反乱の気概を、保つことができた」「活動家たち」をサルトルは支持した。言いかえると、「反乱の気概」と「革命的熱情」さえあれば、どのような運動であれサルトルは支持しただろうということになる。これに加えて「知識人」のジレンマ――「一方で知識人は、普遍的価値の唱道者だと主張する。他方では、そのような価値を現実生活において実現するには無力のままだ。この溝、あるいは裂け目が、知識人の存在の核心を苦しめる」（『東風』一八四頁）――があり、これを解消する契機としてサルトルは毛派に接触したとウォーリンは考える。ウォーリンにとって〈六八年五月〉は、平等をめざす経済的階級闘争から、諸個人の自由（なかんずく人権と民主主義に基づく表現の自由）をめざす文化的闘争への軸移動を象徴する出来事だからである。ウォーリンの眼には〈六八年五月〉は、彼をも含めた知識人の矛盾を一見、解消してくれた出来事であったと映っている。知識人の自己正当化の口実に〈六八年五月〉が利用されている。もう一点、ウォーリンにとっての躓きがサルトルにはあった。サルトルは暴力を、被抑圧者がとらざるをえない、抑圧者に対する対抗的手段である限りにおいて、容認していたからである。これをウォーリンは「ロベスピエールの亡霊」と呼び、先述の〈いきすぎた主意主義〉と同一視して、暴力の正当化を批判する（『東風』二一三―二一八頁）。そのうえで彼はサルトルが晩年、既述したGP元幹部ピエール・ヴィクトール（ベニ・レヴィ）を私設秘書にしたという事実を挙げ、明言してはいないものの、あたかもこの事実によって晩年のサルトルがかつての暴力肯定を自己批判したかのごとくに読みうる行論を進めている（特に『東風』二三五頁）。というのはGP崩壊後、レヴィは毛沢東主義を離れ、ユダヤ教の思索（タルムード研究）へと関心を移動させたからである（『東風』二二八―二三〇頁）。ユダヤ人という〈他者〉の形象（『東風』二三六頁）――ホロコーストを想起されたい――は、一九七〇年代後半から八〇年代にかけてフランス〈新哲学派〉によって、倫理的なものの象徴として、ソルジェニーツィンとともに称揚されることになる（『東風』二三〇―二三四頁）。〈平等から自由へ〉という軸移動に併せて、〈政治から倫理へ〉という軸移動を、〈六八年五月〉に『東風』は見ている。六章「文化‐政治地獄のなかの『テル・ケル』」では『テル・ケル』主幹のソレルスとクリステヴァの動向が主に辿られている。彼らの政治的立場は目まぐるしく変遷しているため詳細を割愛し、一つだけ述べておく。本書におけるウォーリンの記述が正しいとすれば、或る意味でテル・ケル派の活動は、今日この国にも見受けられる、言論界においてみずからのラディカリズムなるものを強調しながら、メディアの外には波及しない言説を生産する人びとに一定の口実を与え続けているのかもしれないという印象を受ける（特にクリステヴァを重点的に論じた『東風』二五一―二六五頁など）。彼らによる中国の美学的称揚（『東風』二七五―二七八頁）やサルトルを批判する芸術至上主義的立場表明（『東風』二四一頁）、社会革命と記号論を同一視する立場（『東風』二五九頁）などもこの印象を強める。また本書に引かれているアメリカ現代芸術に対するクリステヴァのコメント（アメリカの芸術家が無意識に表現しているものをわれわれが言語を使って意識化するのだといった趣旨の発言）を見ると（『東風』二八八頁）、先に触れた新哲学派から国境なき医師団に及ぶ民主主義的人権擁護派の発想（権力という〈悪〉の〈犠牲〉になった〈物言わぬ〉〈弱い〉他者を西欧が〈救済〉する）に近しいのではないかという印象も抱かざるを得ない。七章「フーコーとマオイストたち――バイオポリティクスとアンガージュマン」ではフーコーの思考に毛沢東主義が与えた衝撃が論じられている。なおフーコー自身は〈六八年五月〉にはチュニジアにおり、この出来事をじかに経験してはいない。ウォーリンはフーコーが行ったＧＩＰ（監獄情報グループ――一九七一―一九七二の間、刑務所内状況調査目的で結成）の活動はＧＰに触発されていたと曖昧に仄めかす（『東風』三〇六―三〇八頁）。〈政治〉概念を階級闘争のみならず様々な社会的制度の権力作用（〈権力〉という概念も従来とは異なる意味をもつようになる）を把握するために拡張させる動きの先駆としてウォーリンはＧＩＰの活動を捉え、サルトルが苦しんだジレンマを免れた新しい「知識人」像がフーコーによって提起されたと述べている（『東風』三一三頁、三一五頁）。それゆえウォーリンは〈政治〉

と〈権力〉概念の拡張——これを彼はフーコーの提起した、いたるところに遍在・浸透する「生権力」概念と結びつけて理解する(『東風』三三二—三三三頁)——を人権擁護思想の成熟と位置づけ、フーコーを新哲学派の先駆と見做す(『東風』三四七—三五一頁)。そしてその延長線上で、一九八一年ポーランド連帯に関してフーコーがフランス政府に、この件に干渉するよう求めるロビー活動を行っていたとも、国境なき医師団に協力していたとも述べられる(『東風』三四七頁)。八章「ありえない遺産——文化大革命からアソシエイションのデモクラシーへ」では、以上に見てきたことが簡略にまとめられている。一九六〇年代におけるフランス労働者の中産階級化(『東風』三五九頁)に伴う伝統的マルクス主義的労働者偏重の失効(『東風』三六三頁)、それに代わる反管理運動と「内なる植民地化」批判としての〈六八年五月〉、多様な市民の多様な解放としての〈六八年五月〉(『東風』三六三頁)である。〈六八年五月〉以降の人びとによる結社(「アソシエイション」)の増大は産業社会からポスト産業社会へのシフトの指標であり、旧来のそれとは異なる革命が〈六八年五月〉だった(『東風』三六八頁)。「六八年」は新しい「個人主義」の誕生を意味しており、「国境なき」革命であり(『東風』三六九頁)、「国境なき医師団」は「五月の運動から直接生まれたのだった」(『東風』三七四頁)。八章題辞の形容詞「ありえない」は、「予想外の」「不慮の」という意味で使われている(『東風』三六四頁)。〈六八年五月〉は奇跡の出来事だった、ありえないことが起きた、という理解である(『東風』三三四—三三五頁も参照)。かくして『東風』は〈六八年五月〉を、人間の歴史を超越した一度限りの出来事、空前絶後の奇蹟として神秘化して、閉じられる。

以上みてきた『東風』の主張をまとめるとこうなる。〈六八年五月〉の主たる担い手は労働者ならぬ学生であり、その本質は階級闘争ならぬ文化革命(中国のそれとは異なる意味で)であって、しかもその出現は歴史的経緯によっては説明不可能な神秘であった。これがフランスにおける文革受容の帰結であるということになる。

二、『その後』紹介

『その後』の立場

次に、『東風』と対比される論点に的を絞って『その後』に少しだけ触れる。同書の主張は『東風』とは逆である。タイトルにも示唆されるように、歴史を現在の正当化・現状肯定に利用するのではなく、反対に、現在を批判的に把握するために過去と対話を重ねてゆくというスタイルをとっており、〈六八年五月〉が、その後、いかにして換骨奪胎されていったかを詳細に辿っている。その結果、〈六八年五月〉の主たる担い手は、学生のみならず労働者、さらには農民であり、より精確には〈学生〉〈労働者〉〈農民〉といった諸々の同一性への国家（ポリス）によるラベリングから、言いかえれば分類・序列化によって固定された社会的分業の役割から、人びとが逸脱し、流動的・横断的に交流する経験であったという重大な論点が、きわめて説得的に説かれることになる。『東風』が、労働者の闘争を旧弊たるものとして斥け、〈学生〉あるいは〈若者〉を〈六八年五月〉の主役として、言いかえれば社会的役割の固定を強化することによって、ウォーリンが自覚しているかどうかは別として、結果的に国家と同じふるまいをしており、したがって現状肯定・現在を正当化する操作を行っているのとは対照的である。そして、紙幅の都合で触れられないが、この脱同一化の思考を人びとに触発・鼓舞させた主要因は中国文化大革命と広義の第三世界論に見いだされうるという点、また〈六八年五月〉が非歴史的な奇蹟ではなく、国家への同一化を強いる共和制による一連の措置によって歴史的に準備されてもきた点を、『その後』はたいへん綿密に論証してゆく。

歴史記述の再検討

言いかえれば、『その後』は、歴史記述が、人びとを社会的分業に基づく諸々の役割に固定させ、さらには序列の中に閉じ込めるという、広義における国家の論理と同じ轍を踏んでしまう危険性に、じゅうぶん自覚的である。これは知の権力的性質に係わってくる論点であり、先節で触れた新哲学派とも無縁ではない。そこから〈六八年五月〉を、『東風』のように懺悔すべき過去として（だけ）ではなく、歴史を別の方向に伸びてゆく可能性を含んだ線として（も）捉えること、文化大革命からフランスの人びとが触発された情動の或る側面を、未来へと肯定的に捉え返すように記述する作業が、私たちの課題として浮かび上がってくる。

この課題に係わって『その後』から一箇所、引いておきたい。それは、哲学者ジャック・ランシエールを中心とした人びとが一九七五年から一九八一年まで刊行していた雑誌『論理的反乱』――同誌の寄稿者たちは、〈六八年五月〉の衝撃を受けて、労働者の歴史をいかに記述するかを大きな課題としていた――を、同じく〈六八年五月〉の経験を起点として民衆史の記述を主題に据えて創刊された『フランスの民衆』誌（一九七一―一九八〇年）との比較を通して紹介するという理路における一節である。『フランスの民衆』が民衆の様々な歴史（地域別・主題別など）を実証主義的に事細かに記述してゆくスタイルを是としていたのに対し、『論理的反乱』はこのスタイルを批判するという関係にあった。すなわち『フランスの民衆』は、人びとをそれぞれの社会（学）的地位・身分・役割に同一化・固定させるという、広義における国家の論理と同様の操作を、「民衆」に関して行使しているということである。

したがって『論理的反乱』は、『フランスの民衆』のような雑誌が代表する試みの総体を中心的な批判の対象とする。前者にとって後者は、左翼内部に存在し、自分たちが解体を目指す経験主義的で実証主義的な傾向を隅々まで体現する存在だ。『フランスの民衆』の試みとは、細々とした事象の集積にすぎず、既知の事柄についての知識を増やすことでしかない。そして最終的には、社会的諸条件を扱う歴史家——過去を扱う社会学者——は、事態が根底から違っていたかもしれないという発想を排除してしまう。そうした人々が労働者階級に向ける賛辞には、もう一つのまったく異なるメッセージが隠れている。すなわち、集団としてのアイデンティティに忠実であれ、自分の場所を離れるな、労働者のように振る舞え（つまり自分たちが労働者ならこうすると考える通りに振る舞え）というメッセージだ。（『その後』二五二頁）

歴史記述という知的作業が、記述対象である人びととそのいとなみを、何らかの同一性に縛りつけてしまう危険性を含むものであるという点に、『その後』が自覚的であることが理解されよう。紙幅の都合で論じられないが、歴史記述を現在の正当化ではなく、逆にべつの現在、したがって未来を切り開く実践として構想するという私たちの課題にとって、『その後』はきわめて示唆的である。文化大革命に対する『東風』とは異なる眼差しなくして、この課題は実現されないだろう。

新哲学派

既述したように、知のいとなみに含まれる序列化と分業の固定化という権力作用は、新哲学派にも、歴史記述とは異なるかたちにおいてではあるが、見いだされる。この点への言及がフランス共和制の現状、ひいては共和制のリミットを把握するきっかけになると考えるので、少し触れておく。新哲学派と称される人びとの固有名をいくつか挙げると、例えばアラン・フィンケルクロート、ベルナール＝アンリ・レヴィ、アンドレ・グリュックスマンなどが知られている。グリュックスマンは元毛派である。また哲学者ではないが、例えば元毛派で〈国境なき医師団〉創設者の一人ベルナール・クシュネルも、彼らと同じ立場であると言ってよい。評価は正反対であるとはいえ、『東風』と『その後』いずれも彼らに言及しているので、両書に依拠して新哲学派を簡略に祖述する。彼らは〈六八年五月〉以降の主に毛派の〈やりすぎ〉を懺悔し、〈民主主義〉に根差した〈人権〉の擁護派となって、一九七〇年代後半からフランス言論界を席巻するようになる。先述したように、権力という〈いきすぎ〉の犠牲となった者たちへの〈同情〉、そこから翻って全ての政治運動を抑圧の温床と見做す点に、彼らの議論の力点はある。この〈同情〉が向けられる〈他者〉は〈弱く〉て〈物言わぬ〉〈犠牲者〉とあらかじめ見做されており、またこの〈他者〉と政治的連帯を結ぶのではない（全ての政治は〈悪〉であるから）、むしろ〈倫理〉的な〈救済〉の対象なのだから、と彼らは考える。この一方的な考え方の押しつけそのものが、かねてから西欧が非西欧諸地域において行ってきた植民地支配の姿を変えた反復であるかもしれないという点について彼らは、意図的か無自覚かはともあれ考慮を払っていない。〈国境なき医師団〉をも、そしてフランス共和制による種々の軍事活動をも含む紛争地域への〈人道的〉と称しての介入行為は、今日なお――結局のところ政治的に――続いており、その背景には、この無思慮が強く作用していると思われる。〈新哲学派〉にその直接的原因があるというより、このような傾向を指して〈新哲学派〉的なものの席巻と呼びうるのではないかと私は考える。

結び：共和制のリミット

その意味で、フランスにとって二〇一五年はテロルに明け、テロルに暮れた年だった。同年一月の『週刊チャーリー』誌社襲撃と、十一月の同時襲撃という二つの出来事――いずれもパリを主要な舞台とする――に象徴される一年である。ここではこれらの事件の背景を、いわゆるイスラーム原理主義との直接的連関においてではなく、先述した〈新哲学派〉的なもののフランス社会への浸透が招きよせた事態と捉えてみたい。〈新哲学派〉は〈六八年五月〉を、ひいては中国文化大革命を、〈いきすぎ〉として否定した。この否定それ自体が〈いきすぎ〉だったのではないか。私見によれば、この過剰な否定のバックラッシュとしての、前述した意味における限りでの〈他者〉の〈倫理〉的〈救済〉を口実としたフランス政府によるここ十年ほどの中東・アフリカ地域への一連の軍事介入が、いわゆるテロリスムを引き起こした一因であるように思われる。[(4)] 〈人権〉に支えられた〈普遍〉的〈市民〉

として、〈民主的〉議論の場たる〈公共空間〉に積極的に参加することで、多様な民族が〈共生〉を図る——これが〈共和制〉の理念である（／あった）とすれば、今日、その理念はきみょうな動きを示していないだろうか。文革を主要因の一つとして生起した、第五共和制への異議としての〈六八年五月〉は、その意味で共和制のリミットを指し示す出来事であり、共和制そのものを問いなおす契機を提起していたと思われる。しかしその芽は潰されてしまった。そしてその帰結として今日の世界的政治情勢が決せられた面があるとも、私には思われる。今後、文革の衝撃への応答としての〈六八年五月〉を、共和制のリミットを露呈させた事態として掘り返す作業を私は行いたい。

この作業が必要とする大切な前提に触れて本稿を閉じたい。『その後』には、〈六八年五月〉の騒乱の後で、自分が闘ってきた当の社会の中に戻らざるをえない人びとを襲った言いようのない感情に触れた、忘れられない箇所がある（『その後』二六七—二七七頁、三八六頁）。自分の敵であった当の体制の中に帰還してゆく人たちの思い——それがどれほど複雑な振幅の渦中にあるかを、〈新哲学派〉的な視点からは捉えることができない。社会に適応できず狂気に陥った労働者、社会の片隅に潜伏するように息をひそめて生きる（元）活動家——このように深く引き裂かれた彼らの存在そして〈その後〉の現在を、〈新哲学派〉的なものは、文革もろとも否定したのである。文革、ひいては〈六八年五月〉への私（たち）の眼差しは、そうした人びとへの応答にとりくもうとするものでない限り、〈新哲学派〉と同じ轍を踏んでしまうだろう。今後行われるべき作業にとって、この点が大切な前提となる。

補遺：ルソーの影
（四つの固有名のコンステレーションから）

ジャン＝ジャック・ルソー問題

共和制の根源へと遡行する作業を少しだけ、いま述べた前提を胸に抱きつつ、行いたい。周知のように、共和制の淵源は、しばしばジャン＝ジャック・ルソーという名で呼ばれる。民主主義の祖とも全体主義の起源ともされる、したがってまさしく亀裂そのものであるその晦渋な思考に、まさしく〈六八年五月〉の、したがってまた文化大革命の轟きを、私たちは聴きとることができる。あるいは〈六八年五月〉にルソーの名で呼ばれる亀裂としての思考が、共和制のリミットを露呈させたと言ってもいい。『東風』がみずからの物語に回収しきれないままにとりあげたアラン・バディウ、そしてそれとは対照的に、『その後』がその方法論とさえしていると言いうるジャック・ランシエール、或る意味では毛沢東主義に触発されてみずからの仕事を開始したといってよい、この二人の哲学者の思考には、共和制のリミットが、確かに捉えられているからである。

アラン・バディウ／津村喬

或るところでバディウは、ルソーの『社会契約論』（一七六二年）を文化大革命に引きつけて理解している。[5]ルソーが説いた意味での〈社会契約〉――それは「人びとが、法の生まれる前に、彼らが法によってそうなるはずの者にすでになっていることが必要」（『社会契約論』）とされる「革命的な悪循環」（ジェイムソン）[6]の法である――において結合した集団の政治的行為は、社会という客体の集団的変革を通して、その集団の一員たるみずからをも変革させる性質を必ずもつ。言いかえると、社会契約における主体的行為は、主体／客体という分割そのものをみずからにおいて引き受け、したがってみずからの生き方《ライフ・スタイル》の変化をも含む。そして文革当時、中国の人びとは、「人はいつも矢であると同時に標的である」という比喩を以て、この変革を指していたとバディウは述べる。変革の主体はまた変革の対象すなわち客体でもあったのである。この特異な文革把握はバディウに留まらない。周知のように津村喬も文革の本性を諸個人各々の生活の変革と理解していたからである。[7]この点で津村とバディウには興味深い並行性が見いだされるが、別稿に譲る。いずれにせよ、バディウは〈ルソー的なもの〉が共和制成立以前にすでに共和制に走らせていた亀裂の再蠕動を、文革に看取したと言っていい。文革の標語の一つ〈人民に奉仕する〉は、この作業を通して自己を変革するという、倫理の革命をも指し示していたのである。

ジャック・ランシエール／長崎浩

高等師範学校学生期に毛沢東主義の洗礼を受けたランシエールにも、バディウとは異なる仕方においてではあるが、文革の衝撃を受けてみずからの生を規定した面が確かにある。『その後』における歴史記述再検討の箇所で述べたように、ランシエールは〈六八年五月〉にあらゆる序列化の操作を斥ける運動を認め、この動きに己の仕事を専念させてゆく。とりわけ教師と生徒の序列関係を原理的に覆した『無知な教師』（一九八七年）、統治を正統化するあらゆる操作に異議を唱える無原理の原理として民主制を捉えなおした『民主主義への憎悪』（二〇〇五年）などに、その面は顕著である。文革における中国共産党内階層構造への下からの異議申し立て

――それを積極的に奨励したのは主席毛沢東であったという逆説は措くとして――の動きの残響を、彼の仕事に聴きとることができる。本稿との関連で重要なのは『民主主義の憎悪』における共和制の現状を考察した箇所である。公共空間における市民の共生を説くフランス共和政では、一九八〇年前後から、〈公共（性）〉を政府―統治機関が差配するという見解が支配的となった。先に触れた二〇一五年フランスを象徴する二つの事件にも、この動向が作用した面がある。民衆への不信ひいては民主制への憎悪が、このような動向を準備したと言ってもいい。〈六八年五月〉を〈いきすぎ〉として否定した〈新哲学派〉的なものの心理には、大衆叛乱（無秩序）への本能的恐怖があり（文革時、当の毛沢東にもその心理が働いたであろうことは想像に難くない）、したがって国家と同じく、人びとを社会的分業の同一性に固定させるポリス（取り締まり）の論理が控えているからである。言いかえれば共和制の欺瞞を、序列と統治の正統化操作を通して、ランシエールは看取する。

長崎浩は『超国家主義の政治倫理』（田畑書店、一九七七年）所収「ルソー・政治思想の故郷」（初出一九七六年）において、ルソーにおける倫理主義と政治との引き裂かれたままの状態での共存を指摘したうえで、この分裂に、ルソーが民主主義の祖とも全体主義の起源ともされるというルソー解釈の振幅の大きさの一因を見ている。そして、この裂け目そのものを過激派政治の「根源」または「故郷」と呼んだうえで、「アナーキーと全体主義の両極が、いつもこの同じ根源から発生してくる」（『超国家主義の政治倫理』四七頁）と述べた。ランシエールの〈無原理の原理〉としての民主制を、この「アナーキー」と理解することができる。その意味で、ランシエールがルソーに実際に本格的に取り組んだか否かとは別箇に、彼もまた共和制のリミットに付された名前としての〈ルソー〉に、文革と〈六八年五月〉を通して触れたのだと言っていい。このように文革はフランス共和制のリミットを指し示しているのではないだろうか。いずれ詳細な検討を行いたい。

注

（1）本稿は「補遺」を除き、二〇一六年一月二十八日、専修大学で開かれた第六回〈中国六〇年代と世界〉研究会で松本潤一郎が行った報告「靴のない医者と国境のない医者」のダイジェストである。同報告で読まれた草稿は〈中国六〇年代と世界〉研究会発行・文革五〇周年再検討会編集グループ編集の会報「中国六〇年代と世界」第六号（二〇一六年一月二十八日付）に掲載された。同報告への応答は同会報第七号（二〇一六年三月三十一日付）に掲載された。

（2）Richard Wolin, *The Wind from the East, French Intellectuals, the Cultural Revolution, and the Legacy of the 1960s*, Princeton University

Press, 2010. 福岡愛子訳、岩波書店、二〇一四年。以下、同書からの引用は日本語訳版から。

（3）Kristin Ross, *May '68 and Its Afterlives*, Chicago University Press, 2002. 日本語訳版（箱田徹訳、航思社、二〇一四年）は同書に加えRoss, 'Managing the Present', in *Radical Philosophy* 149 May-June, 2008, 2-4. を訳出している。以下、同書からの引用は日本語訳版から。同書仏語訳版Ross, *Mai 68 et ses vies ultérieures*, Éditions Complexe, 2005. も参照した。

（4）近年のフランスの軍事展開については鵜飼哲「「みずから播いた種」――二一世紀のフランスの変貌」『現代思想』第四三巻二〇号（二〇一六年一月臨時増刊号）（青土社、二〇一五年）所収を参照。

（5）アラン・バディウ「ジャン＝ジャック・ルソー、孤独な思想家の予見――ルソーの政治的賭金」（一九八八年）、松本潤一郎訳、『現代思想』第四〇巻十三号（二〇一二年十月号）所収、青土社、二〇一二年、四二―四九頁。

（6）フレドリック・ジェイムソン「ルソーと矛盾」（二〇〇五年）長原豊訳、『現代思想』第四〇巻十三号所収、一〇二―一一二頁。バディウは〈社会契約〉の循環構造を「時間の中にありながら、時間の一つの非時間性を表現する」（前掲「ジャン＝ジャック・ルソー、孤独な思想家の予見」四三頁）と形容している。

（7）津村喬『魂にふれる革命』（ライン出版、一九七〇年）。

現代中国の知識人と文革

及川淳子

おいかわ・じゅんこ――日本大学大学院総合社会情報研究科博士後期課程修了、博士（総合社会文化）。専門は現代中国の社会、言論空間。外務省在外公館専門調査員（中国大使館）などを経て、現在は桜美林大学グローバル・コミュニケーション学群専任講師。主な著書に、『現代中国の言論空間と政治文化――「李鋭ネットワーク」の形成と変容』（御茶の水書房、二〇一二年）など。

現在の中国では、中国共産党の公式見解と異なる文革批判は言論封殺の対象となる。だが、知識人たちの思想と行動が断たれたわけではない。文革批判を通して民主化を志向する自由派知識人たちの営為は続いている。彼らが文革について語る時、その眼差しや姿勢は、歴史と社会に対して責任を果たすべき知識人としてのあり方を問いかけている。

はじめに[1]

文革研究は歴史研究であると同時に、現在の中国における思想、言論、報道、学術の自由に直結する極めて政治的な問題でもある。今年（二〇一六年）は文革の発動から五〇年、終結から四〇年を数える節目だが、現代中国の言論空間と知識人を研究課題としている筆者にとって、文革は半世紀前の史実としてよりも、むしろその歴史について語ろうとする知識人たちの言論空間をめぐる問題として、緊張感をもって向き合わざるを得ない現実である。

一九八一年の一一期六中全会で採択された「建国以来の党の若干の歴史問題に関する決議」（以下、「歴史決議」）によって、文革は「党と国家と各民族人民に大きな災難をもたらした内乱であった」と明確に否定された[2]。だが、文革についての自由な報道や研究が可能かと言えば、依然として政治的な「禁区《タブー》」にほかならない。なぜなら、文革とは何かという問いは、毛沢東に対する評価と不可分であり、ひいては現在の中国共産党と習近平政権の評価にも繫がり、さらには中国社会のあり方を根本から再検討する問題でもあるからだ。それ故に、中国共産党の公式見解とは異なる文革評価は言論封殺の対象となる。だが、文革をめぐる知識人たちの思想と行動が断たれたわけではない。とりわけ、文革を批判するだけでなく、文革批判を通して民主化を志向する知識人たちの営為は続いている。

小論はこうした問題意識に基づいて、文革四〇周年と五〇周年の節目に注目し、主に自由派知識人たちの文革批判について考察する。

一、二〇〇六年——文革をめぐる記憶の再生

(1)文革四〇周年

文革の発動から四〇年を数えた二〇〇六年当時の資料を見てみよう。日本メディアの報道は「『文革』恐れる胡錦濤指導部　発動四〇年に『沈黙』社会の安定を優先」(時事通信、二〇〇六年五月一三日)、「あす文革発動四〇周年　記念行事封じ込め」(『東京新聞』同年五月一五日)、「文革四〇年なお夕ブー　中国メディア沈黙　当局『触るな』厳令」(『朝日新聞』同年五月十七日)などの見出しが並んでいる。

欧米メディアも批判的な記事が多く、例えば「文革は二〇世紀最大の蛮行のひとつだ。だが、中国ではほとんど理解されていない。中国共産党は自らの失敗について、批判はもちろん検討することさえ許そうとはしない。(中略)過去に直面できないことは中国共産党の最大の弱点のひとつだ」(英誌『Economist』同年五月二十—二十六日号)が典型だった。

一方、香港メディアの報道は多岐にわたり、文革の被害者に対する国家賠償や社会保障政策が議論された。文革期に迫害されて死亡した人たちの遺族に対し、一定の賠償を行い、政治的かつ法的にも文革を終結させるべきだという主張や、一九八二年に彭真らが「国民賠償基金」の設立を提起して陳雲が支持し、党中央政治局で検討されたが、結局は実現しなかったという歴史的経緯を紹介する記事が注目された。(3)

海外メディアの批判や香港メディアとは対照的に、中国本土では文革に関する記念行事や報道は行われなかったのだろうか。

確かに、中国メディアの関連報道は極めて少なく、記念の公式行事や新たな歴史決議も発表されなかった。国務院新聞弁公室の報道官は時事通信の取材に対し、「党は一九八一年の『歴史決議』で結論を出した。その後の二十年間の中国の実践は、この結論が正しかったことを証明した」と回答するにとどまった(時事通信、前掲記事)。当時、筆者が北京でヒアリングしたところ、党中央宣伝部、党中央組織部、国務院新聞弁公室、中国新聞出版総署などの関係機関が、社会の安定を目的として文革記念の活動を禁止する通達を出したとい

う情報も耳にした。二〇〇六年の四〇周年は、報道や研究が厳しく規制されていた。しかし、文革に関する言論がまったく見られなかったわけではない。むしろ、困難な情況にありながら、文革を記念し、語り続ける人々の存在が際立った時期でもあった。

(2) 文革博物館

巴金の遺言

作家の巴金(一九〇四―二〇〇五年)は、一九八五年に発表した『随想録』で「中国現代文学館」と「文革博物館」の設立を提起した。文革の教訓を汲み取り、悲劇を繰り返してはならないという主張は、言わば巴金の遺言である。中国現代文学館の設立は実現し、「中央国家機関思想教育基地」と「北京市愛国主義教育基地」にも指定されている。筆者が見学した二〇〇六年当時、館内には巴金の功績を讃える特別展示スペースが設けられていたが、文革期の一九六六年から一九七六年までの十年間は展示もなく、空白だった。

一方、公設の「文革博物館」は、未だに設立されていない。巴金の遺言を果たすべく、「文革博物館」の設立をめぐって、二〇〇六年には様々な提案がなされた。党の長老数名が、全国各地に「文革記念館」を設立するよう党中央政治局に提起したほか、全国人民代表大会の代表四十名が、設立を求める意見書を提出した。中国人民政治協商会議では、一五五名の委員と九名の常務委員が署名した設立要求の意見書が提出された。そのほかにも、多数の教育関係者が、党と政府の関係部門に提起するなどの動きがあった。こうした動向を警戒して、賈慶林(当時、中央政治局常務委員)は、「党中央はすでに決定を行い、文革四〇周年に関していかなる記念活動も行わず、文革記念館、記念碑の建設も考えない。国家と民族の重苦しい歴史の傷跡は消えてなくなるべきだ」と断言した。(4) 四〇周年に際して活発化した文革をめぐる議論と、そうした論調を警戒する党中央の姿勢が対照的だった。

汕頭《スワトー》文革博物館

二〇〇六年六月、筆者は広東省汕頭市の郊外にある文革博物館を見学した。中国初の民間による文革博物館として、内外の文革研究者に広く知られている施設である。文革四〇周年の時期は、民間の文革関連施設が注目され始めた時期でもあった。文革期の資料や生活雑貨などの愛蔵家がコレクションを展示する施設などもあり、文化現象としての文革記念も興味深い。(5) だが、それらの中でも汕頭の博物館は突出した存在である。

汕頭文革博物館は、元汕頭副市長の彭啓安が定年退職後に

汕頭文革博物館（2006年6月24日、筆者撮影）

私財を投じて二〇〇四年に設立し、有志の寄付を募って運営している。汕頭市郊外の塔山寺風景区という丘陵に位置し、正式名称は「塔園文革博物館」という。広大な敷地内に文革関連のモニュメントが多数配置され、資料や書画などを展示する展覧館も点在する。文革博物館には、文革期の事象を記録した六四〇枚もの石版が展示されていた。それらは、香港で出版され「紙の文革博物館」と呼ばれている写真集『文化大革命博物館』を石版にした作品群だった。(6)

博物館の中央には、巴金の肖像画と『随想録』から引用した一文が展示されていた。汕頭の文革博物館が巴金の遺志を継承していることを象徴するものだ。その他に筆者が着目したのは、ガラスケースに収められていたある文書だ。かつて毛沢東の兼任秘書を務め、毛沢東に対する批判的な研究と政治体制改革を主張する言論活動を続け、改革派の長老として知られる李鋭が記した一文である。毛沢東について、「革命に功あり、執政に過ちあり、『文革』に罪あり」と李鋭は断言している。(7) 巴金と李鋭の資料が博物館の中央に展示されていたことからも、同館の文革批判の姿勢は極めて明確であった。

(3) 文革シンポジウム

北京シンポジウム

文革四〇周年の記念行事として、二〇〇六年三月二十四―二十六日に「二〇〇六・北京・文化大革命シンポジウム」が開催された。リベラリズムを掲げる自由派知識人として知られる徐友漁、崔衛平、郝建をはじめ、中国におけるオーラル・ヒストリー研究の第一人者である丁東らを中心に、十六名の研究者が出席した。民間での文革記念が当局によって厳しく規制されていた中で、小規模かつ非公開でありながらも、知識人たちが北京で文革記念行事を開催したことは注目に値する。

シンポジウムでは、中国の文革研究を再評価した上で、新たな文革研究を模索するための議論が展開された。主要テーマは、文革評価の基準、造反派に関する研究、文革研究をめぐる環境と方法などだ。徐友漁は、「文革は中国で起きたが、文革研究は西洋にある」と言われ続けてきた情況は今後変わっていくだろうと発言し、中国の研究者による文革研究の展望を語った。

北京シンポジウム論文集（2006年）

シンポジウム終了後、発言記録は郝建と丁東の編集によって書籍化が進められたが、中国国内での出版は非常に難しく、その後、アメリカのテキサスにある中国系出版社、渓流出版社が刊行した。[8] 論文集をアメリカで発行せざるを得なかったことは、文革に対する自由な研究や出版活動が中国で厳しく規制されていたことの典型である。

ニューヨークシンポジウム

北京で文革シンポジウムを開催した主要メンバーは、その後、アメリカで予定されていたシンポジウムにも出席すべく準備していた。同年五月十二日、ニューヨーク在住で文革研究者として著名な宋永毅が率いる二十一世紀中国基金会が主催団体となり、文革記念シンポジウムを開催した。主催者側は中国から研究者を招聘し、丁東や崔衛平など九名の出席は実現したが、中国当局は徐友漁ら八名の出国を許可しなかった。[9] アメリカ在住の中国人と中国国内の研究者が協力して文革記念シンポジウムを開催したことは、文革研究の新たな発展として注目すべき取り組みである。だが、そうした記念行事の出席に対しても圧力が加えられたことは、文革をめぐる言論空間の緊張を象徴していた。

北京とニューヨークで開催された文革記念シンポジウムは、歴史の教訓を学ぶために、文革の発動から四〇年という時間の経過と当局からの圧力に抗いながら、文革批判を続けようとした知識人たちの思想と行動の軌跡といえよう。

二、自由派知識人の文革批判

(1)劉暁波――文革研究のタブーという災禍

劉暁波の文革批判

二〇〇六年当時、文革四十周年記念の論考や出版物は、個人の回想録や一部の文学作品などを除けば、公式見解とは異なる自由な研究成果の公表は、前述のとおり厳しく規制されていた。だが、この頃から影響力が強くなったインターネットを活用し、言論活動を展開する知識人も増えていた。アメリカや香港などに拠点を置く体制外の中国語ウェブサイトに寄稿していた自由派知識人の中で筆者が注目したのが、その後、二〇一〇年にノーベル平和賞を受賞し、現在も獄中にいる作家の劉暁波である。

一九五五年生まれの劉暁波は、文革期に両親の下放に伴い故郷の長春から内モンゴルに移住し、知識青年として農村や工場での労働に従事した経験をもつ。一九八九年の民主化運動とその後の天安門事件で知られるようになり、事件後に反革命扇動罪で逮捕、投獄された。劉暁波は釈放後も天安門事件による犠牲者の名誉回復を主張し続け、労働教養や自宅監視の処分に置かれたが、二〇〇六年当時は自宅で執筆活動を続けながら、PEN International の中国支部として活動する独立中文筆会の会長を務めていた。中国政府からは公認されていない非合法組織だが、言論の自由や民主化を求める知識人が集い活動を続けている団体だ。

劉暁波は文革四〇周年を記念した文章を発表し、「文革の災禍について言論を禁じることは、もうひとつの災禍である」と主張した。[10]「歴史決議」によって、文革は「災禍」と定義されている。[11]劉暁波は、この用語が文革期の具体的な罪悪を抽象化するだけでなく、隠蔽する原因であり、公式見解とは異なる文革批判が許されないことを痛烈に批判した。

知識人の道義的責任

劉暁波の文革批判は、中国共産党政権のみならず、文革を経験した世代全般に対しても次のように質している。

中共と政府による抑圧と封鎖は、もとより主要な原因だが、しかし個人の良知が欠乏している責任も免れ得ない。とりわけ、当時の風雲児たちは、そのほとんどが自

劉暁波（関係者提供）

身の文革経験に向き合えないばかりか、同義的責任を担うことをよしとせず、つまりは文革が終了してからすでに三〇年が過ぎた今日も、この「災禍」に対する全国的な省察は、未だに始まっていないのだ。

文革という自分たちの歴史に向き合おうとしない人々への批判は、劉暁波にとって自分自身も含む知識人のあり方についての自省でもあり、次のように続ける。

　文革は、官民が共に認めた「災禍」として、被害者と加害者双方に保護された禁区となってしまった。当局は公に論ずることを禁止し、被害者は振り返ることをせず、加害者は悔い改めることもない。多くの文革史料が官権のブラックボックスの中に封殺されてしまったか、関係者の記憶のなかで腐ってしまっている。（中略）ゆえに、文革という災禍が明らかに精算され、議論されなければ、災禍が過ぎ去ることはなく、さらに得体の知れないもうひとつの「災禍」となってしまうだけなのだ。

劉暁波が記した文革批判の文章は、知識人とは社会や歴史に対して道義的な責任を担うべく、自由と独立を重んじて言論活動を続けなければならないという批判に立脚している。その主張は、文革批判であると同時に、自身も含めた知識人批判でもある。

（2）徐友漁——文革の結果としての民主化運動
文革から天安門事件まで

前述の北京シンポジウムで発言した徐友漁は、当時、中国社会科学院哲学研究所の研究員を務めていた。中国の代表的な自由派知識人として知られ、近年、日本でも翻訳紹介されている。[12]だが、その言論活動によって、長年にわたり当局からの圧力にさらされている。二〇一四年は、北京で天安門事件を記念する会合に参加したところ拘束されるという事件もあった。[13]保釈後の静養期間を経て、昨年からはニューヨークにあるニュースクール大学で文革に関する研究と教育活動に従事している。

文革五十年にあたり、徐友漁は『朝日新聞』のインタビューに応じて、「歴史的にも社会的にも国家としても、なんら総括できていません。それが問題なのです。文革はいまなお、言論の『禁区』です」、「文革の最大の教訓は、法治の尊さだったはずなのですが」、「きちんと歴史を総括しないかぎり、文革の亡霊はこれからも消えない」と発言した。(14)

ここでは、徐友漁が二〇一一年に日本を訪れた際のインタビュー記録と関連資料を参考に、徐友漁の文革体験と文革研究について概観し、自由派知識人に広く共通すると思われる文革批判の主張について考察したい。(15)

徐友漁（本人提供）

原罪を背負った造反派リーダー

徐友漁は一九四七年に四川省成都で生まれ、文革が始まった一九六六年は十九歳だった。党の高級幹部だった父親の影響を受け、党を信じ切っていた少年だったという。徐友漁の父は中国共産党設立直後にフランスに留学し、パリ大学で学びながら党の活動に従事した後、モスクワの中山大学でも学んだ典型的なエリートだ。しかし、国民党に逮捕され、一時は国民党の仕事にも従事したため、一家は政治運動の荒波に呑まれた。そうした家庭環境で育った徐友漁は、「生まれながらに罪を背負っているのだから、人間改造をするために毛主席の著作を学んでもっと良い人間にならなければと真剣に考えていた」という。文革開始後、反動的な家庭に生まれ育ったのだから革命に参加する資格はないと言われたことに傷つき、自己改造のためにひたすら学習に励んだ少年期を過ごした。

徐友漁は、文革開始直後に参加資格がなかったことと、両親がすでに亡くなっていたことは幸いだったと回想している。「もしかしたら、私自身が父を手にかけるという非常に残酷なことがあったかもしれない。私自身がそういうことをしなかったということが、一つ幸運だったと考えている」と語った徐友漁の言葉は、インタビューの通訳を担当した筆者にとっても衝撃的な発言だった。

毛沢東がいわゆる「血統論」を否定した後、徐友漁は文革に参加する資格を得て、一九六六年の年末には四川から北京を訪れ、全国二〇〇万人の青年と共に毛沢東の謁見を受けた。熱狂の中で毛沢東に対する忠誠を誓い、成都に戻った徐友漁は造反派のリーダーとして活躍した。

文革の熱狂と文革研究

「自分の命を投げ打ち、犠牲もいとわない」と考えるほど毛沢東思想に染まっていた徐友漁が、文革に対する疑いと不満を抱くようになったのは早くも文革開始から二年目の頃からだったという。理由のひとつは、政治闘争を実際に体験し、いかに非人道的で、むごたらしく、薄汚いものかと痛感したこと。二つ目は、下放された先で直面した厳しい農村の現実。そして三つ目の決定的な理由が林彪事件だった。

農村での下放生活の中でも、徐友漁は内部発行された西洋の翻訳書を読み、ラジオでVOAを聞き、英語の勉強を始めて西洋の知識に触れていたという。成都に戻ってからは臨時工として働き、中国社会科学院の大学院に進学した時には、すでに三十二歳になっていた。

自らの思想がいかに変化したのかを語る徐友漁のインタビューで非常に興味深いのは、文革が終結してからも共産主義に対する信念が揺らぐことはなく、むしろマルクスの哲学を学んだ故に、自分を騙し続けていたという自己分析である。徐友漁はマルクスの著作を徹底して学んでいたからこそ、仮に中国における実践で問題があっても、それは中国の問題で、マルクス主義、共産主義の本質は素晴らしいものだという信念が変わることはなく、四人組逮捕でその信念が回復され、むしろ強くなったという。

党と訣別する決定的な契機になったのは、西洋政治哲学の研究でオックスフォードに留学し、帰国した直後の一九八九年に発生した天安門事件だった。それ以降、中国の民主化実現のためには知識人の思想的、理論的な貢献が重要だと考え、研究活動を続けている。

徐友漁の文革研究の特徴は、紅衛兵研究を重要な構成要素として位置づけ、イデオロギーだけでなく、教育などの社会的背景、造反の理由、文革が紅衛兵にもたらしたものなど、膨大なヒアリングから徹底的に分析している点にある。(16) 文革の歴史を研究するだけでなく、文革がもたらした中国社会の矛盾を分析し、民主や法治について思考を重ね、文革の経験と教訓をいかにして民主化運動へと繋いでいくかという議論に発展させ、中国の今後を展望しているのだ。

文革の遺制と闘う

徐友漁の文革批判に基づく民主化の思想は、二〇一三年に日本で出版された『文化大革命の遺制と闘う――徐友漁と中国のリベラリズム』で詳しく紹介されている。(17) 同書は徐友漁が北海道大学に滞在した際のシンポジウム記録だ。徐友漁は文革期の暴力行為を徹底的に批判した上で、「文革の結果としての民主化運動」の意義を強調している。

徐友漁によれば、文革は「共産党側が描くような、反革命集団が毛沢東の間違いを利用し企てた陰謀」でもなければ「単に人々が騙された」わけでもなく、「数億の中国人から支持を得た政治運動」であり、「共産党が政権を樹立した後で一般市民に与えられた唯一の政治参加の機会だった」という。ここで、文革と民主化運動の関連性として、市民の政治参加を指摘している点が興味深い。「人々は文革を経験したことで、抑圧や鎮圧に抵抗する能力を大いに向上させ」、文革の先兵だった造反派の中には、文革後、民主化運動に身を投じた人も多く、「彼らの理想と造反の精神は残されていた」と指摘している。これらは徐友漁自身の体験に基づく説得力のある分析だ。

そして権力の側も、つまり鄧小平が天安門事件の弾圧で示した「思考と行動のロジックは、彼自身が文革で経験したことと密接に関連している」と指摘する。鄧小平は、「学生による抗議活動を文革で起きた『造反派』による権力者に対する攻撃の再来と見た。彼が学生の鎮圧を命令したのは、『造反派』に対する恐怖と憎悪の気持ちに起因する」と解説している。天安門事件を文革の影響から論じている視点は極めて重要だ。

文革批判と言論の自由

徐友漁は「文革の結果としての民主化運動」の意義を指摘しているが、文革が現代中国の政治に与えた積極的な面を単純に評価しているわけではない。「憲法や法治の観点からすれば、文革は反民主的なものであって、共産党内の血生臭い闘争がどうして民主化運動を生み出せるのか」、「毛沢東が文革中に提唱したいわゆる『大民主』が本当の民主を生み出したとでもいうのか」と自問自答する。そして、文革の意義を逆説的に考察した結果、導き出されたのが「言論の自由」なのだ。

文革期、資本主義の道を歩む実権派を告発し、批判するために書かれた無数の「大字報」（壁新聞）によって、人々は「言論の自由こそ権利なき者が自身の権利を獲得するための重要な武器」だと実感し、「『大字報』は言論の自由そのものを意味するわけではないが、人々に言論の自由の価値と力を気づかせた」と分析する。

では、徐友漁が文革と現在の中国に関連する問題、つまり

「遺制」として強く批判しているものは何か。それは、文革初期に強調された「血統論」だ。党の権勢を盾に富と権力をほしいままにする人たちを指して、「権貴集団（権力と威勢をふるう既得権益集団）」という言葉がある。党の高官とその親族たちによる「権貴資本主義」は、まさに「crony capitalism（縁故資本主義）」である。党の元高級幹部の子弟で構成されるグループを意味する「太子党」や、その中でも革命に参加して顕著な貢献を果たした幹部の子女を指す「紅二代」は、政界や経済界など中国のあらゆる分野で権勢を振るっている。そうした現代の「血統論」を克服することが、「文革の遺制と闘う」ことにほかならないと主張する。

徐友漁は、「文革を徹底的に批判することは、中国が立憲民主制に向けて歩み出すのに欠かせない重要な一歩である」と強調している。文革批判と民主化運動は、徐友漁にとって切り離すことのできない一貫した思想と行動なのだ。

三、二〇一六年──文革をめぐる忘却の拒絶

（1）文革五〇周年

文革回帰の現象

文革の発動から五〇年を迎えた今年春、習近平に対する個人崇拝ともいえる現象が話題になった。党中央は集団指導体制を堅持しているが、習近平は熾烈な権力闘争を展開し、中国共産党の「核心」として絶大な権力を掌握しつつある。「紅二代」という政治的優位性に加え、大胆な汚職・腐敗撲滅運動を展開し、大衆路線のパフォーマンスにも長けている習近平は、強い指導者として存在感を高めており、それに対する党内の改革派や知識人からの反発も強まる一方だ。

今年の春節（旧正月）から全人代開催の頃まで、かつて毛沢東を讃えた「東方紅」を替え歌にして、「中国出了個毛沢東（中国に毛沢東が現れた）」のフレーズを「中国出了個習大大（中国に習おじさんが現れた）」と熱唱するインターネットの動画や、文革期の毛沢東バッヂを習近平にコラージュしたものなど、まるで文革時代ともいえるような事象が目に着いた。地方レベルの党組織では、習近平を「核心」とする学習会が繰り返し開催され、毛沢東以降の政治指導者には使用されなかった「領袖」という用語を使うメディアの報道もあった。かつての毛沢東とシンクロする形で習近平に対する個人崇拝が徐々に広がっているのか、あるいは習近平という指導者の意向を忖度する文革期のような政治手法が繰り返されているということか、いずれにしても文革回帰の現象に対する警戒感が強まっている。

言論統制の強化

薄熙来が失脚する以前の数年間、重慶で展開した政治キャンペーン「唱紅」は、毛沢東時代の革命歌を唱う大衆運動で、古き良き時代の共産党に対する懐古ブームを巻き起こし、毛沢東や文革に対する批判を含めた激しい論争を招いた。政治的な野心から「唱紅」を主導した薄熙来と、党の「核心」としてすでに絶大な権力基盤を固めつつある習近平を取り巻く政治環境は当然ながら異なる。しかし、拡大する経済格差への不満や社会の不平等に対する憤りを抱える庶民レベルでは言えば、そうした現象の根底に、文革を経験した世代の庶民に共有されている歴史の記憶と文革に対する底知れぬ郷愁が共通しているのではないだろうか。

習近平体制が本格始動してから、言論や思想に対する規制はますます強化され、言論空間は緊張感に満ちている。[18] 文革批判や習近平に対する個人崇拝について、現在、中国の知識人が自由な議論を展開することは極めて困難だ。文革五十周年の今年は、四十周年当時よりもさらに厳しく規制されている。

前述した汕頭の文革博物館は、今年四月下旬に地元当局によって閉鎖に追い込まれた。文革の教訓を伝えていた施設や展示は、習近平が提唱した政治スローガン「中国の夢」や「社会主義の核心的価値観」の装飾で覆い隠された。[19]「民主」、「自由」、「法治」も含む「核心的価値観」を以て文革博物館を封じた行為は、まさしく皮肉としか言いようがない。

(2) ニューヨークの中国知識人

文革批判を続ける自由派知識人たちの取り組みは、国内の言論統制が強化されたため、活動の場を海外に移すほかなく、アメリカ在住の中国知識人が中心となって記念事業を展開した。

半世紀前に文革が発動した五月には、ニューヨークで記念行事が相次いで開催された。主催したのは、アメリカ在住の中国人研究者らが立ち上げた天問聯合学会というNGOだ。[20] 会長の張博樹は徐友漁の盟友で、かつては中国社会科学院哲学研究所の研究員だったが、国内での言論活動が困難になったために渡米し、現在はコロンビア大学で客員教授を務めている。「独立性、客観性、理性、建設性」[21]を宗旨として掲げる天問聯合学会は、張博樹、徐友漁、李偉東などの自由派知識人が、本来であれば中国で開催したであろう記念行事をアメリカで展開するために結成した組織である。

天問聯合学会が主催した一連の文革記念行事は、パネル展示、シンポジウム、出版企画の三つの内容で構成された。五月十三日から二十四日まで、「あなたに本当の文革を伝えましょう——文革五十周年（一九六六〜二〇一六）省察パネル展」と題した展示会が開催された。[22] 四〇〇枚近いパネルは中国語と英語を併記し、文革の発動から終結までの歴史を豊富な写真資料を用いて解説した。[23]

五月一四日には、「十年の文革、百年の省察」と題した北米文革シンポジウムと新刊発表会が開催され、天問聯合学会発行の「天問系列叢書」シリーズとして、呉称謀編『紅禍――文革五十周年(一九六六―二〇一六)学術論文集』、羅慰年編『紅牆――文革五十周年(一九六六―二〇一六)紀実文集』の二冊が刊行された。[24] 文革をめぐり、自由な学術研究を模索する中国知識人たちが活発に活動している事例ではあるが、その場所が国内ではなくニューヨークであることが、中国の言論空間の厳しさを物語っている。

(3)雑誌『炎黄春秋』の文革記念

「実事求是」を掲げる雑誌

中国国内では文革関連の報道や研究が厳しく規制されたが、何も発表されなかった訳ではない。国内の厳しい政治環境のもとで、文革をめぐる言論活動を続けた雑誌『炎黄春秋』の存在を忘れてはならないだろう。

歴史研究に立脚し、体制内部から体制批判を展開する改革派のオピニオン誌として、『炎黄春秋』は長年にわたり知識人から支持され、独特の影響力を有していた。[25] 一九九一年の創刊以来、これまでも文革に関する資料を掲載してきたが、今年は三月から連続して以下の資料を掲載し、学術界で注目を集めた。[26]

第三期、王蒙(元文化部長)「文革への反省はわれわれの当然の責務である」

第四期、銭理群(元北京大学教授)「ある老共産党員の文革中の思考」

第五期、金大陸(上海社会科学院歴史研究所研究員)「文革史の学術研究を推進しよう」

第六期、「『文化大革命』の十年――『建国以来の党の若干の歴史問題に関する決議』抄録」

これらの代表的な資料のほかにも、『炎黄春秋』は文革に関する記事をほぼ毎号といってよいほど掲載し続けていた。七月には創刊二五周年を記念して、炎黄春秋雑誌社社長の杜導正(元中国新聞出版総署署長)が寄稿し、同誌の基本理念である「実事求是(事実に基づいて真実を求める)」精神の重要性をあらためて強調した。

『炎黄春秋』停刊事件

しかし、『炎黄春秋』はその七月号をもって停刊に追い込まれてしまった。以前から同誌に対する圧力は様々な形でなされていたが、党や政府の要職を務めた老幹部たちが後ろ盾となり、定期購読の読者に支えられているという財政的な独立を強みに、民間の雑誌としては特殊な言論空間を形成して、発行部数十九万部を数えるまでに成長した。

ところが、七月号が発行された直後、社長の杜導正が九十三歳という高齢であることを理由に、当局から一方的に社長交代の人事が通達され、それればかりか、上部機関の関係者が編集部に乗り込んで不法占拠するという暴挙をはたらいた。事件を受けて、杜導正は停刊声明を発表し、二十五年の歴史に自ら幕を閉じるという選択をせざるを得なかった。党の長老たちが主宰する雑誌まで容赦なく弾圧したことで、習近平政権の言論統制がいわば一線を越えてしまったと印象づける事件となった。

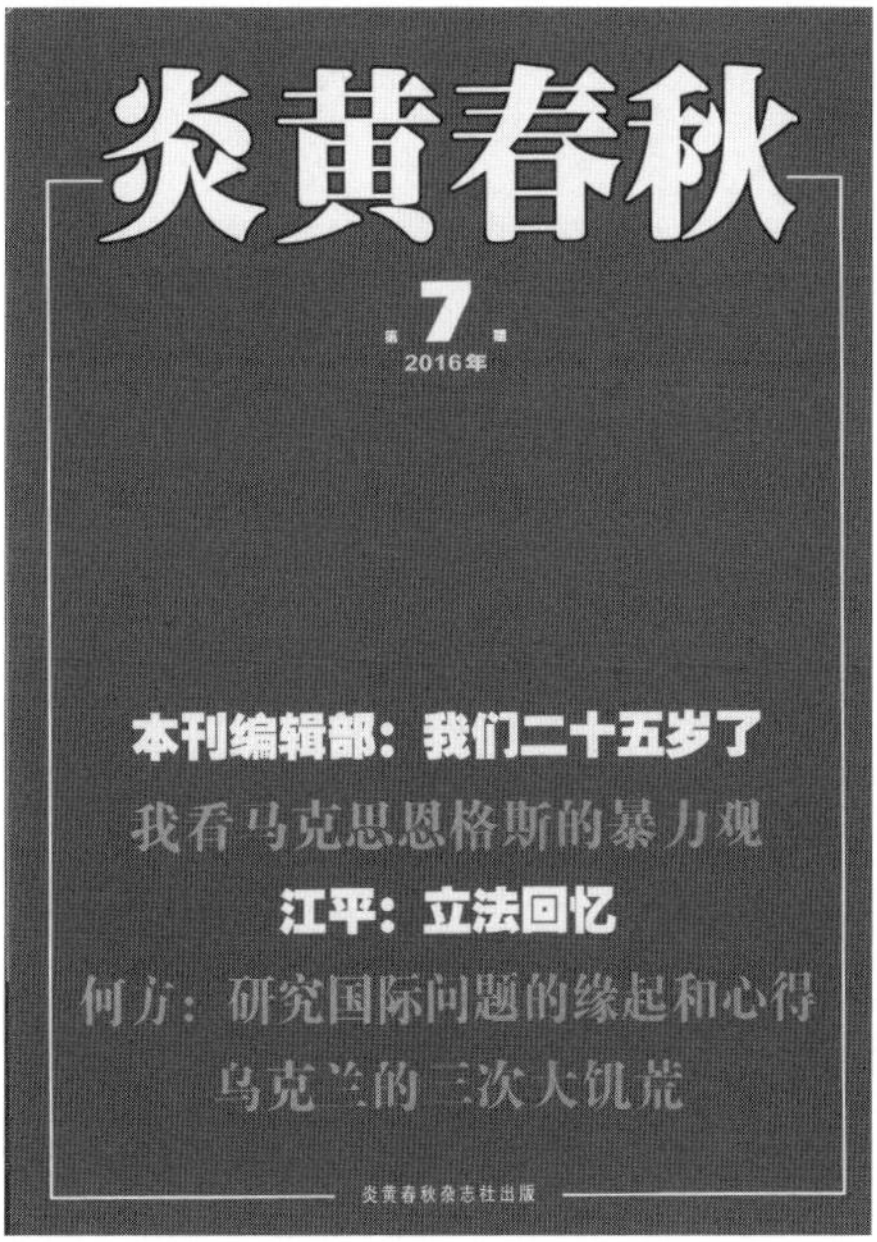

『炎黄春秋』（2016年7月号）表紙

筆者が編集部関係者にヒアリングしたところ、一連の文革記念の記事が雑誌に対する圧力に直接影響したとは考えにくく、文革批判はこれまでも同誌の特色だったという意見を耳にした。雑誌の停刊は極めて遺憾だが、歴史の忘却を拒絶する『炎黄春秋』ネットワークの知識人たちの思索は、今後も何らかの形で継続していくものと思われる。

むすびにかえて

歴史に対する批判的研究は、現在の中国では常に政治的な緊張を伴う。なぜなら、「歴史の事実」よりも、むしろ「歴史の記憶」が、いつ、誰によって、どのように記念され、再生されるのか、あるいはされないのかという「記憶」に関わる主体性と現在性の問題であるからだ。当然ながら、「記憶」には当事者の思い違いや、恣意的な取捨選択もあり得る。断片的な「記憶」と「忘却」のはざまで再構成された歴史は、過去よりも、むしろ再生した時点における政治的な問題関心である場合が多い。

だが、中国の言論空間について考察する際に忘れてならないのは、政治的な意図による「記憶の忘却」や「記憶の抹殺」が繰り返され、また同時に、それらに抵抗する「忘却の拒絶」と「記憶の再生」が重層的になされているということだ。中国の知識人にとって、文革について語るということは、まさにそうした営為の最たるものといえよう。

文学者の銭理群は、文革研究について次のように記している。(27)

　中国において文革研究を行うのはさらに困難である。二〇世紀を振り返る時、あらゆる民族にすべて回顧するに耐えない記憶があるに違いない。それは民族の恥辱であり、精神の密かな痛みである。このような全民族の精神的傷痕を掘り返し、その中の滴る鮮血を正視し、痛ましい歴史の教訓を総括することを敢えてどうするか、それは一民族が真に苦難を通じて成熟に向かうかどうかの重要な標識である。

中国の知識人たちが文革について語る時、彼らの眼差しや姿勢は、歴史に向き合い社会に対して責任を果たそうとする知識人としてのあり方を、私たち読者に問いかけている。

注

(1) 小論は、「中国六〇年代と世界」研究会、第七回研究会（二〇一六年三月三十一日）における報告「自由派知識人の文革批判——徐友漁の思想と行動を中心に」をもとに執筆した。報告と執筆の機会を与えて下さった研究会関係者に深く感謝したい。

(2)「関於建国以来党的若干歴史問題的決議」『人民日報』一九八一年七月一日。

(3)「社会呼吁賠償文革受害者」「中共厳禁記念文革」いずれも香港誌『争鳴』二〇〇六年五月号、六―九頁。

(4) 同右。

(5) 例えば、四川省成都市郊外の大邑県安仁鎮にある「建川博物館聚落」など。同施設は、不動産事業などで成功した実業家の樊建川が巨額の投資を行い運営している博物館テーマパークとも言うべき広大な敷地の一角にある。筆者が二〇〇六年七月に見学したところ、毛沢東バッヂや毛沢東語録が印字された生活雑貨など、文革期の様々な史料が展示されていた。詳細については、同館ウェブサイトを参照。[http://www.jc-museum.cn/cn/]。

(6) 楊克林『文化大革命博物館 全二冊』（香港）天地図書有限公司、一九九五年。邦訳は、楊克林 編著、樋口裕子、望月暢子訳『文化大革命博物館 上下巻』柏書房、一九九六年。

(7) 李鋭「如何看待毛沢東」『李鋭談毛沢東』（香港）時代国際出版有限公司、二〇〇五年、二頁。原文は「革命有功、執政有錯、〝文革〟有罪」。

(8) 郝建 整理、編集『文革四十年 文化大革命研討会全記録』（米国）渓流出版社、二〇〇六年。

(9)「八名中国学者欲参加国際文革研討会遭阻」RFA、二〇〇六年五月十二日、[http://www.rfa.org/mandarin/yataibaodao/wenge40-20060512.html]。

(10) 劉暁波「禁言文革浩劫是另一場浩劫——紀念文革爆発四十周年」大紀元、二〇〇六年五月六日、[http://www.epochtimes.com/gb/6/5/12/n1316177.htm]。

(11) 原語は「浩劫」。

(12) 例えば、以下を参照されたい。石井知章訳「九〇年代の社会思潮」石井知章編著『現代中国のリベラリズム思潮——一九二〇年代から二〇一五年まで』藤原書店、二〇一五年。拙訳「社会の転換と政治文化」石井知章・緒形康編『中国リベラリズムの政治空間』勉誠出版、二〇一五年。

(13) 拙稿「天安門事件二五周年と『五君子事件』」東京財団 Views on China, 二〇一四年六月六日、[http://www.tkfd.or.jp/research/china/a00488]。

(14)「(インタビュー)文化大革命五〇年　米ニュースクール大学客員研究員・徐友漁さん」『朝日新聞』二〇一六年八月三十一日。

(15) 徐友漁「文革から天安門事件の時代を生きて」前掲書『現代中国のリベラリズム思潮——一九二〇年代から二〇一五年まで』三二一—五三頁。以下、徐友漁の発言はこの資料に基づく。

(16) 徐友漁『形形色色的造反——紅衛兵精神素質的形成及演変』(香港)中文大学出版社、一九九九年。

(17) 徐友漁・鈴木賢・遠藤乾・川島真・石井知章『文化大革命の遺制と闘う——徐友漁と中国のリベラリズム』社会評論社、二〇一三年。以下、徐友漁の発言はこの資料に基づく。

(18) 拙稿「習近平政権の言論統制と知識人」霞山会『東亜』二〇一六年九月号、特集「思想の引き締めとその限界」一〇—一九頁。

(19)「文革博物館遭圍封遮掩 貼満党徽「中国夢」標語 創辦人：国家似要回避」(香港)明報、二〇一六年五月五日、[http://m.mingpao.com/pns/dailynews/web_tc/article/20160505/s00013/1462384887144]。「社会主義の核心的価値観」とは、「富強、民主、文明、和諧(調和)」を国家の建設目標とし、「自由、平等、公正、法治」を社会構築の理念とし、「愛国・敬業(勤勉)・誠信(誠実)・友善(友好)」を国民の道徳規範と定めたもの。

(20) 天問聯合学会のウェブサイトは「文化大革命博物館」として公開されている。[http://culturalrevolutionmuseum.com/crm/tw/]。

(21) 李偉東については以下を参照されたい。「座談会 中国のリベラリズムから中国政治を展望する」前掲書『中国リベラリズムの政治空間』四—二五頁。

(22) 原文は「告訴你一個真実的文革——文革五十周年(一九六六〜二〇一六)反思図片展」。

(23) 李偉東「文革五十年図片展之理論綱要」北京之春、二〇一六年五月十三日、[http://beijingspring.com/bj2/2010/c8/xw/wlwz/20160513164802.htm]。

(24)「二〇一六年文革五十周年北美文革研討会暨新書発布会」参与、二〇一六年五月一一日、[http://www.canyu.org/n115069c6.aspx]。

(25) 拙稿「雑誌『炎黄春秋』に見る言論空間の政治力学」前掲書『中国リベラリズムの政治空間』一五四—一七〇頁、及び、前掲「習近平政権の言論統制と知識人」『東亜』参照。

(26) 原題は以下のとおり。
王蒙「反思文革責無旁貸」『炎黄春秋』二〇一六年第三期。
銭理群「一個老共産党人在文革中的思考」『炎黄春秋』二〇一六年第四期。
金大陸「推進文革史的学術研究」『炎黄春秋』二〇一六年第五期。
「文化大革命的十年」『炎黄春秋』二〇一六年第六期。

(27) 銭理群著、丸山昇訳「記憶『忘却』を拒絶する——知識人の責務」『世界』岩波書店、二〇〇一年二月号、一九四—二〇二頁。原文「拒絶遺忘——中国知識界恢復歴史記憶的掙扎」。

執筆者一覧（掲載順）

土屋昌明　朝　浩之　金野　純　陳　継東
前田年昭　印　紅標　森　瑞枝　鈴木一誌
松本潤一郎　及川淳子

【アジア遊学203】

文化大革命《ぶんかだいかくめい》を問《と》い直《なお》す

2016年11月30日　初版発行

編　者　土屋昌明・「中国六〇年代と世界」研究会
発行者　池嶋洋次
発行所　勉誠出版 株式会社
〒101-0051　東京都千代田区神田神保町3-10-2
TEL：(03)5215-9021(代)　FAX：(03)5215-9025
〈出版詳細情報〉http://bensei.jp/

印刷・製本　㈱太平印刷社
装丁　水橋真奈美（ヒロ工房）

ISBN978-4-585-22669-7　C1336

アジア遊学既刊紹介

198 海を渡る史書 —東アジアの「通鑑」

序—板木の森を彷徨い、交流の海に至る　金時徳

新たな史書の典型—「通鑑」の誕生と継承

『資治通鑑』の思想とその淵源　福島正

明清に於ける「通鑑」—史書と政治　高橋亨

『東国通鑑』と朝鮮王朝—受容と展開

朝鮮王朝における『資治通鑑』の受容とその理解　許太榕（翻訳：金時徳）

『東国通鑑』の史論　兪英玉（翻訳：金時徳）

朝鮮時代における『東国通鑑』の刊行と享受　白丞鎬（翻訳：金時徳）

『東国通鑑』とその周辺—『東史綱目』　咸泳大（翻訳：金時徳）

海を渡る「通鑑」—和刻本『東国通鑑』

朝鮮本『東国通鑑』の日本での流伝及び刊行　李裕利

『新刊東国通鑑』板木の現状について　金時徳

【コラム】長谷川好道と東国通鑑　辻大和

島国の「通鑑」—史書編纂と歴史叙述

林家の学問と『本朝通鑑』　澤井啓一

『本朝通鑑』の編修とその時代　藤實久美子

琉球の編年体史書　高津孝

読みかえられる史書—歴史の「正統」と「正当化」

水戸学と「正統」　大川真

崎門における歴史と政治　清水則夫

伊藤東涯と朝鮮—その著作にみる関心の所在　阿部光麿

徳川時代に於ける漢学者達の朝鮮観—朝鮮出兵を軸に　濱野靖一郎

【コラム】『東国通鑑』をめぐる逆説—歴史の歪曲と帝国的行動の中で　井上泰至

編集後記　濱野靖一郎

199 衝突と融合の東アジア文化史

序　言　河野貴美子

Ⅰ　中日における「漢」文化

中日文脈における「漢籍」　王勇

Ⅱ　歴史の記述、仏僧の言説—植物・生物をめぐる

宇陀地域の生活・生業と上宮王家—菟田諸石を手がかりとして　新川登亀男

唐僧恵雲の生物学講義—『妙法蓮華経釈文』所引「恵雲云」の言説　高松寿夫

Ⅲ　高句麗・百済・日本

高句麗・百済人墓誌銘からみる高句麗末期の対外関係　葛継勇

武蔵国高麗郡の建郡と大神朝臣狛麻呂　鈴木正信

Ⅳ　漢文の摂取と消化

藤原成佐の「泰山府君都状」について　柳川響

幼学書・注釈書からみる古代日本の「語」「文」の形成—漢語と和語の衝突と融合　河野貴美子

Ⅴ　イメージと情報の伝播、筆談、コミュニケーション

西湖と梅—日本五山禅僧の西湖印象を中心に　陳小法・張徐依

万暦二十年代東アジア世界の情報伝播—明朝と朝鮮側に伝わった豊臣秀吉の死亡情報を例として　鄭潔西

朱舜水の「筆語」—その「詩賦観」をめぐって　朱子昊・王勇

Ⅵ　著述の虚偽と真実

政治小説『佳人奇遇』の「梁啓超訳」説をめぐって　呂順長

文明の影の申し子—義和団事件がもたらした西洋と東洋の衝突の果ての虚　緑川真知子

Ⅶ　アジアをめぐるテクスト、メディア

横光利一と「アジアの問題」—開戦をめぐる文学テクストの攻防　古矢篤史

東アジア連環画の連環—中国から日本、韓国へ　鳥羽耕史

あとがき　王勇

200 谷崎潤一郎 中国体験と物語の力

はじめに　千葉俊二

Ⅰ　物語の力

【座談会】物語の力—上海の谷崎潤一郎　千葉俊二×銭暁波×日高佳紀×秦剛

物語る力—谷崎潤一郎の物語方法　千葉俊二

文学モデルとしての推理小説—谷崎潤一郎の場合　アンヌ・バヤール＝坂井

Ⅱ　中国体験と物語